신은
낙원에 머물지
않는다

Quest for the Living God
Copyright © 2007 by Elizabeth A. Johnson
All rights reserved.
This Korean Translation Edition Copyright © 2013 by Book in the Gap, Goyang-si.
This edition is published by arrangement with
Bloomsbury Publishing Plc through rMaeng2.

이 한국어판의 저작권은 알맹2 에이전시를 통하여 저작권자와 독점 계약한 북인더갭에 있습니다. 저작권법에 의해 한국 내에서 보호를 받는 저작물이므로 어떠한 형태로든 무단 전재와 무단 복제를 금합니다.

신은
낙원에 머물지
않는다

연민하며 저항하는
사랑의 주를 찾아서

Quest for the Living God

엘리자베스 A. 존슨 | 박총·안병률 옮김

| 일러두기 |

1. 이 책은 Elizabeth A. Johnson, *Quest for the Living God*을 번역한 것으로, 저작권자와 협의하에 원서의 7장(Accompanying God of *Fiesta*)은 생략했다.
2. 본문의 성경은 『새번역』으로 통일하는 것을 원칙으로 삼되 일부는 역자가 옮겼다.
3. 옮긴이 주는 괄호 안에 묶고 따로 표시했다.
4. 책은 『』로, 논문과 문헌, 작품 등은 「」로 표시했다.
5. 원서 중 강조는 고딕으로 표시했다.

날카로운 지성,

지칠 줄 모르는 유머,

그리고 차분한 용기로

나 자신뿐 아니라,

신학의 전영역에 유익을 선사하며

평생을 출판에 바친

탁월한 편집자,

프랭크 오베이스(Frank Oveis)에게 바침.

| 차례 |

감사의 말 8
프롤로그 11

01 오래된 이야기, 새로 열린 장 19

태초부터 지금까지 19 경전의 사람들 23 왜 간구인가? 28
출발점: 현대적 유신론 30 여행을 위한 근본 규칙들 34 큰 도박 43

02 은총의 신비, 더 위대한, 더 가까운 47

세속적인 세계 47 겨울 52 점점 커지는 신비 56 점점 다가오는 신비 67
신성한 신비 73 하나님의 사랑과 이웃 76

03 십자가에 달린 연민의 하나님 83

엄청난 고통 83 신정론의 실패 86 젊은 독일인 셋 89 십자가에 달린 하나님 100
침묵의 외침 104 하나님을 향한 연민 107 신비하고 정치적인 훈련 112

04 삶을 해방시키는 하나님 115

끔찍한 가난 115 하나님이 현존한다는 직관과 행동 119 생명의 하나님 128
완전히 살아있는 134 성서적 정의의 실천 135

05 여성답게 행하시는 하나님 145

여성들의 경험 145 다양성 150 하나님의 임재와 행동을 살짝 엿보기 154
각인된 이미지 157 어머니 하나님 161 거룩한 지혜 167 상징의 교향악 171
이원론의 위험 174 여성을 위한 성서적 정의를 실천하기 176

06 사슬을 깨뜨리는 하나님 181

백인 우월주의와 인종차별 181 고갱이 183 하나님에 대한 개념 185 영가 187
흑인 해방신학 196 흑인 여성 생존신학 201 더 주목을 요하는 사안 205 인종 정의의 실천 208

07 종교에 너그러운 하나님 213

종교 다원주의 213 교회의 가르침 속에서 216 대화로 하나님을 통찰하기 225
생명의 대화 228 행동의 대화 230 신학적 교환의 대화 231 종교적 체험의 대화 238
자비로운 하나님 244 차이의 존엄성 250

08 진화하는 세상 속의 창조주 성령 255

생기를 주는 자 255 자연 세계 259 신의 현존 265 하나님의 섭리 272
우연성 276 지구를 사랑하는 것 282

09 삼위일체: 살아계신 사랑의 하나님 289

핵심 289 위반의 역사 292 다시금 핵심으로 301 구원의 경험에 뿌리를 두고 302
암시적 언어 304 이 시대에 맞게 표현하기 311 또 한번 핵심으로 324
가장 실용적인 교리 중 하나 325

에필로그 330
옮긴이의 말: 박총 「천의 얼굴을 가진 하나님」 334
찾아보기 341

| 감사의 말 |

이 책을 응원해주고 풍부하게 해준 아래 사람들과 기관들에 따듯한 감사의 인사를 전한다.

포덤 대학의 대학 및 대학원생들에게 감사한다. 그들의 면밀한 질문과 통찰은 내 마음속에서 수년 넘게 자리잡은 이 주제를 생생하게 해주었고 성숙하게 해주었다.

연구휴가를 통해 시간을 준 포덤 대학에 감사한다. 또한 연구를 끊임없이 격려해준 대학의 관계자들에게도 감사한다.

나를 초청해서 이 주제로 공개강연을 마련해주고 새로운 전망을 찾는 대화를 갖게 해준 학계에 감사한다. 샌디에이고 대학, 매니토바 대학, 펜실베니아 대학, 드류 대학, 카니시우스 컬리지, 킹스 컬리지, 뉴욕 로체스터 세인트 버나드 신학학교, 특히 2004년 내 듀보스 강연을 『스와니 신학리뷰』에 실어준 더 사우스 대학(스와니) 신학학교에 감사한다.

매우 찾기 어려운 연구자료들을 제공해준 동료들, 메리 칼러웨이, 크리스토프 샬러밋, 앤 미처드, 카르멘 난코-페르난데스, 패트릭 라이언, 글로리아 샤브에게 감사한다.

이 원고를 나눠 읽고서 비판적 제안을 해준 동료들, 마리아 필라 아키노, 숀 코플랜드, 찰스 큐란, 미구엘 디아스, 낸시 호킨스, 마이클 리, 특히 날카로운 눈으로 더 명쾌한 해명을 요구하고 여러 차례 오류를 잡아낸 메리 캐서린 힐커트에게 감사한다.

뉴욕 브렌트우드 성 요셉 교회의 수녀들께 감사한다. 이 교회가 브루클린에 온 150주년 기념식은 이 책의 축제적인 숙고에 아이디어를 제공하는 기회가 되었다. 여성 신도와 함께 이 책을 만들 수 있게 초대해준 성 요셉 국립 수녀협회에 감사한다.

평소보다 훨씬 더 많이 신에게 귀를 기울여야 했으며, 지원을 아끼지 않았던 가족과 친구들에게 감사한다.

이 책이 프랭크 오베이스에게 헌정된 것은 필자들을 격려하고 원고가 출간되도록 이끈 그의 지칠 줄 모르는 노력에 보답한 것이다. 초기에 그는 유럽의 신학자들과 성서학자들의 책을 영어권 독자들에게 소개하는 데 헌신했다. 거기에는 한스 우르스 발타자르, 베르나르트 해링, 후베르트 예딘, 오트마르 킬, 요하네스 밥티스트 메츠, 칼 라너, 그리고 에트바르트 스힐레벡스 같은 이들이 포함된다. 중기에는 북미의 영향력있는 사상가들의 작품을 관리했는데, 캐런 크리스트, 로렌스 커닝햄, 크리스틴 다우닝, 조지프 피츠마이어, 랭던 길키, 버나드 맥긴, 레오 도노반, 로즈마리 래드포드 뤼더, 엘리자베스 쉬슬러 피오렌자, 프랜시스 쉬슬러 피오렌자, 데이비드 트레이시 같은 이들이 그들이다. 최근에 그는 케티 제네바 캐넌, 마틴 콘넬, 마가릿 팔리, 로저 하이트, 지닌 힐 플레처, 브래드포드 힌체, 제임스 키넌, 유디스 쿠빅키, 폴 레이크랜드, 빈센트 밀러, 케빈 시솔츠, 테렌스 틸리 등의 책을 편집하면서 미국에서 독창적인 신학적 목소리들이 성장하는 데 기여했다. 프랭크 오베이스는 명망있는 그라베마이어 상의 종교부분에 두 권의 책을 후보로 올려놓은 유일한 편집자일 것이다. 최근의 뛰어난 성취로는 십여년의 절치부심 끝에 내놓은 아브라함 헤셸의 850쪽 짜리 고전『천국의 토라: 세대를 거쳐 굴절된』으로 현장 학자들은 물론 유대 사회에서도 열광적인 반응을 끌어냈다.

내 책의 대부분을 프랭크 오베이스와 함께 작업한 것은 행운이었다. 다른 신학서 편집자들과 마찬가지로 그리 유명해지지 못했지만 그는 전영역에서 빼놓을 수 없는 기여를 했다. 이 헌사에서 나는 진심을 담아 짧게 말하고 싶다. "감사합니다."

이미 출간된 다음 저널에 실린 글들을 사용하도록 허락해준 편집자들에게 깊은 감사를 전한다.

Theology Today 54 (October 1997):

"Trinity: To Let the Symbol Sing Again," pp. 299~311.

Sewanee Theological Review 48, no. 3 (Pentecost 2005):

"Frontiers of the Quest for the Living God," pp. 273~86.

"The Living God in Women's Voices," pp. 287~300.

"The Living God in Cosmic Perspective," pp. 301~15.

| 프롤로그 |

20세기 중엽 이래로 하나님/하느님(이하 하나님으로 통일—옮긴이)을 향한 통찰의 전성기가 일어났다. 전세계적으로 특정한 역사적 상황에 자극받은 각양각색의 크리스천이 신선하고 기발한 방법으로 살아계신 하나님을 깨달은 것이다. 정말 놀라운 것은, 이런 깨달음이 그것이 처음 시도된 지역에 머무는 것이 아니라 전세계 교회에 선물과 도전이 되었다는 점이다. 신학자들은 일상다반사로 우리가 신학의 '혁명'을 목격하고 있음을 고백하는데 바로 이런 시대에 산다는 점에서 지금은 신학적 발견의 황금시대라 할 만하다.

그러나 지난 세대가 믿은 유일신과 완전히 다른 하나님이 발견되었다거나 전에 볼 수 없던 새로운 하나님이 등장한 것은 아니다. 오늘날 크리스천은 하늘에 떠 있는 하나님을 믿지 않는다. 오히려 스스로 처한 낯선 상황의 한가운데 생생하게 임재하는 하나님의 영을 구한다. 오래 잊혀진 측면들이 최근의 사건들과 맞물리면서 새로운 관계를 이끌어내고 그 결과 하나님의 깊은 연민은 전 같으면 상상도 못할 방식으로 새롭게 인식되기도 한다. 5세기경 북아프리카의 아우구스티누스

(Augustinus) 주교는 "오 아름다운 이여, 언제나 아주 오래된, 언제나 새로운 분이여, 저는 너무 늦게 당신을 사랑했습니다"라고 외쳤다. 20세기 중반 이후로 사실상 여러 다른 상황 속에 놓였던 신자들은 이 오래된 아름다움을 항상 새로운 용어로 구하고, 발견하고, 표현해왔다. 하나님은 누구이고, 어떻게 세상 속에서 행동하며, '우리가 하나님을 믿습니다'라고 할 때의 그 의미는 무엇인지에 대한 최근의 생각들은 이른바 믿음과 행위의 의미에 매달려온 순전한 개척자들에게 그 비밀을 털어놓았다.

이 책은 그런 발견에서 거둔 열매를 보여줄 것이다. 폭넓은 독자들을 고려하여 씌어진 이 책의 목적은 영적 문제를 이해하기 원하는 사람들의 마음을 밝혀주는 것이다. 이 책은 여러가지 의심 때문에 하나님을 계속 믿을지 고민하는 사람들에게 생기 넘치는 도움을 주기 위해 씌어졌다. 또한 교회에서 가르치거나 설교하는 분들에게 신자들을 교육하는 데 필요한 생각의 양식을 공급하기 위한 것이기도 하다. 오늘날 많은 사람들에게 성숙한 믿음을 향한 열망이 존재한다. 그들 여성과 남성들은 악한 시대에 맞선 그들의 열망, 능력, 투쟁에 걸맞은 살아계신 하나님과의 관계를 간절히 소망한다. 하나님에 대한 진부하고, 순진하며, 낡아빠진 생각은 더이상 만족을 주지 못한다. 그러나 전세계의 다양한 상황 속에서, 그리고 신학적 발언 속에서 얻어진 통찰은 우리에게 엄청난 만찬을 선사해준다.

이 책이 다루는 신학은 보통 학술적이거나 지적인 활동에서 비롯된 것이 아니라 실제적인 행동에서 나온 것임을 독자들이 반드시 유념해주길 바란다. 세계 여러 대륙의 크리스천 그룹은 인간과 자연세계의 행복에 영향을 미치는 여러 이슈들에 실제적으로 관여하고 있다. 그들이 오직 하나님만 생각하고 있을 수는 없겠지만, 전세계의 현실에 참여하는 가운데―말하자면 그곳에서 곁눈질만 해도―놀랍고 생명력 넘치는 살아계신 하나님의 진리를 목격한다. 시간이 갈수록 그들은 자신들이 실현한 것을 표현하면서 스스로의 체험을 숙고해나간다. 이런 지역사회에 참여한 신학자들은 자신들의 통찰을 바탕으로 새로운 사고의 패턴을 세우고 여기서 마주치는 하나님의 신비를 이해하려고 노력한다. 이런 각각의 신앙 해석들은 다시금 그 시원이 된 그룹을 넘어 전체 교회를 초대하고 도전을 주는 데까지 이어지면서 구체적인 훈련을 가능케 한다.

그 과정은 특정한 상황 가운데 있는 활발한 지역사회의 종교적 체험에서 시작해 대중적이면서도 비판적으로 수행된 신학적 숙고로 나아가고, 영적이고 도덕적인 헌신에서 비롯된 실제적이고 지속적인 행위로 이어진다. 통찰은 한마디로 심장에서 시작해서 머리와 손으로 발전해가는 것이다. 행간을 잘 파악한 독자라면, 이 책에서 하나님을 이해하는 새로운 지도를 그리는 일이 또한 신학적 작업임을 알 수 있을 것이다. 좋을 때나 나쁠 때나, 축복할 일에서나 추문에 불과한 일에서나, 교회 내부나 외부의 압력 혹은 정치적 반대, 박해, 고통, 심지어는 동료들의 죽음에서조차도 신학자들은 정열적이면서도 끊임없이 그들의 솜씨를 발휘해왔는데, 그것은 말 그대로 하나님에 대해 말하는 것이다(신학Theology은 그리스어로 신이라는 뜻의 theos와 단어 또는 이성적인 말이라는 뜻의 logos가

결합된 것이다). 그들은 생각을 정렬하고 논쟁을 펼치며 마치 변호사가 소송을 다루듯 정당성을 입증하고, 확실하면서도 이해 가능한 시나리오를 제공함으로써 능숙하게 솜씨를 발휘한다. 어떤 특정한 상황에 처한 사람들의 경험을 주의깊게 듣고, 성경을 읽으며, 인문학과 과학, 사회과학을 참조하면서 신학자들은 이 시대의 문제들에 대응하기 위해 창조적으로 일하고 있다. 단순히 시대를 따라잡는 것이 목표라는 말은 아니다. 그것은 죄악에 찬 동시에 은총을 입은 세계와 사회, 그리고 교회 자체에도 비판과 변화가 요청된다는 말이다. 크리스천 신앙의 본질이 새로운 생각에 대처하는 데 있다는 것을 믿지 못함으로써 질문을 입 밖에 내는 것조차 신학 스스로 가로막았던 시대가 있었다. 그러나 그런 용기 없음이 오늘날 시대의 오류에 맞서는 하나님을 이해하려는 신학을 방해하지는 못할 것이다. 이 책은 현대사가 여러 장소에서 보여준 이루 말할 수 없는 잔인함과 당혹스러움뿐 아니라 신성한 업적으로 수행된 신학적 노고의 열매를 나눌 것이다. 1장에선 그 여행에 참가하기 위한 원칙을 제시하고 간단한 배경을 설명하겠다. 이어지는 장에서는 하나님에 대한 여러 생각을 펼칠 계획인데, 이런 사유의 의미를 밝히기 위해 각 장은 그런 생각이 일어난 배경, 그것을 뒷받침하고 탐사하는 추론, 그에 따르는 영적이고 실제적인 삶의 도전을 다룰 것이다. 여기서 다뤄지는 주요 내용은 초월, 정치, 해방, 페미니즘, 인종, 종교 상호간의 문제, 생태신학, 마지막으로 삼위일체로서의 유일신 신앙 등이다. 때때로 초점은 어느 특정한 신학자들의 작업에 맞춰질 것이다. 또한 각 장의 끝에는 더 읽을거리를 덧붙여 흥미를 느끼는 독자들에게 좀더 폭넓고 깊은 정보들을 제공하려 한다.

　이 책이 종합적인 시도를 담고 있지는 않다. 여기 소개된 각 장의 주제에 해당하는 여러 책들이 이미 나와 있으며 그 책들에는 방법론상의 근본적인 분석, 예수, 죄와 은총, 교회 등에 대한 가르침과의 접점, 그리고 개별 신학의 핵심적 접근 안팎에서 나온 비판적 평가 등이 제시돼 있다. 그러나 이 책에서 선택한 방법은 오로지 하나님에 대한 생각에 초점을 맞추는 것이다. 이 책은 하나님에 대한 생각을 오늘날 살아있는 전통이 체험하는 바 그대로 드러내기 위해 신을 둘러싼 논의들로부터 하나님에 대한 생각을 끌어낼 것이다.

　이 책의 제목에는 '살아계신 하나님'(이 책의 원제는 Quest for the living God이다―옮긴이)이라는 구절이 쓰였다. 이 구절은 생명의 근원이 역동적이고 자비로우며 경이에 가득 차 있음을 보여주기 위해 성경 전체를 관통해 쓰인다. 이스라엘 민족이 약속의 땅으로 들어갈 때 그들은 시내산의 불길에서 터져나오는 "살아계신 하나님의 목소리를 들었고"(신명기 5:26) 약속된 땅으로 가로질러 갈 때 "살아계신 하나님이 너희 곁에 있음"(여호수아 3:10)을 알았다. 다니엘이 사자굴에서 살아나올 때 이방인 왕은 "살아계신 하나님이 영원하리라"(다니엘 6:26)는 것을 깨달았고, 옛날의 약속에 속한 크리스천들은 지금도 "살아계신 하나님의 자녀들이"(마태복음 16:16) 변방의 유대인이었던 예수 그리스도 덕으로 "살아계신 하나님의 아들"(로마서 9:26)이 되었음을 이해한다.

　살아있음은 죽음의 반대말이다. 살아있는 샘은 절대 마르지 않으며 언제나 물이 샘솟아 흐른다. 그 샘의 살아있는 물은 신선하고, 싱싱하며, 차고 넘친다. "내 영혼이 하나님, 곧 살아계신 하나님을 갈망하니"(시편 42:2)라고 시편 기자는 기도한다. 본서에 쓰였듯이, 이 호칭은 힘과 영혼이 가득 찬, 해방과 치유를 위한 계획과 함께 살아계신, 언제나 새로운 일을 위해 미래에서 다가오는 하나님이라는 느낌을 불러낸다. 더불어 '살아계신 하나님'이라는 용어는 인간이 뭐라고 규정하기 어려운 풍요한 신적 신비가 있다는 깨달음을 던져주며 그 말을 사용하는 사람에게 경이를 선사한다.

어느날 사도 바울과 바나바는 루스드라에서 설교하다가 날 때부터 앉은뱅이인 남자를 치료해주었다. 그 남자가 한번도 걸은 적이 없다는 것을 안 사람들은 이 두 사람을 하늘에서 내려온 신이라고 생각했다. 광란에 휩싸인 채 그들과 사제는 소와 꽃을 가져와 두 사람 앞에서 제사를 올리려고 했다. 완전히 넋이 나간 사도들은 그들을 헤치고 나가 소리쳤다.

여러분, 어찌하여 이런 일들을 하십니까? 우리도 여러분과 똑같은 성정을 가진 사람입니다. 우리가 여러분에게 복음을 전하는 것은, 여러분이 이런 헛된 일을 버리고, 하늘과 땅과 바다와 그 안에 있는 모든 것을 만드신, 살아계신 하나님께로 돌아오게 하려는 것입니다. (사도행전 14:15)

창조자이자 구원자이며 인간뿐 아니라 전우주와 온세상을 사랑하는 자를 뜻하는 "살아계신 하나님"이라는 용어는 역사의 움직임과 함께하는 형언할 수 없는 하나님의 신비를 이끌어낸다. 그것은 또한 우리 존재의 핵심에 자리한 사랑의 관계를 일깨우는 가운데 우리 자신이 동반자 관계를 위해 노력해야 함을 요구한다. "내 마음도 이 몸도, 살아계신 하나님께 기쁨의 노래 부릅니다."(시편 84:2)

중세의 지도제작자들은 세계를 향한 자신들의 지식이 한계에 부딪힐 때 종종 빈 곳에다 "여기엔 용이 있음"이라고 썼다. 잘 알려지지 않은, 또한 우리를 해치거나 집어삼킬 수도 있는 어떤 곳으로 들어가는 일은 두려운 것이다. 이 책의 독자들은 하나님에 대한 자신의 생각이 한계에 부딪히는 곳으로 초대받았고, 여기 소개되는 많은 신학자들의 도움을 받아 이미 생명이 넘치고 진실한 곳으로 밝혀진 새로운 장소로 모험을 떠날 것이다. 그 결과 어둠 속에서도 살아있으며, 끔찍하게 부서진 세상을 열정적이고 책임감있게 보살피는 선하신 하나님을 붙드는 부요한 믿음을 얻을 수 있을 것이다.

1

오래된 이야기, 새로 열린 장

태초부터 지금까지

오늘 우리는 하나님에 대한 통찰이 풍부하게 일어나는 현상을 목격한다. 이런 현상은 세월의 안개 속에서 그 단초를 잃어버린 어마어마한 스토리로 되돌아가는 새로운 장이 열렸음을 의미한다. 자아가 최초로 이 행성에 불을 밝힌 인류 역사의 여명에서부터 '인간'이라 불린 종들은 신성한 힘에 휩싸여 있다는 느낌을 가지고 살아왔다. 그들은 통제할 수는 없으나 함께 살아가는, 어떤 목적으로 가득 찬, 세상에 퍼진 보이지 않는 힘에 의해 삶의 향방이 정해진다고 생각했다. 사람들은 이 힘을 이야기나 상징, 또는 의식을 통해―나중에 '종교'라는 포괄적인 용어로 불리는―받아들였다. 몇몇 고대사회에서 죽은 사람을 정성들여 매장했던 풍습은 바로 이런 시각을 보여주는 것이다. 그들은 생명의 맥

박인 피를 대신하기 위해 시체에 황토를 발랐다. 새로운 탄생에 대비하여 시체를 태아의 모습으로 만들고, 망자(亡者)가 나중에 사용할 물건들을 주위에 놓아두기도 했다. 이렇듯 죽은 사람을 다시 살리는 어떤 힘을 믿었다는 증거 덕분에 학자들은 원시사회에 신성의 감각이 넓게 퍼져 있었다고 주장하고 있다. 이렇듯 신의 존재를 통해 삶을 의미있게 하려는 공동체적 믿음과 의식을 설명하면서 존 에스포지토(John Esposito)는 "인류의 기록을 봤을 때, 10만년 전부터 모든 사회에서 점진적인 도구 및 언어능력의 발전과 함께 종교가 뚜렷이 관찰된다"고 주장한다. 한마디로 종교는 도구와 불과 함께 생겨났다.

  기초적인 자급자족의 시기로부터 수렵·채집 사회, 집단거주지를 거쳐 기원전 3천년경에 시작된 거대도시에 이르기까지 신성한 존재가 있다는 근본적인 인식은 좀더 양식화된 종교행위로 점점 발전해갔다. 이야기와 노래, 상징과 의식, 헌신의 때와 장소, 윤리적 실천, 대제사장과 카리스마 넘치는 예언자들은 여러 문화적 환경 속에서 신적 존재와 인간의 관계를 조직했다. 오늘날 이렇듯 색다르고 복잡한 종교의 역사를 학문적으로 연구하는 일은 수천년 넘게 종교에서 파생된 크고 작은, 아주 심도있고 독특한, 이미 사라졌거나 여전히 존재하는 변화들을 추적하는 것이다.

  이 역사를 대충 한번 훑어보기만 해도 감성적이고 지적이며 제도적인 측면에서 매우 생기 넘치는 현상을 목격할 수 있다. 하나님을 이해하고 인간행위와 구별되는 특성을 밝혀내기 위해 학자들은 하나님이 어떤 이름이나 형상으로 불리든 일상의 평범성을 뛰어넘는 위대함, 인간 자체보다 거대한 총체성, 감각이 파악할 수 있는 것 이상의 전체성, 모든 것을 망라하는 지평을 상징한다는 점에 주목했다. 이 위대하고 강력하며 전체적인 존재는 어떤 신성을, 말하자면 파악할 수 없지만 실재하는, 마치 구름 속에서 뿜어져 나오는 빛 같은 성질을 지닌다. 사람들은 이런 신성한 존재의 모습을 여러 방식으로 인식해왔다. 가령 자연이나 역사적 사건, 또는 예술이나 음악과 춤, 내적인 평화와 외적인 치유, 선과 악, 특히 사랑과 상실에 걸친 인간 경험 전체에서 그러했다. 사람들은 어떤 극단, 곧 삶의 부조리하고 놀라우며 흔치 않은 충만 또는 공허에 부딪힐 때 신을 체험하며 여러 행동을 통해 그 극단의 합일을 구해왔다.

지난 20세기 초반 루돌프 오토(Rudolf Otto)는 인간이 어떻게 이런 신성의 존재를 종교의 핵심에서 체험하는지를 연구한 고전적인 이론을 내놓았다. 이 존재를 '신성'(the Holy)이라고 이름붙이면서 그는 인간이 신과 만나는 세 접점을 밝힌 결과 우리가 신성을 신비하고 경탄할 만하며 황홀한 것(mysterium tremendum et fascinans)으로 받아들인다고 썼다.

† 신비(Mysterium)는 신성의 비밀스런 특징으로, 우리 자신의 지적 한계 때문이 아니라 그 존재의 고유한 성질 때문에 우리의 상상을 초월하는 그런 것이다.

† 경탄(Tremendum)은 우리의 통제에서 벗어난 신비의 놀라운 특성을 말한다. 우리는 이 신성의 힘을 길들일 수 없다. 이것은 우리에게 두려

움에 가까운 숭배와 세계가 흔들리는 듯한 경외감을 불러일으킨다. 그 장엄함 앞에서 우리는 너무 작음을 느낀다.

† 황홀(Fascinans)은 은총으로 가득 찬 신비의 매력적인 특성을 말한다. 사랑과 자비, 만족으로 경험되는 신성은 우리를 더없이 행복하게 한다. 우리의 마음을 매혹시키고 유혹하며 도취시키는 힘을 주는 신성의 선함을 사람들은 마음속 깊이 갈망한다.

종교인들은 신성과 만나는 이 독특하고 살아있는 전통에서 시작한다. 수세기를 거쳐 무수한 조상들은 놀랍고 매력적인 신비를 삶 가운데서 체험했고 이런 체험을 진솔한 느낌에 담아 글이나 의식, 그리고 행위로 표현했다. 또한 공동체의 삶에 참여하면서 조상들에게서 전수돼온 신성의 감각을 발견했다. 결국 그들 자신의 시대적 문제 속에서 이런 놀랍고 매혹적인 신비를 간구하고 발견하며 참여하는 일은 세대를 거듭해 여전히 계속돼온 것이다.

대체적으로 세계 종교의 변천은 무엇이 궁극적이며 완전한지를 지속적으로 찾는 거대한 질문의 성격을 띤다. 비판자들은 19세기에 시작된 새로운 무신론을 바탕으로 종교에 공격을 가한다. 그들은 살아있는 신을 향한 간구는 끝났으며 기술적 진보의 행진은 주변부에서 겨우 살아남은 순진한 사람들의 종교까지 씨를 말릴 것이라며 목소리를 높인다. 그러나 계속되는 역사는 신의 죽음이 엄청나게 과장되었음을 보여준다.

종교는 순백의 선(善)을 의미하지 않는다. 어떤 종교그룹은 신을 이방인들에게는 적대적인, 자기 종족만의 신으로 삼으려는 유혹에 넘어가며 이는 돌발적인 폭력을 불러온다. 종교철학자 마르틴 부버(Martin Buber)는 '신'이라는 단어에는 어디든지 피가 묻어 있으며 그런 단어의 오용에서 회복되기 전까지라도 신이라는 말이 사라져야 한다고 가차 없이 지적한 바 있다.

종교의 의기양양한 승리의 나팔에 비판적인 목소리를 내는 다양한 유산들은 마음속 깊이 간직되어야 한다. 또한 좋건 나쁘건 21세기에 뜻밖에 찾아온 종교의 활력과 기성종교 밖에서 새롭게 일어난 영성은 여전히 많은 사람들에게 신성과의 연결이 절실하다는 점을 웅변한다. 살아있는 신을 찾는 것은 이전에도, 그리고 앞으로도 계속 인간 영혼의 활동으로 남을 것이다.

경전의 사람들

어떤 사람은 종교적 기원을 명백히 신의 계시에 두는 이른바 유대교나 기독교, 이슬람교 같은 종교에서는 이런 지속적인 간구가 이미 달성됐다고 생각할지도 모른다. 그런 믿음은 신의 모습이 역사적 사건과 말 속에서 드러났고 그들의 신성한 경전인 구약이나 신약, 코란에 보존돼 있다는 생각에서 비롯된다. 그러나 그들이 신성에 대한 절대적 지식을 소유했다고 확신하는 이런 유일신 신앙에서조차 하나님에 대한 더 깊은 이해, 더 밀접한 연대, 더 위대한 결실을 위한 실제적인 간구는 계속되기 마련이다. 여기서 경전의 핵심 문장들을 살펴보기로 하자.

구약에서 전심을 다해 하나님을 찾는다는 주제는 모세오경에서 예언서, 시편, 욥기를 건너 지혜서까지 광범위하게 퍼져 있다. 인간들과의 약속에도 불구하고, 아니 오히려 그것 때문에, 그러한 간구는 절대 멈추지 않는다.

> 하나님, 주님은 나의 하나님입니다.
> 내가 주님을 애타게 찾습니다.
> 물기 없는 땅,
> 메마르고 황폐한 땅에서 내 영혼이 주님을 찾아 목이 마르고,
> 이 몸도 주님을 애타게 그리워합니다. (시편 63:1)

하나님에 대한 간구는 하나님의 부르심에 사람들이 반응하는 것으로 이어지기도 한다.

> 주님께서 나더러 "내게 와서 예배하여라" 하셨을 때
> "주님, 내가 가서 예배하겠습니다" 하고 대답하였으니,
> 주님의 얼굴을 내게 숨기지 말아주십시오. (시편 27:8~9)

다행히도, 하나님을 찾으라는 지시는 흥겨운 만남의 약속과 함께한다. 앞에 놓인 고난을 바라보며, 모세는 타락에 빠지려는 사람들에게 말한다.

거기에서 당신들은 당신들의 하나님이신 주님을 찾을 것입니다. 당신들이 하나님을 찾되 마음과 성품을 다하여 하나님을 찾으면 만날 것입니다. (신명기 4:29)

나중에 바빌로니아 유배의 재앙을 목격한 예언자 예레미야는 하나님의 이름으로 희망을 선포한다.

너희가 나를 부르고, 나에게 와서 기도하면, 내가 너희의 호소를 들어주겠다. 너희가 나를 찾으면, 나를 만날 것이다. 너희가 온전한 마음으로 나를 찾기만 하면, 내가 너희를 만나주겠다. (예레미야 29:12~14)

유대인이 하나님과 맺은 관계의 전형적인 모습은, 상대방이 서로를 찾는, 구함에서의 강렬한 상호작용이다. "구하는 자는 반드시 나를 만날 것이다"(잠언 8:17)라고 약속하면서 이스라엘 하나님의 여성적 화신인 지혜는 자신의 교훈에 귀를 기울이는 자들을 찾아 친히 저잣거리에 나선다. 그녀는 시녀를 보내 모든 사람을 잔치에 초대하여 명철의 길을 걸으라고 말한다(잠언 9:3~6). 이스라엘의 하나님은 그 말을 듣지 않고 딴 길로 가는 사람들을 마치 목동이 길 잃은 양을 쫓듯이 하나하나 찾아낸다(에스겔 34:11~16). 영혼을 지루하게 하는 고정된 상태와 달리, 종교적 신앙의 이런 양상은 모험을 선물한다. 하나님과의 계약관계는 변화하는 삶의 상황에 따라 새로워질 수밖에 없는 발견에 늘 열려 있는 것이다.

유대교 신앙의 이런 역동성은 기독교 문서로 이어져, 구하고 찾는 행위는 복음서 안에도 가득하다. 예수는 확고한 자세로 제자들에게 먹을 것과 입을 것을 걱정하는 대신 하나님을 찾으라고—다른 말로는 "먼저 하나님의 나라를 찾으라"고—가르쳤다(마태복음 6:33). 이 충고에 다음과 같은 약속이 이어진다.

> 구하여라, 그리하면 하나님께서 너희에게 주실 것이다. 찾아라, 그리하면 너희가 찾을 것이다. 문을 두드려라, 그리하면 하나님께서 너희에게 열어주실 것이다. 구하는 사람마다 얻을 것이요, 찾는 사람마다 찾을 것이요, 문을 두드리는 사람에게 열어주실 것이다. (마태복음 7:7~8)

하나님을 구하는 인간의 행위는 길 잃은 자를 찾는 하나님의 행위와 마주한다. 예수의 말씀에 따르면, 구원자인 하나님은 동전을 잃은 여인이나 길 잃은 양을 찾는 목동처럼 인간을 찾아다닌다고 묘사된다(누가복음 15:3~10). 이 주제를 다룬 위대한 요약문 중 하나가 바로 예수님을 훔쳐보는 키작은 부자 삭개오 이야기의 끝에 등장한다. 이 세리의 마음은 완전히 변화되어 그가 빼앗은 것을 네 배로 갚아주고 재산의 반을 가난한 자들에게 나눠주기까지 했다. 이 집에 이른 구원을 크게 기뻐하면서 예수는 "인자는 잃은 것을 찾아 구원하러 왔다"(누가복음 19:10)고 선포한다.

구함과 찾음의 주제는 코란에서도 등장하는데, 그것은 신의 존재와 자기현시를 상징하는 신의 얼굴을 보려는 열망과 연결된다. "네가 돌아서는 곳마다, 거기 신의 얼굴이 있다."(코란 2:115) 독실한 이슬람교도라면 신의 얼굴을 자연세계의 산물에서뿐만 아니라 인간의 얼굴에서도 발견할 것이다. 특히 매일매일의 기도를 통해 신실한 이슬람교도들은 신의 존재와 마주하려고 노력한다. 무함마드를 꾸짖는 신의 이야기에서 이런 점은 더욱 명확해진다. 무함마드를 따르는 사람들은 거의 신실한 노예들이거나 가난한 사람들이었는데, 그는 부자나 권력자가 찾아올 때마다 추종자들에게 자리를 피하라고 명령했던 듯하다. 그의 목적은 엘리트들과 편하고 즐겁게 접촉하려는 것이었는데, 이들이 개종할 경우 많은 사람들에게 영향을 줄 수 있기 때문이었다. 그러나 이것은 신의 뜻이 아니었고 신은 무함마드를 힐책하면서 가난한 자들의 종교적 간구를 옹호했다. "신의 얼굴을 찾아 밤낮으로 구하는 자들을 친절히 대하라."(코란 18:28~29). 신의 존재에 가닿으려는 열망은 이슬람 신비주의자들로 알려진 수피교도들에게 특징적인 것이다. 그러나 그들뿐 아니라 모든 진실한 무슬림은 무함마드가 그랬듯 "오직 가장 높은 신의 얼굴을 찾는 것"을 평생의 간구로 삼는다(코란 92:20).

유일신 종교들은 살아있는 신을 향한 인간 영혼의 오래된 간구를 끊어버리지 않으며, 오히려 그런 간구를 독려한다. 아우구스티누스가 그 역동성을 묘사했듯이, "더욱 다정하게 발견되기 위해 하나님은 간구되며, 더 간절히 간구되기 위해 하나님은 발견되는 것이다."(『삼위일체론』 15장 2절)

왜 간구인가?

살아계신 하나님을 향한 간구가 끊임없이 계속되는 이유는 다음과 같은 세가지 사실 때문이다.

첫째, 간구되는 것의 본성이 인식 불가능하고 불가해하며, 무한하고 형언할 수 없으며, 어떤 표현도 용납하지 않기 때문이다. 살아계신 하나님은 세상의 어떤 것과도 말로 비교될 수 없다. 그렇게 비교하는 것 자체가 이미 하나님의 존재를 우상으로 축소하는 것이다. 이런 하나님의 장대함이란, 어떤 지식을 동원하더라도 그 전체를 개념이나 이미지, 규정으로 파악할 수 없으며 아무리 고상한 이론으로도 실재를 알 수는 없음을 의미한다. 마치 선문답 같은 아우구스티누스의 말은 이런 지혜를 간결하게 전달한다. "당신이 이해했다면, 그건 하나님이 아니다."(『설교』 117. 5) 만약 당신이 하나님이 누구인지를 완전히 파악했다면, 그건 뭔가 다른 것일 뿐이며 실재의 하나님보다 못한 것이다. 하나님의 살아 있음이라는 문제는 세상에 누가 더 크고 낫다는 문제가 아니라 그분이 형언할 수 없는 타자라는 문제다.

두번째로, 이러한 간구는 인간의 마음을 충분히 채울 수 없기 때문에 계속된다. 끝없는 갈망을 담은 우주적 체험은 모든 분야에서 인간의 모험을 자극한다. 종교적 체험과 마주친 모든 세대의 구도자들은 인간의 영혼이 한번의 체험에 머물 수는 없으며 이미 얻은 짧은 경험에 호기심을 더해 더 많은 것을 구하게 된다고 증언한다. 사람들은 아름다움과 즐거움, 의무와 헌신, 고통스러운 침묵과 상처를 뚫고 더 위대한 의미와 더 깊은 연대를 향해 형언할 수 없는 하나님과 함께 죽을 때까지 여행을 계속한다.

계속되는 간구의 세번째 요인은 인간의 변화하는 역사에 기인한다. 하나님은 언제나 역사 속에서 특정한 경로를 따라 구체적으로 경험된다. 환경이 변하면, 하나님에 대한 체험 역시 달라지는 것이다. 한 시대에 하나님의 의미를 전달했던 이미지나 지적인 구조, 의식 등은 다음 세대에 그 개념과 가치, 생활방식이 달라지면서 더이상 의미가 없어지기도 한다. 종교적 전통이 활기차게 살아있으려면 간구 역시 새로워지지 않으면 안된다.

세가지 요인을 함께 모으면 흥미로운 깨달음에 다다른다. 변화하는 역사문화 속에서 갈급한 인간의 마음과 하나님의 심오한 불가해성은 한쌍을 이루며, 결코 끝나지 않을 살아계신 하나님을 향한 간구의 역사가 이곳에 계속돼야 함을 요청한다는 것이다. 역사적으로 새로운 시도는 요청되었고 환영받았다. 그런 개척이 없는 시대야말로 메마르고 황량하며 정체된 시대인 것이다.

이 책은 오늘날 기독교가 이런 간구의 활기찬 새 장을 맞고 있음을 말한다. 사람들은 더이상 연역적이고 추상적인 이해가 아니라, 투쟁하고 희망하는 그들의 온전한 일상체험 가운데 하나님의 존재를 만난다는 점에서 다시금 하나님을 발견하고 있다. 하나님에 대한 새로운 생각들은 끊임없이 출현하고 있다. 가령 홀로코스트의 어둠과 싸우려는 노력에서, 가난하고 박해받는 사람들의 정의를 위한 투쟁에서, 평등한 인간존엄을 위해 애쓰는 여성들에게서, 세계 종교의 전통 가운데 선과 협력하는 기독교의 만남 가운데서, 또한 지구의 생태적인 삶을 회복하고 보살피며 보호하려는 자연주의자들의 노력에서 그런 새로운 사고가 싹트고 있다. 어떤 시대도 하나님이 계시지 않았던 때는 없었다. 하지만 이런 통찰이 꽃피는 것이야말로 우리 시대의 은총이라고 할 수 있을 것이다.

출발점: 현대적 유신론

오늘날의 살아계신 하나님을 향한 간구가 시작되고 정착된 나라들이 있다. 최근 몇세기 동안의 구습에 따라 이러한 나라들에서 발전된 시각은 하나님을 존재의 피라미드 최상부에 위치한 군주로 바라본다. 그리스도나 성령에는 주목함 없이, 그런 관점은 삼위일체 신학이 첫번째 위격이라고 부르는, 하늘에 거하면서 우주를 지배하고 인간행위를 심판하는 강력한 존재에 집중한다. 이 최고의 존재가 자애롭게 비춰질 때조차도 강함의 상징이자 지배하는 남성인 '그'는 언제나 아주 먼 곳에 존재한다. 때로 그는 자연법칙에 영향을 미치기 위해 간섭하고 기적을 행하다가도 다시 잠잠해진다. 세상을 사랑함에도 그는 세상의 불결함에는 젖어들지 않는다. 그리고 이 멀리 있는 위풍당당한 입법자는 권력의 정점에 서서 사회와 교회, 그리고 가족의 권위적 구조를 강화한다.

지나친 고정관념을 버리더라도 이런 형상이 서구문화의 미디어와 담론에 광범위하게 퍼져 있다고 말하는 게 옳을 것이다. 또한 이런 상징 때문에 최고의 존재를 부정하는 무신론이 번성하는 풍부한 토양이 만들어진다. 과학적 유물론을 근거로 무신론을 옹호한 리처드 도킨스(Richard Dawkins)의 『만들어진 신』(The God Delusion)을 비평하는 글에서 테리 이글턴(Terry Eagleton)은 도킨스의 주장에 내재한 중요한 문제점 중 하나가 하나님을 "아무리 큰 존재라 하더라도, 흰 수염을 기른 그렇고 그런 부류"로 상상한다는 점을 꼬집었다. 하지만 사실 도킨스가 난데없이 이런 상상에 빠진 것은 아니다. 그런 식의 피상적인 생각은 하나님을 특정한 사람처럼 보는 많은 신자들 사이에서도 당연하게 받아들여진다. 하늘에 있는 보이지 않고 매우 강력하며 거대한 노인이 실제 하나님과 전혀 같지 않다는 점은 무시되는 것이다.

신학자들은 오늘날 우리에게 익숙한 이런 하나님의 형상이 17, 8세기 유럽의 계몽주의 운동에서 비롯되었다고 확신한다. 이 운동은 종교와 전통의 독단적인 권위를 부정하고 세계질서를 향한 인간 이성의 '계몽된' 추구를 선호하는 운동이었다. 이에 당시 기독교 신학자들 역시 하나님의 존재를 방어하기 위해 이성을 사용했다. 이 시기 이전에 신학자들은 성경과 성찬 예식, 그리고 종교적 전통 가운데서 하나님에 대한 생각을 끌어냈고 어떤 관점들을 해석하고 명확하게 하기 위해 철학을 이용했다. 이런 태도는 예수 그리스도 안에서의 성육신, 내재적 은총으로서의 성령의 선물에 초점을 맞추었는데 이는 기독교의 신 개념에서 근본적 요소라 할 수 있는 삼위일체와 일치하는 것이었다. 그러나 계몽주의의 비판에 맞서기 위해 그들은 적들의 놀이마당에서와 똑같은 논리로 탈바꿈했다. 그리스도의 유산을 도외시한 채 이성적인 바탕에서 우주의 객관적 진리를 찾는 철학적 사고방식을 차용함으로써, 그들은 하나님을 바라보는 '확실하고도 명백한 관념'을 만들어내기 시작한다. 그들은 추론을 이용하여 하나님의 존재를 자연세계로부터 위계적으로 끌어냈는데, 그러다보니 하나님이 지적 체계에서 가장 높은 자리를 차지하는 구조가 되었다. 결국 하나님은 세상의 모든 힘 중 가장 강력한 힘을 행사하는 개인인 반면, 인간은 거대한 현실 가족의 일원으로 남게 되었다. 유한한 것의 한계와 무한을 대조하는 추론과정을 통해 하나님의 속성이 연역된 결과, 하나님은 불변의(변하는 피조물에 반하여), 무형의(형태가 있는 육신에 반하여), 고통이 없는(고통을 느끼는 피조물에 반하여), 전지전능하며 어디에나 있는 존재로, 힘과 지식과 실재에서 한계가 있는 피조물들과 구별된다.

그 결과 만들어진 것이 오늘날 간단히 '현대적 유신론'(modern theism)이라고 알려진 것이다. 현대적 유신론은 고전적인 기독교 신학에서 연마돼온 초월성과 하나님의 임재를 절묘하게 타협시킨다. 초월, 또는 모든 상상을 뛰어넘는 하나님의 타자성은 우리가 아는 그대로의 세계의 조직체계 속에 하나님을 위치시킴으로써 갑자기 사라져버린다. 하나님에 대한 모든 주장을 이성적인 논쟁으로 답변할 수 있다는 것은 결국 어떤 경이나 신비도 존재할 수 없다는 확신과 다르지 않다. 임재, 또는 모든 상상을 뛰어넘는 하나님의 친근함은 하나님의 다름을 단조롭게 강조함으로써 그 의미를 잃어버린다. 세계의 위계질서 속에서 강조된 하나님의 높은 위치는 여기 현실에 존재하는 하나님에게는 어떤 여지도 남겨두지 않는다. 결국 하나님에 대한 확고하고 명료한 관념이라는 계몽주의의 목표는, 나름대로의 좋은 변명거리를 가지고 있긴 하지만, 신학을 엉뚱한 곳으로 인도하고 말았다.

이런 인식이 설교와 개인 신앙에 스며들면서 그것은 더 단순화되어 현대 서구사회에 전형적인, 평범한 하나님의 이미지를 심어놓았다. 1960년대 『당신의 하나님은 너무 작다』(*Your God is Too Small*)라는 작은 복음주의 서적은 현대적 유신론을 교회와 사람들의 마음에 퍼뜨린 몇몇 대중적인 이미지를 강하게 비판했다. 사람들은 하나님을 웅장한 노인, 경찰, 부모의 콤플렉스를 감싸주는 붕대, 완벽한 성직자, 관리감독, 지배자, 실망스런 보호자, 흥을 깨는 사람 같은 이미지로 바라본다는 것이다. 이런 쓸데없는 인식의 근원을 지워버리면서 책의 저자인 필립스(J. B. Phillips)는 만약 사람들이 "그들의 부족하고 작은 하나님을 넘어서 진짜 하나님을 본다면, 많이 웃거나 울게 될 것"이라고 썼다. 그 결과 사람들은 사실상 우상이나 다름없는, 궁극을 가장하여 살아계신 하나님 행세를 하는 그런 존재에 대한 숭배에서 벗어날 것이다. 또한 마음의 문을 활짝 열어젖힘으로써 진정으로 삶을 바쳐 헌신할 만한 하나님을 바라보기 시작할 것이다.

현대적 유신론에 맞서 이 책에 소개될 신학들은 세계에 관여하는 하나님에 깊은 관심을 가진다. 하나님이 얼마나, 어떤 방식으로 관여하는지, 그리고 이것이 사람들의 삶과 행위에 어떤 의미를 갖는지가 이 신학들의 주요 관심사다. 전체 세계와 급은 다르지 않지만 유형은 다르기 때문에 하나님의 초월은 무한 너머에 있다는 게 그들 신학자들의 생각이다. 그리하여 하나님은 다른 사물이나 원인과 함께 분류될 수 없으며 더 가깝거나 더 멀리 존재할 수도 없다. 이런 초월 덕분에 하나님은 어느 일정한 장소에 갇히지 않고 세계 내의 모든 곳에 동시에 존재할 수 있으며 우리 자신보다도 더 가깝게 우리와 함께하는 것이다. 급진적인 초월성과 급진적인 임재를 제로섬 게임으로 대립시키지 않고 같은 수준으로 회복시킴으로써 현대 신학자들은 하나님을 세계 존재의 근원일 뿐 아니라 파괴에 저항하며 번영과 희망에 참여하는 근원으로 본다. 그들은 하나님이 추악한 역사와 세상에 다가서서 연민과 해방의 사랑을 드러내는 인식의 경계지점과 지배적 권력의 주변부에 주목한다. 또한 하나님의 은총을 기독교의 영역 밖으로 확장시켜 모든 인류를 포함하는, 아니 인류뿐만 아니라 모든 자연세계를 포함하는 영역에 이르게 한다. 그들의 재발견을 하나의 은유로 표현하는 것이 가능하다면, 그것은 "하나님은 사랑이시다"(요한복음 4: 16)라는 전통적인 기독교의 믿음이 될 것이다.

여행을 위한 근본 규칙들

이제 펼쳐질 탐구에 앞서 하나님을 말하는 세가지 근본 원칙을 생각해보는 건 아주 중요한 일이다. 초기 크리스천 신앙과 중세 신학에서 끌어낸 이 원칙들은 현대 계몽주의 신학의 지나치게 이성중심적인 패턴에 하나의 뛰어난 해독제가 될 것이다.

1. 가장 근본적이고 중요한 규칙은 바로 살아계신 하나님의 실재는 어떤 말로도 형언할 수 없는 신비라는 것이다. 신성한 존재의 무한한 창조와 구원, 그리고 임재는 세계를 초월하는 동시에 세계 속에 매우 깊숙이 관여하고 있어서 언어로는 이해할 길이 없다. 신학의 역사는 그것이 아무리 아름답고 진실되며 기쁘다고 해도 인간의 마음이 절대 하나님을 언어나 이미지로 표현할 수 없다고 가르친다. 크리스천은 하나님이 예수 그리스도의 모습과 가까울 것이라고 믿지만, 그때조차도 살아계신 하나님은 형언할 수 없는 신비에 머물며 어떤 것에도 포함되지 않는다. 바울이 웅변했듯이, 우리는 어둠 속에서 금간 거울을 보듯, 오직 희미하게 하나님을 볼 뿐이다(고린도전서 13: 12).

해변에서 아우구스티누스가 겪은 위대한 옛 일화는 생생한 증언이 돼준다. 어느날 주교는 집필중이던 삼위일체 논문을 골똘히 생각하며 지중해 해안가를 홀로 걷고 있었다. 생각에 깊이 잠긴 그의 눈에 한 아이가 해변에서 통에 물을 가득 담아 모래 속의 구멍에 넣느라 왔다갔다하는 모습이 보였다. 호기심이 인 그는 아이에게 무엇을 하는 중인지 물었다. 대답은 이랬다. "바다를 구멍 속에 넣는 거예요." 주교는 어른의 상식으로 말했다. "그건 안된단다. 저렇게 큰 바다가 구멍에 들어갈 리가 없어." 그러자 아이로 변장한 천사였던 그 사람이 대답했다. "삼위일체의 비밀 역시 당신의 마음속에 들어갈 수 없소. 그건 마음보다 훨씬 크다오." 이 이야기는 크리스천의 전통에서 가장 친근한 지혜의 일화로 오랫동안 기억돼왔다. 다 마셔버릴 수 없는 바다처럼, 하나님은 우리 인간의 범주에서 계산되고 이해될 수 있는 모든 것을 넘어선다.

칼 라너(Karl Rahner)에 의해 고안된 또다른 물의 메타포를 들자면, 우리는 거대한 대양 한가운데의 작은 섬과 같다. 섬은 바닷속으로 뻗어 나가지만, 대양의 깊이는 항상 섬이 도달할 수 없는 곳에 있다. 그것은 하나님의 살아있음의 영역인 것이다.

2. 그리하여 두번째 규칙이 생겨난다. 어떤 말로도 하나님은 설명될 수 없다는 것이다. 절대 불가능하다. 우리의 언어는 달을 가리키는 손가락이지, 달 자체는 아니다. 그 손가락을 달과 동일시하거나 달은 인식하지도 못하면서 손가락만 쳐다보면 오류에 빠지게 마련이다. 하나님의 존재는 언어로는 절대 해결되지 않는다. 하나님을 설명하려는 인간의 언어는 계속해서 잘못된 길로 나아갈 뿐이다. 그 언어들은 신비의 핵심을 잡아내지 못한 채 이 세계의 이상하고 원초적이며 쓸데없는 완벽함에서 출발하여 우리의 관심을 세계의 미래와 근원으로 돌려놓는다.

가톨릭은 전통적으로 신적 언어의 간접성을 유추(analogy)로 설명해왔다. 창조된 세계는 완전히 선하다는 믿음에 근거하여 유추는 모든 피조물들이 그것을 창조한 유일자의 넘쳐나는 선과 진리와 아름다움에 어떤 식으로든 참여한다고 이해한다. 따라서 피조물의 탁월함은 우리를 다시 하나님으로 이끌 수 있다는 것이다. 하지만 제4차 라테란 공의회(1925)가 가르치듯 그 과정에서 피조물과 하나님 사이에는 어떤 유사성도 없으며 오히려 차이점이 "항상 더 커진다." 유추는 이런 깨달음을 바탕으로 하나님을 세 단계로 표현하는데, 그것은 긍정하고, 부정하며, 그 부정 자체를 부정하는 것이다. 이런 세 단계는 "숨겨진 침묵의 빛나는 어둠 속에서"(Pseudo-Dionysius, *Mystical Theology*, PG 3:998) 긍정과 부정을 초월하는 하나님에 대한 새로운 확정을 마음속에 심어준다.

가령, '선(善)'이란 말을 들어보자. '선'이 무엇인지에 대한 우리의 이해는 반드시 세계 내에서 선함의 체험에서 우러나오게 마련이다. 우리는 선한 사람, 선한 만족, 선한 날씨를 체험한다. 이것들 가운데 우리는 선함이라는 개념을 끌어내고 이 모든 선한 것들을 창조한 하나님을 확신한다. 그러나 하나님은 무한하기 때문에 우리는 조금의 한계도 인정할 수가 없다. 그리하여 우리는 세계에 한정된 방식으로 존재하며 한계로 가득 찬 선을 부정한다. 하지만 여전히 하나님을 선하다고 생각하는 우리는 **그런 특정한 부정을 부정함으로써** 모든 이성을 뛰어넘는 탁월한 방식으로 선한 것이 하나님이라고 판단한다. 유추에 따라서, 우리가 선을 하나님에게 돌릴 때 그 신학적 의미는 다음과 같다. 하나님은 선하다. 그러나 하나님은 피조물이 선한 방식으로 선한 것은 아니다. 그럼에도 하나님은 모든 선한 것의 근원으로서 탁월한 방식으로 선하다.

이 점에서 우리의 선에 대한 개념에 금이 간다. 우리는 우리가 무슨 말을 하는지 언어로는 이해하지 못한다. 우리에게 선의 근원에 대한 어떤 직접적인 체험이 없기 때문에 '선하다'라는 규정에 대한 인간의 이해는 사라지고 만다. 하지만 바로 그것을 인정함으로써 우리의 영혼은 선한 하나님의 존재로 이끌린다. 사실은 밖이 너무 밝아서 우리의 마음이 어두운 것이다. 결국 이런 유추의 과정을 통해 우리는 경배에 휩싸여 무릎을 꿇는다.

'인간'이라는 단어를 이해하는 것 역시 현대적 유신론에 따른 균열에 균형추를 달아주는 좋은 경험이다. 우리 자신의 체험, 그리고 다른 사람과의 교류를 통해 우리는 인간이 무엇인지를 점점 깨달아간다. 그리고 우리는 이 탁월함을 하나님께 돌린다. 유추는 그 개념을 다음과 같은 세 단계에 걸쳐 끌어낸다. 우리는 확신한다. '그래, 하나님은 인간이야.' 그 다음 우리는 부정한다. '아니지, 하나님은 우리가 알고 있는 인간처럼 한계 있는 사람은 아니야.' 우리는 확정하기 위해 다시 부정한다. '하지만, 하나님은 모든 인간들의 근원이자 탁월하게 존재하는 인간이야.' 다른 말로 하자면 하나님은 인간인 동시에 최고로 인간적이다. 즉 그의 인격은 인간의 방식을 훨씬 뛰어넘는 황홀한 인격이다. 이 지점에서 우리는 언어적인 개념을 상실한다. 우리는 우리의 인간성을 하나님께 적용한다는 말의 의미를 이해하지 못한다. 그러나 바로 그 말을 통해서 우리의 영혼은 인격적인 신성과의 교제로 이끌려간다.

변증법적 상상력으로 전개된 개신교 신학은 하나님-언어를 은유(metaphor)로 설명하는 경향이 더 크다. 시에서 흔한 것이지만 실생활에서도 널리 사용되는 은유는 두개의 동떨어진 사실을 낯선 연관으로 묶어주는 단어나 이미지, 진술 등을 말한다. 가령 "사자는 동물의 왕이다" 같은 것이 은유다. 잘 알려진 사실에서 덜 알려진 사실로 빛이 스며들 듯 새로운 의미가 창조된다. 은유의 작용에서 핵심적인 것은 유사성과 비유사성, 즉 두 진술 사이의 같음과 다름 사이의 생생한 긴장이다. "하나님은 강한 요새"와 같은 은유의 활동은 문자 그대로의 뜻에서 시작하여 그 뜻을 새로운 상황에 대입하고 뒤집으며 확장시킨다. 그러면 논리적으로는 완전히 엉뚱한 것이 되는데, 그것이 오히려 우리를 어떤 통찰로 이끌어준다. 그것은 문자적으로는 사실이 아니지만 진실을 담는다. 사람들은 그 새롭고 모순적인 인식에 깜짝 놀란다.

모든 생산적인 은유들은 문자 수준에서 충분히 복잡한 교차망을 가지고 있어서 즉각적인 의미연관을 뛰어넘는 사고의 확장을 가능케 한다. 그것이 바로 하나님이 왕이자 바위, 어머니, 구원자, 정원사, 연인, 아버지, 해방자, 산파, 판사, 친구, 어미곰, 신선한 물, 불, 번개 등이 되는 이유다. 매순간 "이다와 아니다" 사이의 영원한 긴장 가운데 역동적인 은유는 지적이고 매력적인 작용을 유지해야 한다. 의식(儀式)과 가르침에 빠져 습관적인 반복에 익숙해진 종교적 전통은 이런 핵심을 잃기 쉽다. 다시 말해 "이다와 아니다"의 긴장이 사라진 은유는 문자에 빠져 진부해지며, 충격과 놀라움의 능력을 상실한다. 그런 경우 더 잘 알려진 것과 비밀스런 하나님과의 거리는 붕괴되고 만다. 역사가 보여주듯, 죽은 은유는 좋은 우상들을 만들어낸다.

유추와 은유에 더해서 오늘날 많은 신학자들은 하나님-언어를 상징의 이론으로 설명한다. 폴 틸리히(Paul Tillich)가 잘 설명하듯, 상징은 그 자신을 넘어선 어떤 것을 가리키는 이미지, 제스처, 개념, 사물, 사람 등을 말한다. 기호와는 달리 상징은 상징이 가리키는 현실에 참여하며 그럼으로써 현실이 세상에 표현되는 한 방식이 된다. 상징은 우리에게 닫혀 있었을지도 모를 현실로 이끌어주며, 동시에 우리에게 미지의 것으로 남겨졌을지도 모를 우리 자신의 존재에까지 데려다준다. 우리는 마음대로 상징을 창조해낼 수 없다. 상징은 의식의 깊은 곳에서 드러나는 것이기 때문이다. 결국, 상징은 성장하고 늙어 문화적 상황이 변함에 따라 실효성을 잃을 수도 있다. 틸리히는 우리가 궁극적으로 관심을 기울이는 상징을 '하나님'이라고 보았으며 소외의 시대에 그 중요성을 환기시키기 위해 노력을 아끼지 않았다.

어떤 이론이 적용되든, 즉 유추, 은유, 상징이든 또는 이들의 조합이든 두번째 규칙이 주는 지혜를 정리하자면, 세계 속에 거하면서 세계를 껴안지만 항상 우리의 인식을 뛰어넘는 무한한 신비를 가리키기 위해 우리는 이 세상에서 경험되는 선하고 진실되며 아름다운 요소들을 이용하여 하나님을 이름짓기를 멈추지 않는다는 사실이다. "하나님의 이름을 확정하는 것, 그리고 하나님은 결국 이름지어질 수 없는 분임을 확정하는 것. 이 두가지 움직임은 함께 작용한다"고 지닌 플레처(Jeannine H. Fletcher)는 쓴다. 이런 인식은 하나님을 규정하려는 유혹에서 우리를 건져내며 우리의 인간성을 깊이 채워주며 넘쳐흐르게 해주는 하나님의 풍족함을 가능케 한다. "하나님의 존재, 완벽함, 그리고 신비에는 끝이 없다." 은유 신학의 독보적인 연구자인 샐리 맥페이그(Sallie Mcfague)는 오직 종교적 명상 또는 기도만이 독소를 품은 문자주의를 제거할 수 있다고 주장한다. 하나님에 대한 담론이 하나님과 함께하는(with God) 담론에 뿌리내릴 때만이, 또한 하나님의 현존이 우리의 가장 깊은 지점에서 만날 때만이 우리는 규정하려는 욕망에서 벗어난다. 이것은 신비신학이 모든 전통 속에서 증언하는 바이다.

3. "이로부터," 세번째 규칙을 다음과 같이 밝히면서 토마스 아퀴나스는 말한다. "우리는 하나님께 많은 이름을 부여할 필요가 있음을 안

다."(Summa Contra Gentiles I, 31:4) 인간이 하나님의 완벽함을 마치 화살 같은 하나의 곧은 말로만 표현할 수 있다면, 종교의 역사를 통틀어 관찰된 수많은 이름과 이미지와 개념은 아무 소용이 없어진다. 그런 완벽한 하나의 이름을 붙인 사람은 아무도 없다. 단지 승리와 찬미, 슬픔과 통한, 감사와 탄원, 부르짖음과 마지막 침묵 속에서 인간은 다양한 기록으로 하나님을 이름지을 뿐이다.

성경은 그 자체로 하나님을 향한 다양한 표현의 산증인이다. 그 한 예로 불타는 숲에서 모세에게 나타난 하나님의 이름 야훼(YHWH)가 있다. 히브리 학자들은 "나는 곧 나다"라는 뜻의 이 발음하기 어려운 네 문자를 "내가 그곳에 가겠다. 나인 채로 너와 함께 거기에 가겠다"(출애굽기 3:14 참조)는 말로 해석했다. 크리스천 신앙은 육신이 되어 우리 가운데 거하는, 예수 그리스도의 삶과 죽음 속에서 우리와 함께 '그곳에' 존재하는 것으로 그 이름을 이해한다. 신구약을 통틀어 수많은 이미지들이 그곳에 거하는 유일자를 이야기한다. 아버지, 어머니, 남편, 연인, 동료, 친구 같은 개인적 관계에서 나온 말은 물론, 옹호자, 해방자, 왕, 전사, 심판관 같은 정치적 삶에서 나온 이미지들까지 성경은 하나님을 인간의 기술과 직업의 다양함 속에서 그려낸다. 그중 몇개만 열거하자면 목자, 산파, 농부, 세탁부, 일꾼, 도기장이, 예술가, 상인, 의사, 빵굽는 여인, 포도나무 지기, 선생, 대장장이, 집짓는 자 같은 것들이 그것이다. 남자의 체험에서 비롯된 이미지가 압도적이긴 하지만 성경에는 여성의 체험에서 나온 이미지들 또한 담고 있는데, 여기에는 현명함/지혜로 알려진 여성의 우주적 힘과 권능의 형상뿐 아니라 아이를 낳고 양육하며 헌신하는 여성으로서의 가정적인 이미지도 포함된다. 하나님을 가리키는 말은 또한 포효하는 사자, 공중을 나는 어미새, 성난 어미곰, 자식을 품는 암탉 같은 동물 이미지를 비롯해 빛, 먹구름, 바위, 바람, 불, 신선한 물, 생명 그 자체 같은 우주의 실재를 가리키는 이미지까지 뻗어 있다. 하나님을 표현하기 위한 어떤 말도 홀로 완전하거나 충분하지 않기 때문에 적극적인 상징의 향연이 벌어지는 것이다.

이런 풍족함에도 불구하고, 아퀴나스가 말하듯 "우리 어휘의 한계"는 여전하다(Summa Theologiae I, 37). 수천개의 이름과 이미지를 취하여 덧붙여봐도 완전히 충분한 이해에는 도달하지 못한다. 다시 말하지만 "당신이 이해했다면, 그것은 하나님이 아닌" 것이다.

하나님을 말함에 있어 이런 약속된 규칙들은 이야기와 예화들에 그려져 있으며 제멋대로 떠도는 것이 아니라 살아계신 하나님의 진실 속에 깊이 뿌리박고 있다. 히브리 예언자들의 다음과 같은 우상 경고에서 시작하여,

> 너희가 나를 누구와 견주겠으며,
> 나를 누구와 같다고 하겠느냐? (…)
> 나는 하나님이다. 나 밖에 다른 신은 없다.
> 나는 하나님이다. 나와 같은 이는 없다. (이사야 46:5, 9)

사도 서한 기자의 "오직 그분만이 죽지 않으시고, 사람이 가까이 할 수 없는 빛 속에 계시고, 사람으로서는 본 일도 없고, 또 볼 수도 없는 분이

십니다. 그분에게 존귀와 영원한 주권이 있기를 빕니다."(디모데전서 6:16)라는 감탄까지, 그리고 성자와 신비주의자들의 통찰에서 교회와 주요한 신학자들의 성찰에 이르기까지, 하나님의 불가해성은 모든 확정을 통과하며 마치 깊은 강처럼 흘러왔다. 그와 동시에 유일신 신앙은 홀로 냉담하게 머무는 하나님이 아닌, 형언할 수 없는 그 신비를 이곳에 던져주면서 자비로운 사랑으로 세상에 참여하는 하나님을 그 신앙의 중심에 위치시켰다.

하지만 이런 참여의 규칙들이 현대 세계에서는 그냥 무시당하는 정도가 아니다. 물밀듯 쏟아지는 하나님에 대한 말들은 그런 말들이 우리의 인식을 뛰어넘는다는 깨달음 없이 교회와 사회에 퍼지고 있다. 그와는 대조적으로, 이 규칙들은 우리에게 겸손을 요청한다. 다시 말해 현대적 유신론의 빈약한 유산이자 평범한 문화적 모델로서의 하나님으로부터 우리의 상상력을 해방시키며 새로운 개척지에서 목격된 것을 말하는 순간조차 우리는 몸을 낮춰야 하는 것이다. 거기에는 어떤 절대주의도 불가능하다. 다만 하나님이 어디선가 찾아질 수 있다는 강력한 요청은 겸손과 확신으로 간구될 때 찾고 구하고자 하는 마음에 확신을 줄 것이다.

큰 도박

수많은 식물과 동물들처럼, 많은 종교들도 시간이 지남에 따라 사라진다. 이런 노화현상을 연구하던 독일 신학자 볼프하르트 판넨베르크 (Wolfhart Pannenberg)는 "종교가 그 빛을 잃을 때 사멸하고 만다"는 뼈아픈 통찰에 이른다. 다시 말해 종교의 가르침이 더이상 신자들의 실제적 삶을 생생하게 비춰주지 못할 때 사멸한다는 것이다. 그런 경우, 신성은 교착상태에 빠지고 변화하는 인간경험에 발맞추지 못하게 된다. 역사의 역동성은 멈출 수 없다. 어떤 사람은 옛날의 관점에 집착하려고 하지만 결국 대부분의 사람들은 현재의 경험에 맞는 방식으로 궁극의 의미를 찾아가게 마련이다. 그리하여 옛 종교의 빛은 점점 가물가물해지며 하나님은 무관한 존재가 돼버린다. 이런 현상이 인간의 마음대로 하나님을 움직여 일어난 결과는 아니다. 판넨베르크는 오히려 그것이 신실한 하나님의 시험이라고 주장한다. 오직 살아계신 하나님만이 모든 시간을 걸쳐 끊임없이 도래하는 새로운 미래의 환경에 관계할 수 있다. 변하지 못하는 전통은 유지될 수 없다. 하나님이 여전히 실제로 체험되는 곳에서 그 빛은 유지되는 것이다.

  이 책이 보여주려고 하는바, 오늘날 우리 시대의 다양한 크리스천 신학자들이 변화하는 시대상에 따라서 살아계신 하나님을 발견해왔다는 사실은 이런 특수한 시대상들이 결정적이고 유효한 계기였음을 증명한다. 이들 신학자들 중 어떤 이도 단정적인 결론을 맺지 않았다. 그들이 지금까지의 무구한 간구 가운데 가장 최근의 것을 대표하기는 하지만, 인류가 계속 존재하는 한 그 끝을 예언하기는 불가능할 것이다. 그럼에도 불구하고, 그들의 통찰은 오늘날 의미있는 삶을 향한 우리의 기도와 실천 속에 살아계신 하나님을 만나는 신선한 길을 열어준다.

더 읽을거리

인류 종교의 기원에 관해서는 D. Bruce Dickson, *The Dawn of Belief: Religion in the Upper Paleolithic of Southwestern Europe* (Tucson: University of Arizona Press, 1990)과 Timothy Insoll, *Archaeology, Ritual, Religion* (London: Routledge, 2004), John Esposito, Darrell Fasching, and Todd Lewis, *World Religions Today* (New York: Oxford University Press, 2006) 등에 잘 정리돼 있다. 본문의 인용은 이들 책에 의존했다.

실존적 관점에서 종교를 분석한 저작들은 고전이 되었다. 여기에는 신성한 존재로서의 하나님에 대한 이성적/초이성적 체험을 다룬 *The Idea of the Holy* (London: Oxford University Press, 1926; originally 1917)를 보라. 하나님을 우리의 궁극적 관심사로서의 상징의 관점에서 매력적으로 토론한 책으로는 Paul Tillich, *The Dynamics of Faith* (New York: Harper & Row, 1957)를 참조하라. 또한 아주 쉽게 읽히는 John Haught의 책 *What Is God? How to Think about the Divine* (New York: Paulist, 1986)이 있는데 여기서는 죽음, 미래, 자유, 아름다움, 진실 같은 우리가 하나님이라는 세 문자의 의미에서 힌트를 얻는 인간체험을 탐구한다.

계몽주의 신학자들이 어떻게 대부분의 크리스천들이 경애하는 점을 생략한 채 하나님의 개념을 만들어냈는지에 대해서는 Michael Buckley, *At the Origins of Modern Atheism* (New Haven: Yale University Press, 1987)에 자세히 연구돼 있다. 같은 저자의 *Denying and Disclosing God: The Ambiguous Progress of Modern Atheism* (New Haven: Yale University Press, 2004)은 여러

형태의 무신론을 낳게 한 현대적 유신론의 내적 모순들을 탐구한다. 현대적 유신론과 그것이 소홀히 한 신비에 대한 비판적이지만 호의적이면서 좀 더 쉬운 제시는 William Placher, *The Domestication of Transcendence: How Modern Thinking about God Went Wrong* (Louisville: Westminster John Knox, 1996)에 잘 드러난다. 대중적인 책으로는 J. B. Phillips, *Your God Is Too Small* (New York: Macmillan, 1961)이 있다.

은유를 다룬 탁월한 책으로는 Sallie McFague의 *Metaphorical Theology: Models of God in Religious Language* (Philadelphia: Fortress, 1985)가 있다. 비유와 상징에 대한 토론으로는 Battista Mondin, *The Principle of Analogy in Protestant and Catholic Theology* (The Hague: M. Nijhoff, 1963)를 보라. '친구'로서의 하나님에 대한 인용은 Terry Eagleton, "Lunging, Flailing, Mispunching," *London Review of Books*, vol. 28, no. 20 (Oct. 19, 2006)을 참고했다. Wolfhart Pannenberg의 테제는 "Toward a Theology of the History of Religions," in his *Basic Questions in Theology*, vol. 2 (Philadelphia: Fortress 1971), 65~118을 보라.

앞으로 나올 장들에 대한 역사적 배경에 대해서는 Gregory Baum이 편집한 탁월한 저서 *The Twentieth Century: A Theological Overview* (Maryknoll, N.Y.: Orbis Books, 1999)를 보면 좋다. Robert Schreiter의 *Constructing Local Theologies* (Maryknoll, N.Y.: Orbis Books, 1985)는 지역 교회에서 솟아난 지혜를 신학적으로 뒷받침하는 책이다.

2

은총의 신비, 더 위대한, 더 가까운

세속적인 세계

20세기 중반 서구 유럽에 등장한 하나님에 대한 통찰을 살펴보자. 두 차례의 세계전쟁이 가져다준 재앙에서 벗어나면서 사회는 전쟁 전 수 세기부터 시작된 종교개혁, 르네상스, 계몽주의의 심오한 변화에 영향을 받았다. 이런 운동에서 뿌려진 씨앗은 뿌리를 깊이 내리고 현대와 세속화로 알려진 문화에서 그 꽃을 피웠다. 아래와 같은 문화의 세가지 핵심요소는 영적인 상황에 각별한 영향을 미쳤다.

† 과학적으로, 자연세계의 탐구에서 일어난 빠른 진보는 세상을 경험적으로 설명했고 초자연적인 현상보다는 실용적인 것으로 인간의 마음을 이끌었다. 이런 지식은 또한 기술적인 발견을 가능케 하여 자연

을 통제하는 방법을 제공했다. 새로운 오락, 편리한 여행, 일상의 만족 등으로 생활수준이 향상되었지만 그것은 핵무기로 촉발된 대량학살의 망령과 나란히 일어난 현상이었다.

† 정치적으로는 파시즘과 사회주의가 휩쓸고간 격랑 이후에 민주주의가 더 나은 정치형태로 수용되었다. 민주주의는 보통사람들이 생활을 영위하는 더 큰 자유와 권리를 제시했다. 민주주의의 성공과 더불어 보편적인 교육이 확대됨으로써 대다수 시민이 문자를 해독할 수 있게 되었고 이로써 비판적 질문과 독립된 판단이 가능해졌다. 또한 라디오와 TV 같은 대중매체의 등장으로 보통사람들도 많은 정보에 접근할 수 있게 되었다.

† 학문적으로는 철학, 문학, 심리학 등에서 배출된 일련의 사상가들이 하나님이 인류에 어떤 유익을 주는지 그 생각 자체의 타당성을 검증하고자 했고 결국 하나님은 인간의 욕망에서 비롯된다고 주장하기에 이르렀다. 19세기에 루트비히 포이에르바흐는 인간이 자신의 힘보다 뚜렷하게 더 나은 존재로 상상해낸 투영물이 바로 하나님이라고 판단했다. 하나님이 인류를 창조한 것이 아니라 반대로 인류가 하나님을 상상력으로 창조했다는 것이다. 칼 맑스는 잘 알려진 대로 종교가 세상에서 정의를 위해 투쟁하는 기반이 아니라 정의롭지 못한 세상의 고통 속에서 천국의 보상을 약속하는 진통제를 줄 뿐이라며 종교를 '인민의 아편'이라고 폄하했다. 도스토예프스키는 아무 죄도 없는 사람들, 특히

아이들의 고통에 주목하면서 하나님의 존재에 저항했다. 그의 작품 속 주인공 중 하나인 이반 카라마조프는 어린이를 향한 잔학행위가 허용되는 어떤 조직에도 참여하기를 격렬하게 거부하면서 종교적 세계에 들어가는 티켓을 반납한다. 프로이트는 인생의 환란에서 우리를 보호해주는 강력한 아버지의 형상에 투영된 환영이 바로 하나님에 대한 욕망이라고 말했다. 성숙한 인간이라면 이런 환상 없이도 삶의 책임을 지게끔 성장한다는 것이다. 이런 무신론의 어마어마한 도전은 현대 유럽에서 엄청난 성장을 거듭해왔다.

좀더 문학적인 예로, 20세기 직전 니체는 현대사회를 날려버릴 불신앙의 폭풍을 뜻하는 우화 한편을 만들어냈다. 어느 한낮에 한 미치광이가 랜턴에 불을 붙이고 하나님을 찾으러 시장에 들어갔다. "하나님은 어디에 있소?" 언쟁은 점점 더 커졌고 도시인들에게 조롱을 받은 끝에 그는 랜턴을 떨어뜨린다. 랜턴은 부서지고 불은 꺼진다. "하나님은 죽었다." 그 미치광이는 외쳤다. "우리가 그를 죽인 것이다. 교회는 장례식을 시작하라." 모두가 웃는 동안 그는 우리의 세대가 아직 그 소식을 받아들일 준비가 되어 있지 않음을 예언했다. 하지만 그 시대는 곧 가까이 올 것이다. 그때 지평은 사라지고 더이상 위아래가 없을 것이며 사람들은 자유에 빠져 정신을 잃을 것이다.

20세기 중반 유럽에 그 미치광이가 전한 소식이 도착했다. 현대 문화의 전도유망한 과학, 정치, 학문이 다 같이 신앙에 도전장을 던진 것이다. 그 도전은—한스 큉(Hans Küng)의 날렵한 표현에 의하면—기독교가 '작은 세상에서 큰 교회를 소유하던' 전근대 시대의 토양과 비교해야 가장 잘 인식될 수 있다. 근대 이전 유럽의 전분야에서는 개인이든 사회든 기독교를 당연시하는 통일된 세계관이 널리 퍼져 있었다. 세계에는 분명 다른 것이 있었지만 그것은 일상생활에서 지엽적인 것들로, 적 아니면 신학이론에 의해 간단히 설명되는 것들로 인식됐다. 대부분의 사람들은 태어나면서부터 사회적 관습에 따라 크리스천이 되었고 신앙의 확신은 의심받지 않았다.

그러나 현대사회에서 기독교는 '훨씬 더 큰 세계의 작은 교회'가 되었다. 신자들은 이제 세속적이고 종교적인 면에서 시대적 영향력을 간직한 좀더 넓은 문화에 소수자로 흩어져 있는 자신들을 발견했다. 그 결과 삶을 영위하는 광범위한 가치들과 다양한 관점들이 보통사람들에게 영향을 끼쳤다. 모든 현상을 경험적으로 설명하는 과학의 능력은 세계를 하나님이 없는 것처럼 만들었으며 자연을 이성적으로 다스리고 정복하는 인간의 능력은 일상세계를 더욱 세속적으로 변화시켰다. 결국 세속의 정치과정에 참여하는데다 높은 수준의 교육을 받음으로써 사람들은 교회 권위의 직접적인 영향력에서 벗어나게 되었다. 하나님의 존재를 노골적으로 부인하는 무신론의 생기 넘치는 폭풍은 그것과 형제지간인 불가지론과—신 문제에서 학문적 중립성을 형성하는—함께 신앙의 무풍지대를 날려버렸다. 적어도 현대의 회의주의적 분위기는 모든 진실을 상대적인 것으로 만들어버렸다.

그 결과 크리스천 신앙은 위기에 내몰렸다. 사유하는 인간은 이론과 의식, 위계질서와 경건한 체하는 관습을 자랑하는 이 낡고 삐걱거리는 전통이 과연 무엇인지, 거기에 진실이 있는지를 반문했다. 시민계층이 종교에 무관심해지는 현상이 뚜렷해지면서 그런 사회적 성향에 영향을 받은 많은 사람들이 교회에서 줄행랑을 쳤다. 시민적 삶과 크리스천 신앙은 다시 결합될 수 없을 만큼 그 사이가 벌어졌다.

이런 상황 속에서 신자들의 의문에 귀를 기울이고 목회자들의 요구에 관심을 둔 철학자와 신학자들은 다시금 크리스천 신앙을 회복하기 위해 열정적으로 노력했다. 사실, 현대문화가 뿌리내린 곳이라면 세계 어디든지 20세기 중반 유럽의 상황과 뚜렷한 동질성을 갖는다. 그러나 현대적 유신론의 비판과 불가지론의 무관심에 얻어맞은 유럽 신학자들은 세속사회에 남겨진 현대인들의 영혼을 위해 싸운 최초의 사람들이었다. 이 장에서는 앙리 드 뤼박(Henri de Lubac)이나 장 다니엘루(Jean Daniélou)가 개척한 가톨릭의 '새로운 신학'(nouvelle théologie)에서 칼 바르트(Karl Barth)가 선봉에서 강조한 개신교의 '계시의 하나님'까지를 포함한 풍부한 업적을 포함하되 독일 신학자 칼 라너(Karl Rahner)의 통찰을 집중적으로 추적해보기로 한다. 칼 라너의 업적은 1930년대에 시작되어 이후 반세기를 건너 그가 생을 마감한 1984년까지 이어진다. 계몽주의와 그 유산을 비판적으로 바라보는 데 전념하면서 그는 무신론의 도전에 맞서 살아계신 하나님에 대한 사유를 심오하게 혁신했다. 라너의 사유를 천천히 따라가다보면 그가 하나님이라는 관념에서 거둔 돌파구와 그 사고의 영적이고 실제적인 의미를 명확히 알게 될 것이다.

겨울

겨울 같은 나날. 현대 세계에서 믿음이 처한 상황을 라너는 이런 은유로 표현한다. 크리스천의 삶을 교육받은 유럽의 중산층에 주목하면서 그는 이 세계가 더이상 쉽게 신앙을 교류하지 못함을 본다. 무엇보다, 인간은 더이상 사회적 관습이나 물려받은 유산에 따라 크리스천이 될 수 없다. 크리스천이 된다는 것은 개인적인 결단, 즉 마음의 변화를 얻고 오랜 헌신을 감수하는 결단을 요구한다. 기독교가 한 사회의 고유한 문화가 아니라 신자와 비신자라는 다양한 입장으로 흩어진 이후의 디아스포라적인 교회는 이런 자유로운 신앙의 근간이 된다. 게다가, 누군가 개인적인 경로로 신앙에 입문할 때조차도 현대사회는 이를 방해한다. 현대사회는 무신론과 불가지론뿐 아니라, 자연세계에서 추출한 데이터에 지식을 제한하는 실증주의, 돈과 밀착되고 궁극적 질문을 참아내지 못하며 신앙 없이도 윤리적 진실성을 얻는다고 믿는 인문적 세속주의, 그리고 신성하고 윤리적인 삶으로 가는 여러 길이 있다고 주장하는 종교적 다원주의의 속성을 갖기 때문이다. 이 모든 것들은 크리스천 신앙의 명확성에 의심을 불러일으킨다.

자유로운 신앙생활이 보장된다 하더라도, 위와 같은 현대세계의 특징적 요인들은 영적 경험에 결정적인 영향을 준다. 이것은 놀라운 일이 아닌데, 하나님에게 가는 길은 항상 시대와 공간의 역사적 환경 속을 흘러왔기 때문이다. 세속적이고 다원적인 문화 속에서, 그런 공기를 숨쉬고 실용적인 교리에 따라 삶을 영위하면서 오늘날 크리스천은 구체적인 현대의 양식을 영혼 속에 흡수하는 것이다. 현대의 양식은 크리스천들의 심장을 뚫고 마음가짐과 심리를 형성한다. 라너가 관찰했듯이, "자신을 알지 못하는 불가지론이 (…) 오늘날 바로 하나님이 경험되는 방식이다." 이것이 모든 신자들에게 사실인 것은 확실히 아니다. 심리적이고 역사적인 이유로 어떤 사람들은 아직도 이전 시대의 하나님으로 충만한 마음 가운데 있다. 그러나 라너의 유명한 말처럼, 같은 시대를 산다고 다 동시대인은 아닌 것이다. 그의 관심은 현대를 살아가면서 영적인 모호함에 휩싸인 사람들에게 집중된다. 그런 사람들이 교회에 올 때, 그들의 내면과 사회생활 가운데 자리잡은 혼란함이 떠나가는 것은 아니며 오히려 그런 혼란은 제단에 그대로 바쳐진다. 성숙한 영성은 인간 삶의 기본경험을 하나님 앞에 모두 통합해 내놓아야 하기 때문에 현대성은 신앙에서 결정적인 요소가 된다.

그리하여 나타난 것이 겨울의 메타포다. 문화에서 기독교가 지배적이었던 계절에 번성했던 헌신과 믿음의 무성한 잎과 열매들은 이제 떨어져버렸다. 나무는 헐벗고 찬바람이 불어온다. 그런 계절에 믿음은 기본으로 돌아가야 한다. 마치 무성한 여름에 하듯 힘을 주변적이고 비본질적인 것에 쏟아붓는 것은 적절치 않다. 생존을 위해 신자들은 겨울의 혹한 속에서도 마음을 키우고 따뜻하게 살 수 있는 가장 핵심으로 돌아설 필요가 있다. 이런 상황에는 단 하나의 큰 관심사가 있을 뿐인데, 그것은 바로 하나님이다.

라너가 끊임없이 우려하는 바는 많은 교회의 설교와 가르침이 믿을 가치가 없는 기초적인 하나님 개념에 의지한다는 것이다. 그런 가르침들은 하나님의 신비가 지닌 현실과의 교류, 아름다움, 놀라움, 비범한 너그러움에 기대지 않는다. 그가 보기에 대중적인 독실함을 강조하는 보통의 성직자들은 근본적으로 하나님에 대한 뒤처진 인식을 가지고 있다. 그들은 세계와 완전히 다른 하나님이라든가 하나님 자신이 최고의 역동성과 세계에 부여된 목표로서 다가온다는 장엄한 진실을 알지 못한다. 빈번하게 성직자들은—가장 최고의 존재인—하나님을 전체의 특정한 부분으로 보는, 현대적 유신론의 낡은 개념을 고집한다. 그들은 하나님을 우리가 사물이 작동하는 방식대로 계산할 수 있는 존재로 규정하다 종국엔 인식될 수 없는 하나님을 우상과 맞바꾼다. 그들은 이 세계를 자신의 온전함으로 세울 뿐 아니라 자신을 이 세계에 내던짐으로써 믿기지 않는 사랑을 쏟아붓는 하나님을 경배하기보다는 우리 자신의 관심사, 전전긍긍하는 두려움, 연약한 마음 같은 이미지로 신성을 꾸며낸다. 그들은 가장 중요한 진실을 우리에게 알려주지 않는데, 그것은 친밀하게 우리와 소통하는 하나님의 신비와 직접 연결된 사랑에 우리가 부름받았다는 사실이다. 형편없는 성직자들의 가르침을 받은 우리가 진정으로 '하나님'이라는 말이 우리의 삶을 밝혀준다고 말할 수 있을까? 라너는, 불행하게도 설교자의 말은 종종 "마치 새가 얼어죽어 겨울 하늘에서 떨어지듯이" 힘없이 강단에서 떨어진다고 썼다.

이런 겨울 같은 때에 교회의 설교는 너무도 순진하고 추상적이어서 불신자들은 고사하고 신도들에게도 도움이 되지 않는다. 무신론의 맹공은 어떤 면에서는 슬픔에 가득 차 우상숭배의 지경에까지 추락한 하나님에 대한 인식을 정화하는 역할을 하기도 한다. 하나님은 죽었다?

우리가 하나님을 우주의 한 부분으로 상상한다면, 또한 무한히 큰 존재임에도 다른 존재에 섞여 있으며 인간과의 경쟁자로서 타자 위에 군림하는 위대한 개인으로 설정한다면, 그렇다, 지금의 유신론은 죽은 것이다. 그러나 라너가 인정하듯이 무신론은 더 깊은 진실에 도달하기 위해서 반드시 필요한 것 중 하나다. "무신론과의 투쟁은 유신론의 한계와 싸우는 가장 중요하고도 필수적인 투쟁이다."

 일생의 글쓰기와 가르침, 설교를 통해서 라너는 겨울 같은 날에 따뜻함과 자양분을 선사하는 살아계신 하나님에 관한 진실을 밝히는 일에 매진했다. 일상의 신도들을 책임지려 했던 그는 세속화되고 과학화된 현대 유럽의 산업사회 한가운데 불안하게 자리한 신앙과 그 신앙에서 촉발된 의심으로 괴로워하는 사람들에게 주목했다. 라너는 그들의 의문을 자기 것으로 만들었고 기독교 유산을 관통하는 강력한 힘으로 그 의문에 대답했다. 그가 사람들의 관심을 끄는 방식은 혼란스런 영혼에 해결책을 제시하는 것이 아니라 그들 자신의 삶에서 거의 주목받지 못한 영역을 발견하도록 그들을 초대하는 것이었다. 우리가 다음 장에서 읽게 될 요한 밥티스트 메츠(Johann Baptist Metz)는 이것이야말로 신학자로서 라너가 갖는 위대함의 가장 깊숙한 원천이라고 주장한다. 그는 평범한 사람을 초대해서 하나님을 향해 떠나는 마음의 여행으로 이끈다. 결국 라너의 사고방식과 그 결과로 얻어진 통찰은 하나님에 대한 크리스천의 사고를 근본적으로 새롭게 한다. 그의 계획이 지닌 논리의 윤곽을 그리는 일은 영적인 풍성함이 후대에 끼친 많은 영향력을 발견하게 할 것이다.

점점 커지는 신비

인간과 함께 시작하기

수세기 동안 하나님의 개념에 이르기 위한 평범한 길은 자연세계에서 시작하여 그 존재와 구조를 숙고하면서 그것을 창조한 자로 결론을 맺는 방식이었다. 아퀴나스는 그 전형적인 사례다. 그는 세계가 그 자체로 원인이 되지 못하는 본질적으로 2차적인 것임에 주목하면서 세계의 존재를 설명하기 위해서는 다른 것에 구애받지 않는 원인, 즉 반드시 존재해야 하며 다른 모든 원인의 원인이 되는 존재가 있어야 한다고 추론했다. "이것이 바로 우리가 하나님이라고 부르는 것이다"(*Summa Theologiae I*, 2q. a.3). 현대에 이르러 철학은 우주에서 인간으로, 단순한 외부세계에서 인간의 내적 체험으로, 자연에서 인간 본성으로 옮겨갔다. 인간이란 무엇인가라는 의미에 열광한 철학자들은 인간의 투쟁, 인간의 의식, 인간의 자유라는 렌즈로 이 궁극적인 질문을 파고들었다. 이런 철학적 접근이 크리스천 신앙을 설명하는 비옥한 토양을 제공한다는 확신을 가지고 라너는 단순한 객체가 아닌, 내면과 사유와 선택의 자유를 가지는 주체로서의 인간을 강조함으로써 "주체로 돌아가는" 작업을 수행했다.

우리의 주체성을 드러내는 삶의 모든 측면 가운데서도 초기의 라너는 인간의 호기심에 주목했다. 그의 독일어 박사학위 논문은 "Man fragt", 곧 "인간은 질문한다"라는 말로 시작한다. 이는 전형적인 인간 행위로, 어느 문화에서 어느 때나 관찰되는 것이다. "하늘은 왜 파랗지?"라는 아이의 질문에서부터 "뭘 하고 살아야 하나?"라는 청소년의 질문까지, 그리고 "당신은 아직도 날 사랑하나요?" 같은 연인의 질문에서 "아직도 희망이 있을까?"라는 죽어가는 노인의 질문까지, 또한 길을 잃었을 때, 사업을 시작할 때, 비오는 숲을 탐험할 때, 기자회견을 열 때, 최근 뉴스를 검색할 때, 암에 대처하는 방법을 모색할 때, 인생의 의미를 찾을 때 등등 질문은 실용적이면서도 실존적으로 빗발치듯 우리 삶에 쏟아진다. 그야말로 인간은 질문하는 존재인 것이다.

이 일상적인 경험이 인간 본성의 어떤 면을 드러내는지 생각해보라. 질문은 우리가 어떤 것을 모른다는 점을 가정한다. 또한 흥미롭게도 이것은 우리가 이미 뭔가를 조금 알고 있음을 암시한다. 좀더 정확하게는, 질문이라는 행위는 우리에게 뭔가를 알고 싶어하는 욕망이 있음을 대변한다. 그것은 뭔가 더 알고자 하는 인간 영혼 속의 어떤 역동적인 욕구다. 질문은 우리의 관심을 깊이있는 내면과 넓은 세계로 연결해준다. 질문을 함으로써 우리는 발견돼야 할 진실에 참여한다. 대답이 주어질 때, 마음은 그것을 붙잡고 과연 질문에 합당하고 흡족한 것인지를 판단한다. 아주 완벽한 대답일지라도 우리 마음을 오래 만족시키지는 못하는데, 그것은 그 대답이 우리의 호기심을 새롭게 촉발시키기 때문이다.

이것이 얼마나 지속될 수 있을까? 우리가 허락받은 질문의 숫자란 과연 정해져 있는 것일까? 그런 생각은 웃음을 자아낼 뿐이다. 우리가 그 이상 질문을 하지 말아야 할 한도 같은 것은 없다. 그런 것이 있다면 얼마나 우리 영혼을 옥죄겠는가? 그것은 머리를 벽에 부딪쳐 죽는 것과 같을 것이다. 인간은 질문을 할당받는 것이 아니라, 살아있는 한 얼마든지 새로운 질문을 던질 수 있다. 세상의 구체적인 대상들을 분석하고 계측하고 판단하고 규정하는 동안 인간 이성은 새로운 지평을 찾기 위해 끊임없이 평범한 규정 너머를 파고든다. 우리가 할 수 있는 질문은 한이 없는 것이다.

  무엇이 이런 인간 본연의 현상을 가능케 할까? 이런 질문으로 이끄는 인간 호기심의 본질을 파헤치던 라너는 선험철학에 다가선다. 임마누엘 칸트(Immanuel Kant)에 의해 전개된 선험철학은 인간의 전형적인 행위를 통해 주체를 탐험하면서 다음과 같이 질문한다. 인간을 행동하게 만드는 조건은 과연 무엇일까? 가령 흰 가운을 차려입은 과학자들이 열심히 현미경을 들여다보는 실험실에 칸트가 초대받는다면, 그는 현미경에 무엇이 보이는지에 대해서는 관심이 없을 것이다. 대신 그는 과학자에게 집중하며 인간 본성의 어떤 조건이 그로 하여금 증거를 수집하도록 하는지를 먼저 탐구할 것이다.

  라너가 사고하는 흔적을 좇다보면 우리는 '질문하는 주체'를 만나게 된다. 이 일생에 걸친 보편적인 행동을 불러일으키는 조건은 과연 무엇인가? 그것은 오직 인간의 영혼은 궁극적으로 무한한 진리를 끊임없이 추구한다는 사실에서 비롯된다. 우리가 제기하는 질문 가운데 우리는 순간의 지점을 초월하여 역동적으로 더 나은 것으로 나아간다. 아주 시시한 질문에서조차 우리는 눈앞의 문제를 넘어서 다음 단계로 나아가며, 이것이 반복되면서 궁극적인 데까지 이른다. 이렇듯 별 특이할 것도 없는 일상적 방법으로 인간은 끝없는 진리를 지향한다. 만약 그렇지 않다면, 인간은 어떤 유감스런 한계에 멈춤으로써 그 본성마저 변할 것이고 인류의 질문은 고사하고 어떤 한 사람의 첫번째 질문조차 제기되지 못할 것이다. 그러나 알고 싶은 깊은 욕망에서 나온 우리의 질문은 바로 인간 본성의 구조에서 나온 것이며 그 본성은 파헤쳐져야 할 현실에 활발하게 다가선다. 이렇듯 인간은 단지 질문하는 존재가 아니다. 우리는 진리의 완성을 추구하는 질문 자체이다.

　우리가 인간의 알고자 하는 욕망이 아니라 인간의 의지와 자유의 체험에서 시작한다면 같은 양식이 다시금 감지될 수 있다. 앤 카(Anne Carr)는 선험철학에서 자유란 마치 자동차가 모터를 소유하듯 그렇게 소유되는 것이 아니라고 말한다. 오히려 자유는 인간으로서 존재하는 한 상황으로, "우리에게 주어져 있고 궁극적으로 우리에게 책임이 있는" 것이며 우리 자신을 한계짓는 힘과 대상을 어떤 면에서 초월하는 힘이다. 자유는 매일매일의 결정과 관계 속에서 지속적으로 실현된다. "자유는 가족, 공동체, 사업, 정치, 모든 종류의 일 속에서 실현되며 존재의 무한하고 신비로운 지평을 받아들이거나 거부하는 가운데 궁극적인 존재가 되는 것이다." 여기서 또한 우리는 영혼을 밀고나가며 추구하고 받아들이는 욕망의 끝없는 역동성을 체험한다. 가령 사람이 타인을 사랑하는 모든 행위는 우리가 누구인지를 규정하는 관계의 원을 넓히면서 더 많은 사랑을 주고받는 능력을 배가시킨다. 모든 면에서 인간의 자유는, 이성과 마찬가지로 그것을 붙잡은 모든 것을 뛰어넘는 초월을 유지하는 역동성이다. "나는 당신을 사랑한다"는 선언으로 자신을 압축해서 자유롭게 보여주는 능력은 과연 어떤 것인가. 그것은 사랑의 한없는 충만함을 지향하는 인간 본성의 열린 구조다.

우리가 인간의 자기초월을 붙잡는다면, 우리는 이런 근원적인 체험이 수천개의 형식으로 존재함을 깨닫게 된다. 우리는 호기심에 차서 질문할 뿐 아니라 자유롭게 사랑하고, 행복을 소망하며, 외로움을 알고, 의심하며, 불의에 저항하고, 다른 사람을 돕기 위해 계획을 세운다. 또한 책임감있게 행동하고, 억압에 맞서 양심을 수호하며, 아름다움에 감탄하고, 죄의식을 느끼며, 즐거워하고, 죽음을 슬퍼하며, 미래를 꿈꾼다. 이 모든 존재의 순간을 뒷받침하는 것은 엄청나게 강렬한 열망이다. 뭔가 더 나은 것을 지향하는 것은 우리의 근원적인 체험이다. 그 순간 더 나은 것이 무엇인지는 말하지 말자. 그것은 풍경을 열어주는 지평 같은 것으로 우리가 절대 도달할 수 없을지라도 우리의 삶을 둘러싸고 손짓하는 것이다.

이런 지평을 향한 열망은 그것에 주목하든 그렇지 않든 인생의 한 부분이다. 그것은 어떤 사람들만의 특별한 체험이 아니라 모든 사람에게 독특한 체험의 궁극적인 깊이에서 나오는 것이며 바로 그런 조건 덕분에 모든 것이 가능해진다. 단지 한정된 질문만 할 수 있고 몇개의 결정만 내릴 수 있으며 제한된 아름다움만 느낄 수 있고 슬픔에도 한도가 있다면 어떨까? 그런 조건을 인간적인 삶이라고 부를 수 있을까? 그렇듯 우리는 우리 자신을 넘어서 형언할 수 없는 것으로 끊임없이 내닫는 존재들이다. 이런 지향성이야말로 우리를 영적인 주체, 또는 한 개인으로 있게 하는 것이다. 사실 모순적이긴 하지만, 우리가 우리의 한계를 날카롭게 인식하는 순간이야말로 그 한계를 넘어서는 순간이다.

지난 세기 중반 이것이 과연 무엇을 의미하는지에 대한 흥미로운 토론이 유럽에서 벌어졌다. 철저한 무신론으로 무장한 실존철학자이자 사상가인 장 폴 사르트르(Jean Paul Sartre)는 삶이란 부조리하다고 결론내렸다. 텅 빈 하늘 속의 우주는 언제나 인간의 간구를 좌절시켰다. 우리의 자기초월을 충만케 할 아무것도 없었기 때문에 모든 소망은 무(無)가 되었다. 또한 그 공허 위에 놓인 수많은 짧은 순간들을 거치면서 인간은 모든 노력에도 불구하고 거대한 우주의 조롱거리가 되었다. 이와 반대로 종교사상가들은 간구의 지평을 둘러싼 무한하고 신성한 하나님이 우리를 충만케 하기 때문에 삶은 의미있다고 주장했다. 그것이 공허든 충만이든, 이 두 측면은 인간 경험의 역동적인 구조에 동의하는데, 그것은 항상 '더 나은 것'을 향한다는 점이다.

자기초월의 '어딘가'

인간의 자기초월에 대한 관점을 나름대로 정립한 라너의 논점은 이제 명쾌하게 신학적인 색채를 띤다. 그가 어떤 객관적인 방법으로 하나님의 존재를 '증명하려' 하지 않는다는 점에 주목하자. 그런 증명은 불가능하다. 현대 문화의 상황을 늘 염두에 두면서 라너는 하나님의 문제를 재정립하려고 노력한다. 그는 하나님을 '저 너머'에 존재하는 탁월한 존재로 이해하는 것에서 벗어나 과연 무엇이 인간 본성의 역동적인 지향성을 지지하는가의 문제로 나아간다. 하나님이 존재한다면, 우리가 그렇게 열려 있고 갈망하는 존재라는 것도 우연은 아닐 것이다. 창조자는, 우리의 간구와 사랑과 삶을 향한 갈망을 완성하기 위해 우리를 무한한 진실과 신성한 사랑을 추구하는 존재로 창조하셨을 것이다. 이것을 알기 위해서 우리는 '하나님' 하면 떠오르는 관습적인 이미지에서 벗어나야 한다. 그런 이미지들 때문에 우리는 쉽게 어리석은 오해에 빠진다. 그렇다면 인간 영혼과 얼굴을 마주한 이 한없는 풍부함을 과연 뭐라고 불러야 할까? 좀 이상하게 들리지만, 옛날에 쓰이던 언어인 '어딘가'(Wither)라는 단어를 사용해보는 것이 좋을 것이다. 이 단어는 의문문에서 도착이나 목적지를 가리키며 "당신은 어디로 가십니까?"(Wither goest thou?) 같은 용법으로 사용된다. 자기초월의 '어딘가'는 우리가 여행하려는 곳이며 자기초월의 의지와 열정이 늘 향하는 목적지이다.

이 '어딘가'는 어떠해야 하는가? 여기서 우리는 인간 영혼의 초월하는 힘을 바탕으로 신성의 특징을 가늠해온 지금까지 논의의 핵심에 이른다. 그런 역동적 인간 영혼에 마주하는 단 하나의 만족스런 통로는 그 자체로 어떤 무한한 것이며 그리하여 목표에 도달함으로 인간을 멈추게 하지 않는 것이다. 자기초월의 영혼을 이르는 말은 무한하고 규정할 수 없으며 영원히 우리의 인식을 벗어나 있고 우리 마음대로 되지 않는 것이다. 이 형언하기 어려운 풍부함을 가리켜 라너는 '신성한 신비'(holy mystery)라고 이름붙였다. 그가 보기에 모든 시기는 하나님을 정의하기 위해 각 시기 전체를 일깨운 고유한 단어가 있었다. 이 겨울 같은 시기에, '신성한 신비'는 바로 그러한 단어가 될 것이다.

여기서 신비라는 말은 뭔가 으스스한 의미에서 기이하다거나 유령 같다는 말이 아니다. 또한 그것은 아직 풀리지 않은 뭔가를 풀어가는 추리문학에서의 수수께끼 같은 것도 아니다. 여기서 신비란, 신성이 세상과 엄청나게 다른 완전한 타자라는 것이며 인류는 그 생각에 충분히 다가갈 수도, 완전한 소유에 이를 수도 없다는 것이다.

인간의 자기초월이 향하는 '어딘가'는 영원히 그 깊이나 넓이에서 이해할 수 없는 것이고 그러한 것으로 남아 있어야 한다. 우리는 결코 탐험의 끝에 이르지 못할 것이며 그것을 완전히 밝혀내지도 못할 것이다. 그것은 마치 저 멀리 한 지점에서 만날 것 같은 평행한 기찻길이 막상 그 지점에 이르면 각기 다른 지점으로 이어진 것과 같다. 그것은 비행기에서 보는 지평선과도 같아서, 아무리 빠른 속도로 날아가도 창문 너머로 더 멀리 펼쳐져 붙잡을 수 없다. 또한 마치 사랑에 빠진 상대가 끝없이 흥미롭고 아름다운 것과도 같다. 거기에는 항상 더 많은 것이 있다. 라너는 신성한 신비로서의 하나님이라는 사고를 시적이고 지형적으로 아래와 같이 묘사한다.

> 지평은 지평 안에 존재할 수 없다. 궁극적인 측량은 측량될 수 없다. 모든 것의 범위를 정하는 경계는 더 넓은 경계 안에 있을 수 없다. 무한하고 한량없는 것은 모든 것을 차지한다. 모든 것을 껴안는 방대함은 그 자체에 포함될 수 없다.

바로 이것이 우리가 하나님의 존재를 새로운 행성이나 세상의 특정한 사물의 존재를 증명하듯 그렇게 증명할 수 없는 이유다. 우리는 어두운 실험실에서 원자 같은 물질을 발견하듯이 하나님을 발견할 수 없다. 하나님은 존재하는 다른 것들과 함께 나타나는 존재가 아니다. 우리가 하나님을 가장 위대한 존재 또는 처음이자 마지막 존재로 상상한들 그런 사실이 바뀌지 않는다. 하나님을 좀더 큰 세계의 한 요소, 전체 현실의 한 부분으로 생각하는 것은 잘못이다. 신성한 신비는 우리의 체계 내에 존재할 수 없으며 오히려 모든 범주를 벗어난다. "하나님이라는 개념은 신비를 정복한 한 개인이 획득하는 것이 아니다. 그것은 그가 늘 멀리 있는 신비에 스스로를 내맡길 때 의미를 갖는 것이다."

신성한 신비의 불가해성을 라너가 새롭게 강조한 것은 아니다. 그것은 모든 유대교와 기독교 전통을 가로지르는 강 같은 것으로 문서는 물론 세대를 거듭한 성자, 신비주의자, 신학자의 지혜에서도 발견된다. 라너에게 영향을 끼친 아퀴나스는 그의 유명한 직설적 어법으로 다음과 같이 강조했다.

> 우리의 마음이 신적 주체를 따라가지 못하기 때문에 하나님은 우리의 지성에서 벗어나 인간이 모르는 상태에 있다. 그리하여 우리가 하나님에게 갖는 최고의 지식은 하나님을 모른다는 것이며 우리가 아는 한 하나님의 존재는 우리의 모든 이해를 뛰어넘는다. (*De Potentia*, q.7, a.5)

라너의 기여는 하나님의 불가해한 신성의 신비를 인간의 영혼을 작동하게 하는 조건으로 삼으면서 인간 체험의 역동성을 바탕으로 이런 통찰에 이르렀다는 것이다. 초월의 체험은 지식이나 사랑의 행위를, 그 자체를 뛰어넘어 신비의 경지로 이끈다. 우리가 이것을 알든 모르든, 이 진리를 받아들이든 무시하든, 모든 영적이고 지적인, 그리고 애정어린 현존은 존재의 근간이 되는 신성한 신비를 지향한다.

이런 신비는 우리의 일상 지식과 행위, 즉 현실에 대한 지식과 자유로운 행위가 차지하는 작은 영역을 둘러싸고 유지시키는 불명료하고 드러나지 않은 지평이다. 그것은 우리의 가장 근원적이고 자연적인 상황이지만 바로 그 이유로 깊게 숨겨진 은밀한 현실이다. 그것은 침묵으로 우리에게 말하며 드러나는 순간조차 우리의 한계를 인식하게 한다.

이것이 바로 하나님이라 불리는 것이다. 이런 식으로 이해될 때 자기초월의 '어딘가'는 인간의 행복을 향한 강한 암시를 던져주는데, 바로 그런 형언할 수 없는 불가해성이야말로 인간 영혼의 지속적인 작용을 확신케 하기 때문이다. 우리가 모든 축복받은 진실을 알아낸다 하더라도 전우주에는 알아야 할 것이 남아 있기 마련이다. 우리가 억눌린 것을 충만하게 사랑하여 넘친다 할지라도, 또한 삶의 모든 측면을 풍부하게 경험한다 하더라도 거기에는 언제나 '어딘가'가, 우리의 영혼을 소환하고 지탱케 하는 것이 남아 있을 것이다. 우리가 이 사실을 알고 깨끗하게 우리 자신을 하나님에게 맡길 때 끝없는 신비인 하나님을 알지 못한다는 사실이 "단지 부정이나 공허한 없음이 아니라 한 주체와 다른 주체의 긍정적인 관계맺음이 될 것이다." 그러한 불가해한 신비는 종교적 관계를 가능케 하는 조건을 마련해주는데, 그것은 진실한 내면은 물론 인간의 열망, 간구, 울음, 웃음, 지식, 사랑을 탐험하는 끝없는 외적 모험에도 해당한다.

신성한 신비는 영원히 계속된다. 라너 시대에 가톨릭 신학의 지배적인 조류는 신스콜라주의로, 하나님에 대한 개념에 몰두하는 강한 이성적 사고의 형식을 취하고 있었다. 신스콜라주의 신학은 천당에 간 사람들이 하나님과 얼굴을 마주할 때, 모든 의문은 풀린다고 생각했다. 라너는 그들의 완벽한 앎을 부정하진 않았지만, 그것은 정확히 신비로운 하나님의 풍부한 여러 모습을 아는 것이라고 규정했다. 우리의 유감스런 한계와는 완전히 다른 하나님의 지속적인 불가해성은 천국에서조차도,

> 오히려 우리가 품은 환상의 실체로 생각되어야 하며, 더없이 행복한 사랑의 대상으로 간주되어야 한다. 환상은 신비를 붙잡고 또 신비에 붙잡히는 것을 의미하며 최고의 앎은 신비의 폐지나 축소가 아니라 그것의 최종 확정이자 영원하고 총체적인 직접성이다. (…) 신비는 단순히 이성이 아직 승리하지 못했음을 말하는 것이 아니다. 그것은 이성이 사랑이 됨으로써 완성을 얻는 순간 도달하는 목표지점이다.

신성한 신비의 불가해성이란 무슨 자격이 사물이나 사람에 속하듯 그렇게 우연히 하나님에게 속하게 된 것이 아니다. 그것은 오로지, 근본적으로 그리고 영원히 그 의미상 초월의 '어딘가'를 뜻한다. 이것이 없다면 하나님은 아마도 하나님이 아닐 것이다. 이것을 가지고, 우리는 삶의 충만함과 만난다.

현대 문화 한가운데서 싸우고 있는 신자들에게 이해 불가능한 신비

로서의 하나님이라는 생각은 거대한 구원으로 다가간다. 그것은 유신론의 비좁고 한정된 인식에서 그들을 해방시킴과 동시에 그들의 영혼을 날아오를 수 있는 관계의 장으로 데려다준다. 플레처(J. H. Fletcher)가 설명하듯이 "이해 불가능성은 인간의 한계를 보여주는 슬픔이 아니라 오히려 하나님의 무한함에 대한 생동감 넘치는 축하다. (…) 그것은 인간이 하나님의 신비를 부재가 아니라, 넘치는 충만으로 바라봄"을 의미한다. 이런 시각은 다른 사람들을 아찔하고 혼란스럽게 할 것이다. 그들은 그러한 막막함을 이미 길들여진, 그러나 권위적인 유신론적 하나님과의 관계가 사라지는 것으로 체험할 것이다. 또한 어떤 이들에게 하나님은 이름없고, 형언할 수 없는 '어딘가'가 아주 멀고 냉담하게 느껴지는 존재겠지만 그러나 알아야 할 것은, 신성한 신비로서의 하나님은 지금까지 아직 반밖에 논의되지 않았다는 점이다.

점점 다가오는 신비

크리스천 신앙의 핵심에는 영원히 이해 불가능한 신성한 신비가 언제나 멀리 있는 것이 아니라 세계와 극도로 가까이 있다는 믿기 어려운 생각이 자리잡고 있다. 이것은 두가지 상호 보완하는 요소 속에서 스스로를 펼쳐 보인 하나님의 자기증여의 행위에서 완성된다. 교리적인 용어로는 이것을 성육신과 은총이라고 한다. 내가 아는 한 예수 그리스도와 성령이 바로 그것이다. 그 둘은 신적 존재의 깊이에서부터 밖으로

튀어나오는 자기소통의 선물인데, 이것으로 신성한 신비는 놀랄 만큼이나 세상과 가깝게 다가온다.

라너는 아주 사적인 방법으로, 즉 이해 불가능한 하나님을 향한 기도 하나를 빚어냄으로써 이 신비를 인식하기 위한 터전을 마련했다. 그 형언할 수 없는 위대함을 측량하고자 하는 노력은 그를 아주 불안한 상태로 끌어간다. 기도는 다음과 같이 시작된다. "내가 당신의 영원을 생각할 때마다 나는 당신이 나를 어떻게 생각할지 하는 걱정으로 고통받습니다." 기도는 하나님이 위로를 주기를 바라는 간구로 이어진다.

당신은 당신의 말을 나의 작음에 맞춰주셔야 합니다. 그래야 그 말이 저의 유한하고 보잘것없는 거주지에—여기가 제가 살 수 있는 유일한 곳이랍니다—아무것도 파괴하지 않고 들어올 수 있을 테니까요. 당신이 그런 '작아진' 단어를 말한다면, 그래서 모든 것이 아니라 내가 붙잡을 수 있는 아주 간단한 것만을 말한다면 저는 다시 자유롭게 숨쉴 수 있을 거예요. 당신은 인간의 언어를 만들어내야 할 거예요. 그래야 제가 이해할 수 있을 테니까요. 당신의 모든 것을 말하지 마세요. 당신의 무한함을 말하지 마세요. 단지 나를 사랑한다고 말하세요. 나를 향한 선하심만을 말해주세요.

그제서야 이 신학자는 아주 작은 평화로 삶을 이어갈 수 있었다.

성육신

크리스천 신앙은 이해 불가능한 하나님이 예수 그리스도 안에서 평범한 인간의 언어로 그런 '작아진' 말을 한다는 것을 안다. "말씀이 육신이 되어서 우리와 함께 거하셔"(요한복음 1:14)라는 말씀이 바로 그것이다. 1세기 갈릴리에서 유대인으로서 역사적인 삶을 살고, 우리 인간의 육체적이고 심리적인 한계에 도전받으면서 예수 그리스도는 하나님의 나라를 설교했고 고통당하는 사람들을 치유했으며 길잃은 자들을 찾아다녔고 모든 사람들을 환대했다. 그 속에서 그는 언제나 하나님이 무엇인지를 말했는데, 그것은 넘치는 사랑이었다. 예루살렘 성 밖 십자가에서 잔혹한 죽음의 쓴잔을 마시면서 그는 먼지로 돌아가는 모든 연약한 피조물과 하나님의 무한한 신비 사이의 결합을 이뤄냈다. 예수 그리스도의 부활로 죽음 깊이 존재하는 생명의 근원이 처음 목격되면서 희망을 일깨웠다. 그 희망은 모든 죽은 자와 패배한 자들에게도 미래가 있다는 것이었다. 바로 여기서 땅의 아들 예수 그리스도 안에서 세계와 소통하는 하나님의 모습은 크리스천 신앙의 모든 모험을 감싸는 핵심 고리가 된다.

라너는 오래된 논쟁에 참여하면서 성육신을 사랑의 하나님이라는 측면에서 해석했다. 중세부터 신학은 성육신의 동기를 두고 논쟁을 벌여왔다. 아퀴나스가 이끈 도미니크 수도회는 창세기의 도입부에서 단서를 끌어왔는데, 거기서는 아담과 이브가 선악과를 먹은 이후 하나님이 뱀의 머리를 깨뜨릴 구원자를 약속하셨다. 메시아의 오심이 이 약속의 완성인 것이다. 따라서 성육신의 동기는 구원이다. 말씀이 육신이 되어 인류를 죄에서 구원하는 것이다. 반면 둔스 스코투스(Duns Scotus)가 이끈 프란체스코회는 의견이 달랐다. 사랑은 대상과의 합일이라는 원칙으로 무장한 이 학교는 성육신의 동기가 사랑이라고 파악했다. 말씀이 육신이 되어 사랑이신 하나님이 세계와 깊은 인간적 합일로 들어서게 되었다는 것이다. 이는 인간이 죄를 짓지 않았더라도 성립되는 것이다. 세계가 죄로 가득 찼다는 사실은 예수 그리스도가 십자가에서 고통과 죽음을 당한 이야기와 맥락을 같이한다. 하지만 근본적인 목적은 사랑 안에서의 합일이다.

성육신이 예수 그리스도 안에서 하나님이 자신을 선물로 준 사랑이라는 라너의 관점이 지닌 힘은 스코투스 파의 입장을 지지하는 그의 선택에서 드러나는데, 이는 당시 로마 신학계에서 널리 퍼진 이론의 영향을 받은 것이다. "성육신은 우선 하나님의 의도이다." 그는 사랑이신 하나님이 자신의 자아를 '타자'와 영원히 소통하고 싶어하며 그래서 이런 일이 가능하도록 세상을 창조한다고 생각한다. 이런 시각에서 죄와 구원의 서사는 어떤 상황에서든 합일을 창조하고 간구하는 원초적인 사랑에 의해 감싸인다. 우리 자기초월의 '어딘가'는 태초부터 끊임없이 완성을 구한다.

은총

예수 그리스도를 통해 역사에 닻을 내린 하나님의 신성한 신비는 시종일관 구원의 사랑으로 모든 인류의 삶을 감싸는 일을 주도한다. 기독교 용어로 이것은 성령이 일상의 중심에 있다는 말로 표현된다. 라너의 설명은 이것을 인간 본성의 초월적 분석과 아주 밀접하게 연관시킨다. 보통 스스로를 초월하는 우리의 행위는, 비록 일의 하중에 밀려 무시되는 그 순간에도, 우리가 역동적으로 무한을 향해 나아가도록 돼 있다는 사실을 드러내기 때문에 신앙은 인간이 언제나 자기를 넘어 형언할 수 없는 '어딘가'로 귀속돼 있다고 말한다. 크리스천 신앙으로 풍부한 복음은 형언할 수 없는 지평이 우리를 궁극적이고 급진적인 사랑으로 감싸면서 은총으로써 우리를 인도한다고 선포한다. 우리의 존재의 근원에서 체험되는 사랑은 하나님의 자아가 내린 선물에 다름아니다. 빛이자 삶의 약속인 이 사랑은 예외없이 무상으로 누구에게나 주어지며 이웃 사랑, 양심을 향한 복종, 악에 항거하는 용기, 그리고 '더 나은 것'을 목격하는 역사의 어느 장소에서나 볼 수 있다.

인류 역사에서 사랑의 역동적인 개입이 때로는 죄에 의해 손상되며 인간 스스로가 이 사랑으로부터 벗어나는 일도 있는 것이 사실이다. 하지만 이런 가련한 외면과 살인을 비롯한 모든 가해행위에서 드러나는 비극적 결과에도 불구하고 하나님이 주신 사랑은 언제 어디서나 존재하며 죄의 신비보다 훨씬 더 강력하다.

그런 사랑의 존재가 신학이 말하는 은총이다. 신스콜라주의 신학은 기본적으로 은총의 개념을 '주어진'(created) 은총으로 다루며, 죄를 없애고 하나님과의 관계를 회복시키는 한정된 선물로 본다. 주어진 은총이란 용어는 은총이 하나님과 인간 사이의 객관적인 '제3의 것'인 것처럼, 즉 죄에 따라 덜어지고 다시 속죄함에 따라 더해져서 마치 계산될 수 있으며 그래서 인간 개개인의 행동에 따라 달라지는 것처럼 이해하게 한다. 그러나 성서적이고 초기 기독교적이며 중세적인 신학에 따라 라너는 좀더 근원적이고 주관적인 형식에 집중하여 그것을 '스스로 주어진'(uncreated) 은총이라고 부른다. 이는 무상으로, 바로 지금 모든 인류에게 주어진 하나님 자신의 영혼을 의미한다. 그것은 세계의 가장 깊은 뿌리까지 파고든 하나님의 자기소통이다. 이따금 주어지는 특별한 선물이나 개별적인 선물이 아니라, 은총은 예수 그리스도 이전을 포함한, 전인류역사에 존재한 생생한 힘이다. 동일한 시공간에 존재하지만 우리 인류와 똑같은 것은 아닌 은총은 다른 사람을 돌보는 가운데서, 창조적인 예술·문학·기술에서, 책임감에서 나온 모든 선한 비판에서, 신뢰에서, 심지어는 어둠 가운데 사람들이 사랑을 표현할 때마다 드러난다.

'스스로 주어진 은총'은 우리 존재의 핵심에 거주하는 하나님의 영혼이다. 이 선물 덕분에 지식과 사랑에서 인간의 초월적 영역은 사실상 하나님의 직접개입에 닿아 있다고 라너는 주장한다. 우리는 이 가까움을 받아들일 수도 거부할 수도 있으나 그렇다고 하나님의 요청이 철회되는 것은 아니다. 은총이라는 말은 그러므로 하나님과 따로 있는 사랑스런 선물을 뜻하는 것이 아니다. 그보다는, 라너 자신의 엄청난 표현에 의하면, "선사하는 자(Giver) 그 자신이 바로 선물(Gift)인 것이다."

그러므로 성육신과 은총을 통하여 침묵하는, 규정할 수 없는, 침범할 수 없는 자기초월의 '어딘가'는, 즉 절대적인 신성의 신비인 하나님은 존재를 구원하면서 모두에게 각각의 선물을 수여하는 것이다.

따라서 우리는 확실히 은총과 성육신이라는 두가지 신비가 우리가 제시한 근원적인 존재로서의 신비임을 확신할 수 있다. 그 근원적인 존재는 피조물에 깃들인 신성한 신비인 하나님으로, 무관심하게 멀리 떨어져 있지 않고 우리와 아주 가까이 있다.

예수와 성령은 세상과 자기를 사랑으로 밀접하게 소통하는 단 하나의 또렷한 신비다. 그 안에 기독교에만 있는 독특한 하나님의 성격이 놓여 있다. 초월적인 신성의 신비는 멀리 떨어진 존재가 아니라 우리를 둘러싼 세계의 모든 현실에 개입하는 존재이며 특별히 간절한 상황에 처한 안타까운 사람들을 깊이 근심하는 존재다.

신성한 신비

20세기 중반을 지배한 신스콜라주의 신학에서 '신비'는 일반 이성이 이해하기 어려운 문제들을 상징했다. 설교와 가르침에서 그것은 세가지 특징으로 설명되었다. 첫째, 세상에는 많은 신비가 있기 때문에 그것은 다양하다. 둘째, 이 신비들은 이론이나 교리 같은 진술 가운데 있기 때문에—가령, 하나의 하나님에 세 인격이 있다—명제적이다. 셋째, 삶의 시간에만 지속되기 때문에 잠정적이다. 죽음 이후에는 마치 무대의 커튼이 올라오고 배우들이 등장할 때처럼 모든 것이 확실해질 것이다. 이런 교훈을 이해할 수 없다고? 그것은 신비라 그렇다. 그러나 모든 것은 다가오는 세상에서 밝혀질 것이다.

라너는 이런 인식에 신비에 대한 이해가 놀라울 정도로 결여돼 있음을 밝혀낸다. 인간 주체의 초월성을 분석함으로써 라너는 현대의 겨울에 하나님을 이해하는 핵심 개념으로 신비를 다시 부활시켰다. 크리스천 신앙에는 여러개의 신비가 있는 것이 아니라, 단 하나의 신비만이 있다. 신비는 이론적인 진술이 아니라 하나님이 자신을 내어주는 사랑의 현실 가운데 있다. 그것은 일시적인 것이 아니라 모든 영원 가운데 지속된다. 이 하나의 신성한 신비는 영원히 풍부하게—무한하고, 이해 불가능하며, 표현할 수 없이—머물면서 세상과 스스로 소통하길 원하며 역사적으로 존재한 예수 그리스도를 통해, 그리고 모든 사람과 우주 자체의 축복이 된 성령의 은총을 통해 그런 소통을 이행한 형언할 수 없는 하나님이다.

라너가 생각한 하나님의 개념 속에 자리잡은, 겨울 속의 영혼을 자라게 하며 따듯하게 하는 두가지 요소를 알아보자. 첫째는 초월성이다. 하나님의 가늠할 수 없는 타자성은 절대적이며 신비가 점점 커질수록 명확해진다. 두번째 요소는 똑같은 비중을 가진 임재다. 하나님의 친근하고 성실한 임재 역시 절대적이며 신비가 점점 가까워질수록 명확해진다. 이런 통찰은 그 선한 의도에도 불구하고 하나님의 타자성이나 친근함을 공평하게 대하지 못한 현대 신학의 관습적인 인식을 단번에 뛰어넘는다. 또한 신성한 신비라는 인식은 하나님의 은혜로운 현존이 지닌 우주적 성격이 각각의 모든 사람들에게 있음을 확증함으로써 크리스천만의 하나님이라는 협소한 인식 역시 단번에 뛰어넘는다. 크리스천 신앙은 당연히 하나님이 예수 안에서 행한 일이 모든 인류에게 수혜를 베풀며 하나님의 영혼이 모든 사람들에게 거한다는 점을 언제나 수용해왔다. 이것은 전세계를 걸쳐 실제 일어난 일이지만, 비신자들을 향한 오랜 역사적 논쟁은 그들을 소외시키는 일과 함께해왔다. 현대 세계는 내부의 다원주의는 물론 외부의 여러 문화와 접촉한다. 결국 이런 조건은 하나님의 구원 목적이 오직 옳은 생각을 가진 충성된 사람들에게만 배타적으로 있다는 주장을 점점 더 지지할 수 없게 만든다. 하나님의 임재가 걸러져서 누구에게는 가까이 있고 누구에게는 멀리 있다는 것은 말이 되지 않는다. 오히려, 호혜적 사랑을 베푸는 신성한 신비는 하나님의 선물을 누구에게나, 어디서나, 언제든 제공한다. 인간은 자유의 창조자로부터 자유를 부여받기 때문에 누군가는 이 선물을 거절할지도 모른다. 하지만 그 누구도 하나님의 우주적인 구원의지와 우리의 결점을 채워주는 은총에서 제외되지는 않는다.

하나님을 하나님이게 하라! 이것이 바로 놀라운 사랑으로 가득한 불가해한 신성의 신비다.

평생 3천편이 넘는 글을 쓴 라너는 겨울 같은 시절에 신앙의 핵심을 펼치기 위해 현대의 도전과 맞섰다. 결국 그는 모든 기독교 이론이 단지 하나의 것, 뭔가 아주 단순하고 급진적인 것을 말해야 한다고 주장했다. 그것은 상상력 너머에 이름없이 완전한 충만으로 가득 찬 살아있는 신비가 비록 우리가 알지 못할 때조차, 심연을 건너서 우리의 구원과 영광과 도움이 되기 위해 예수 그리스도와 은총의 선물을 통하여 삶의 혼돈 가운데서 우리 곁에 가까이 다가온다는 것이다. 결과적으로 우리의 삶과 세계의 결실은 아직 알려지지 않았지만 우리는 그것이 하나님의 자비 가운데 보호되는 모험임을 확신할 수 있다. 이때 믿음은 용기있는 행동이 된다. 우리는 감히 희망을 꿈꿀 수 있다.

하나님의 사랑과 이웃

점점 더 커지고 점점 더 가까워지는 하나님의 신비를 들여다보는 것은 필연적으로 하나님의 사랑과 이웃 사랑으로—라너 식으로 말하자면 분리될 수 없는 신비주의와 책임감으로— 구성된 제자도의 길로 우리를 이끈다. 여기서 말하는 신비주의는 무슨 이해하기 어려운 정신을 말하는 것이 아니다. 그것은 오히려 믿음이 순수한 핵심에까지 무장해제된 우리 시대에 하나님으로 향하는 단순한 길이다. 믿음이 더이상 종교 관습상의 선언이나 사회의 일반적 합의에 의해 지지받지 못하는 시대에 라너는 일관되게 미래의 독실한 크리스천은 무엇인가를 경험한 '신비주의자'가 되거나 어떤 것도 되기를 멈춘 그(그녀)가 될 것이라고 주장했다.

그렇다면 무엇을 경험해야 하는가? 그것은 다름 아닌 하나님이다. 하나님을 크리스천의 방식으로, 즉 은총과 성육신을 통해 스스로를 내어주며 가까이 오시는 신성한 신비로 이해하는 것이다. 기독교는 본래 단순한 메시지를 던진다. 즉 우리는 하나님의 임재에 부름받았다는 것이다. 만약 우리를 둘러싼 침묵의 광대무변함을 무한히 멀지만 동시에 말할 수 없이 가까운 것으로 받아들인다면, 또한 그것을 아무 유보조항 없는 편안한 가까움이자 부드러운 사랑으로 받아들인다면, 또한 이 포옹 가운데 우리가 자신의 삶을 오직 은총으로 가능한 것으로 받아들일 용기를 가진다면, 우리는 믿음의 신비한 체험을 하게 될 것이다. 우리의 삶을 받아들인다는 것은 자기 자신을 내어준 사랑의 행위 안에서 우리 존재의 핵심에 있는 알 수 없는 신비에 자신을 내맡긴다는 것을 의미한다. 그런 행위는 모든 것에 명확한 선을 긋지 않는다. 하나님은 우리를 당혹케 한다. 또한 하나님으로의 회귀는 언제나 죄의 위협 아래 놓여 있다. 하지만 종교에 대한 어떤 명백한 언급이 없어도, 용감하고 열정적이며 책임감있는 삶이 있는 곳마다 하나님은 존재한다.

핵심은 다음과 같다. 용감하게 스스로를 받아들이는 사람들, 스스로의 삶을 모든 우연과 아름다움과 고통 가운데 받아들이는 사람들은 바로 그 받아들임 덕분에 그들 가운데 머물며 자기를 내어주는 사랑으로 말을 거는 신성한 신비를 받아들이는 것이다. 이것은 결코 개성의 상실이 아니라 오히려 자유롭고 강인한 인간성의 성장이다. 신성한 신비는 인간의 진실성과 경합하는 것이 아니라 우리의 유한한 세속성 안에서 세계와 우리 자신이 되기를 원한다. 라너는 이러한 관계의 비경쟁적인 본성을 "하나님과의 친근함과 순수한 인간의 자율성은 반비례하지 않고 오로지 정비례로 증가한다"는 유명한 격언으로 표현한 바 있다.

예수 그리스도는 이 신비주의 형식의 핵심에 있다. 십자가에 달리시고 부활하신 그리스도 안에서 세상을 향한 하나님의 약속은 승리로 가는 길을 얻었다. 역사에 뿌리박은 결정적인 사건으로 인하여 이 승리는 절대 사라질 수 없다. 불가해한 신비가 영원한 신의 임재 가운데 축복된 결말을 마련해주신다는 사실은 종말론적이면서도 번복될 수 없는 확신을 준다. 이 말씀을 듣고 역사에서 그 진실을 목격한 사람들이 신자들의 그룹이 되었다. 신학에서 교회는 단순히 개인적인 경건함이나 윤리적인 삶을 증진시키는 기구가 아니다. 처음부터 끝까지 교회는 세상을 향한 하나님의 약속을 증명하는 신성한 곳이며, 우리의 죄에도 불구하고 하나님의 선물이 끊임없이 모두에게 전달됨을 세상에 알리는 모임이다.

세상에 책임을 지는 것은 이 신비를 실행하는 데 꼭 필요한 일이다. 사실상 살아계신 하나님과의 근본 관계는 이웃에 대한 무조건적인 사랑 안에서만 표현될 수 있고 신뢰받을 수 있다. 우리처럼 자기중심적인 사람들이 다른 사람을 사랑한다는 것은 자칫 숨겨진 자만을 드러내는 타락에 빠질 수 있다. 그러나 불가해한 신비에 삶의 핵심을 맡김으로써 신의 자유케 하는 은총이 우리에게 임한다. 이것은 우리가 그것을 명확하게 인식하지 못하더라도 마치 양과 염소의 비유에서처럼 우리에게 적용되는 것이다. "너희는 내가 주릴 때에 먹을 것을 주었고 (…) 너희가 여기 내 형제자매 가운데, 지극히 보잘것없는 사람 하나에게 한 것이 곧 내게 한 것이다."(마태복음 25: 35, 40)

라너는 오늘날 하나님에 관해서는 언급하지 않으면서도 이웃에 관해서는 말하는 경향이 있음을, 또한 하나님이라는 말을 피하기 위해 이웃사랑을 더 많이 설교하면서 세상에 대한 책임이라는 말을 선호하는 경향이 있음을, 그리고 이런 경향이 굳건히 자리잡고 있음을 목격했다.

하나님에 대해 말하기를 꺼려해서는 안된다. 만약 그렇다면 잘못된 믿음이 될 것이다. 하지만 선험적인 인류학과 기독교의 계시는 모두 신성한 신비가 완전히 현재적이며 세계와 그 안의 사람들에게 약속을 증거하는 것으로 보기 때문에 여기서 하나님을 사랑하는 것은 곧 세상을 사랑하는 것을 의미한다. 이런 신학에서는 신과의 비우주적이고 비현세적인 관계가 불가능해진다. 우리는 신묘하고 신성한 신비에 휩싸여 우리의 마음을 하나님의 마음과 일치시키며 그것은 당당한 믿음으로 가득 차 세상에 사랑스런 친절을 쏟아붓는다.

노년의 라너가 언급했듯 오늘날 이웃사랑은 사적이고 개인적인 관계의 영역을 벗어날 필요가 있다. 시스템이 어떻게 개인에게 영향을 미치는지 잘 알려진 오늘날, 사랑은 사회영역에 관한 크리스천의 책임감에서도 명백히 드러나야 한다. 이것은 인간적인 행위를 넘어서는 아주 고귀한 행동이다. 전지구적 차원에서 연대가 커져가는 시대에 정의를 위한 사업은 이웃의 복지에 엄청난 의미를 두었던 예수 그리스도의 정신으로 적극 추구되어야 한다. 그 길이 그들 위에 부어진 하나님의 사랑과도 일치하는 길이다.

나뭇잎이 더이상 경건의 나무에 무성하지 못하는 때는 겨울일 것이다. 하지만 앙상한 나뭇가지들 덕분에 우리는 숲의 더 깊은 곳을 볼 수 있다. 거기서 우리는 은혜로운 하나님의 신비를 본다. 우리는 하나님을 개념적으로나 실제적으로 다룰 수 없다. 하나님은 간구하는 존재인 우리들의 '어딘가'로 머물러 있을 뿐이다. 라너의 지적에 의하면, 우리가 마주하는 질문은 우리 자신의 눈에 보이는 작은 섬과 신묘한 신비의 바다 중 과연 무엇을 더 사랑하는가이다. 우리가 직면한 도전은 우리 자신의 약삭빠름이 거주하는 작은 오두막에서 질식할 것이냐 아니면 지식과 행위의 문을 열고 우리가 절대적으로 신뢰할 수 있는 조용한 임재 가운데 있는 하나님을 향한 전인미답의 끊임없는 탐험으로 나아가 이 세상을 보살피는 사랑을 실천할 것이냐, 둘 중 하나다.

이 장에서 이야기한 신학이 보여주듯이, 인간은 신묘한 신성의 신비의 풍성함을 다 이해하지 못한다. 라너는 "실제적으로 하나님에 대한 우리의 개념은 역사에서 결코 어떤 결말에 이르지 못할 것"이라고 결론내린다. 역사적으로 신비를 밝혀내고 분명히하려는 새로운 시도는 환영받아 마땅하다. 다음 장에서는 오늘날 살아있는 크리스천 전통의 역동성을 구하고 발견하려고 노력하는 가운데 나온 하나님에 관한 많은 언급들 중 핵심들을 간추려 제시할 것이다. 종교 언어를 지배하는 약속의 규칙들은 모든 곳에서 충심을 다한 믿음으로 전교회가 신성한 신비를 새롭게 이해하는 데 기여하고 있다.

더 읽을거리

크리스천의 관점에서 적절한 반론을 담고 있는 무신론에 대한 해설은 Hans Küng, *Does God Exist? An Answer for Today* (Garden City, N.Y.: Doubleday, 1980)가 가장 읽을 만하다. Walter Kasper는 자신의 책 *The God of Jesus Christ* (New York: Crossroad, 1984), 16~46면에 소개된 "The Denial of God in Modern Atheism"에서 무신론에 대한 해독제로 삼위일체를 제시한다. 주요 무신론 사상가들의 기본적인 글은 Julia Mitchell Corbett이 편집한 *Through a Glass Darkly: Readings on the Concept of God* (Nashville: Abingdon, 1989)에 수록돼 있다. 무신론이 신앙에 취하는 태도의 전반적인 문제점들에 관해서는 J. J. C. Smart, *Atheism and Theism* (Malden, Mass.: Blackwell, 2003)을 보라. Julian Baggini, *Atheism: A Very Short Introduction* (New York: Oxford University Press, 2003)은 무신론의 긍정적인 측면과 그것이 많은 교양인들을 사로잡은 이유를 드러내준다.

23권짜리 *Theological Investigations* 시리즈에는 수많은 Rahner의 에세이가 수록돼 있다. 이 장의 주제에 부합된 것으로는 "The Concept of Mystery in Catholic Theology," vol. 4, pp. 36~73 (모든 가톨릭 이론은 하나님의 불가해한 신비를 반영하고 있음을 보여주는 라너의 가장 중요한 에세이 중 하나) "Thoughts on the Possibility of Belief Today," vol. 5, pp. 3~22 (신앙의 겨울에 관한 풍요롭고 깊이 공감이 가는 소개) "Being Open to God as Always Ever Greater," vol. 7, pp. 25~46 (우리 행위의 지평으로서 하나님을 향한 인간의 역동성을 독실하게 숙고) "Theology and Anthropology," vol. 9, pp. 28~45 (초월적 체계를 조명한 핵심적 에세이) "The Church and Atheism," vol. 21, pp. 137~50 등을 참고하라.

죄와 은총의 세계에서 인간의 초월적 분석을 다룬 전문서적으로는 Rahner의 *Rahner's Foundations of Christian Faith*, trans. William Dych (New York: Seabury, 1978), 1~4장을 보라. 이 책은 계속해서 하나님의 불가해성을 현현, 은총과 명쾌하게 연결시킨다.

그의 신학이 드러난 Rahner의 기도모음집은 *Prayers for a Lifetime*, ed. Albert Raffelt (New York: Crossroad, 1984)를 보라. 이 책에서 인용된 "God of My Lord Jesus Christ,"는 pp. 38~39에 실려 있다. 영성에 대한 쉬우면서도 값진 통찰은 Rahner의 *Encounters with Silence* (South Bend, Ind.: St. Augustine's Press, 1999)과 *The Great Church Year: The Best of Karl Rahner's Homilies, Sermons, and Meditations*, ed. Albert Raffelt and Harvey Egan (New York: Crossroad, 2001)을 참조하라.

라너의 체계와 통찰에 대한 유용한 토의로는 Mary Hines and Declan Marmion, eds., *The Cambridge Companion to Karl Rahner* (Cambridge: Cambridge University Press, 2005)를 보라. Leo O'Donovan이 편집한 *A World of Grace* (New York: Seabury, 1980) 중 특히 Anne Carr, "Starting with the Human," pp. 17~30이 도움이 된다.

3

십자가에 달린 연민의 하나님

엄청난 고통

　2차 세계대전으로 잿더미가 된 유럽 대륙에서 하나님은 어떻게 고찰되었을까. 전쟁으로 수백만이 죽고 도시는 폐허가 되었으며 음식공급은 중단되었고 경제는 황폐화되었다. 고통은 휴전으로 끝나지 않고 충격파처럼 계속 번져갔다. 그 공포의 한가운데서 비명과 아우성으로 점철된 나치의 유대인 홀로코스트가 암울한 빛을 뿜는다. 몇몇 뛰어난 크리스천 저항운동과 구명운동이 있긴 했지만 당시 죽음의 수용소를 운영한 이들은 대부분 세례교인이었다. 폐허의 한가운데서 신학자들은 악에 저항하는 믿음을 이끌어내지 못한 기독교의 실패에 직면해야만 했다. 그뿐 아니라 극악무도한 범죄가 저질러졌음에도 그런 고통에 늘 사용되던 전통적인 설명을 따를 수밖에 없었다. 남자, 여자, 아이를 가리지 않고 6백만명의 사람들이 고향과 이웃으로부터 격리돼 마치 소처럼 기차로 운송되어 즉각 도살될 그룹과 노예노동을 제공할 만큼 건강한 그룹으로 나뉘어졌으나, 결국 대부분 가스나 총, 병마, 기아 등으로 살해돼 그 육신은 불타는 화장터에서 사라져버렸다. 그 부당하고 비인간적인 고통은 상상을 초월했다.

범죄의 잔인무도함은 사상가들을 망연자실하게 했다. 그들은 홀로코스트를 '이성적으로 질서지워진 세계'라는 기독교 신학을 침범하는 하나의 '장애물'로 여기기 시작했다. 그것은 하나님을 향한 믿음의 땅이 갈라지는 '지진'이었다. 역사와 이른바 진보라는 것 사이를 찢어서 그 이전과 이후를 비교할 수 없게 만든 틈이자, 하나님을 향한 믿음뿐 아니라 인간과 인간의 세속적인 계획들에 대한 믿음까지 산산조각낸 엄청난 사건이었다. 홀로코스트를 떠올리면 우리는 이 고통의 막대함이 세상을 향한 하나님의 계획 가운데 있었을 것이라는 해석을 짜내지 않고는 못배길 것이다.

나는 뮌헨 인근의 다하우 수용소에 갔던 날을 잊지 못한다. 다하우는 중세부터 내려오는 마을로 대도시에서 교외선을 타고 몇정거장만 가면 나오는 곳이다. 비록 그곳의 벙커와 화로 등을 실제로 마주치고서는 견디기 어려울 정도로 극심한 충격을 받긴 했지만 홀로코스트를 다룬 글을 워낙 많이 읽었기 때문에 나는 준비가 돼 있다고 느꼈다. 그러나 나를 멍하게 만든 하나의 예상치 못한 순간이 있었다. 각종 고문기구를 전시한 수용소 박물관에는 알베르트 마인스링어라는 이름의 수감자가 입었던 헤진 줄무늬 옷 한벌이 걸려 있었다. 그리고 바로 옆에 두

장의 종이가 진열돼 있었는데 거기에는 그가 수용소에 입소할 때와 출소할 때의 기록이 남아 있었다. 1939년 입소기록에 따르면 그는 114킬로그램이었고 그의 종교는 가톨릭으로 적혀 있었다. 그런데 미국 행정관의 사인이 된 1945년 기록을 보면 그의 몸무게는 41kg으로 줄어 있었고 종교를 적는 칸에는 '없음'(Das Nichts)이라고 씌어 있었다. 나는 침묵하며 그것을 들여다보았다. 누가 그 부당한 수감의 고통을 헤아릴 수 있을까? 수년에 걸친 배고픔, 아침저녁으로 피해야만 하는 교도관의 구타, 추위와 무더위 속에서 끊임없이 이어지는 격한 노동, 사방에는 분노에 찬 사람들, 이런 것들이 언제 끝날지, 또는 언제 목숨을 잃을지도 모르는 상황들. 그의 육신이 그토록 말라간 만큼 그의 영혼도 그러했고 선하며 은혜로운 하나님에 대한 신뢰는 다 증발해버리고 말았다.

살아난 만큼 마인스링어 씨는 그래도 운이 좋은 사람이었다. 그런 곳에서 죽어간 또다른 3백만 비유대인들의 고통은 몇배에 달했다. 그리고 단지 유대인이라는 이유만으로 체계적으로 수용소에 끌려와 야만적으로 살해된 6백만의 사람들을 보라. 이 사건이 하나님에 관해 이야기하는 종교적 기획에 장애가 되었음은 명백한 일이다. 신학자들은 그런 악은 세계를 향한 하나님의 계획에 의미있게 적용하기 힘든 비합리적이며 반이성적인 힘이라고 생각했다. 그런 악을 하나님의 계획에 적용하는 것은 악을 길들이고 공포를 희석시키며 비록 의도된 것은 아닐지라도 그것에 존재의 권리를 준다는 것이다. 그렇듯 악을 이성의 체계 속에서 이해하려는 시도는 희생자들의 목소리를 집어삼킨다. 또한 이 사건을 세계 도처에 걸친 하나님의 계획의 일부로 본다면 아무리 하나님의 선함과 능력을 토로한다 할지라도 하나님을 괴물로 만들고 말 것이다. 전통적인 사고와 현실의 틈은 너무도 커서 살아계신 하나님을 간구하는 몇몇 신학자들은 고통에 대한 질문 자체를 바꾸기 시작했다. 온당한 질문은 왜 하나님이 이런 일이 일어나도록 했느냐가 아니라 어떻게 이런 일이 하나님의 통치와 어울릴 수 있느냐는 것이다. 이 체험에서 비롯된 엄청난 단절을 고려할 때 그보다 적절한 질문은 다음처럼 비통한 것이 될 것이다. "하나님이여 당신은 지금 어디에 있습니까?"

신앙의 확고함이 흔들리는 상황에서 당연하게도 유대교 사상가들은 이런 질문을 추구하는 데 주도권을 잡아왔다. 여러 다른 길을 택한 다양한 유대교 학자들은 각양각색의 대답을 내놓았다. 우리는 하나님이 어디 있는지를 모른다. 하나님은 숨어 있거나 침묵하거나 존재하지 않거나 죽었다. 하나님은 얼굴을 돌렸다. 하나님은 그들의 고통에 눈물 흘리면서 희생자들과 함께 그곳에서 고통받고 있다. 또는 가장 급진적인 경우, 아우슈비츠 이후에 하나님을 생각하는 단 하나의 이성적인 길은 하나님이 존재하지 않음을 인정하는 것이다. 어떤 신학이든 하나의 윤리적 명령에 가닿는데, 그것은 "다시 이런 일이 있어서는 안된다"는 것이다.

신정론의 실패

이 문제와 씨름한 유대교나 기독교 사상가들은 성경 그 자체로 돌아가는 오랜 전통에 반기를 들었다. 하나님이 전능하며 완전한 선이라면 왜 그토록 많은 도덕적 악과 고통이 세계에 존재하는가? 하나님은 그것을 멈출 수 없단 말인가? 그럴 수 없다면, 하나님은 전능하지 못한 존재임에 틀림없다. 하나님은 그것을 멈추고 싶어하지 않는가? 그렇다면 하나님은 사랑으로 가득 찬 존재가 아닐 것이다. 그러나 하나님이 그것을 멈출 수도 있고 멈추기를 원한다면 왜 고통은 계속되는 것일까?

전통 신학은 하나님이 고통을 직접적으로 원하지 않는다는 데 거의 뜻을 같이한다. 오히려 이 세상을 자신의 자연법칙으로 창조했고, 인류는 자유의지를 가지며, 때문에 하나님은 재앙을 허락하거나 용인한다는 것이다. 여러 학파들은 왜 이것이 타당한지를 설명하기 위해 갖가지 의견들을 제시한다. 이들은 하나님이 죄를 벌하기 위해, 또는 인생을 시험하기 위해, 성숙한 덕으로 인간을 교화하기 위해, 천국을 향한 영혼들을 정제하거나 순화하기 위해 고통을 허용한다고 말한다. 고통이 부당하게 죄없는 자들에게 가해진 경우라도 하나님은 인간의 자유를 위해 그것을 허락한다. 어떤 일이 일어나도 하나님은 결국에는 악을 제거하고 선을 이룰 것이다. 이 모든 논증들은 고통이 어느 정도는 하나님의 목적에 합당하다는 점을 인정하면서 인간의 고통과 하나님의 사랑을 화해시킨다.

계몽주의 시대에 세계의 고통 가운데 하나님의 선택을 합리화하려는 이러한 시도들은 '신정론(神正論)'으로 불렸다. 1710년 같은 제목의 책을 펴낸 철학자 고트프리트 라이프니츠(Gottfried Leibniz)는 세계를 설명하는 최고의 방법론인 신정론으로 고통을 이해하려고 노력했다. 그때까지는 현대적 유신론이 우세를 점했고, '그'가 창조한 세계에서 벌어진 끔찍한 일들에 직면해 전지전능한 우월한 존재는 방어될 필요가 있었다. 2차 세계대전 후 신학자들은 홀로코스트의 예를 보면서 전통 신학에서의 계몽주의의 신정론이 잘못되었다고 생각하기 시작했다. 유대인들이 죗값을 치렀다는 주장은 살해된 사람들 대부분이 지독한 악행을 저지른 바 없으며 그중 백만명은 어린이들이었다는 점에서 전혀 말이 되지 않았다. 그런 고통이 영혼을 순화시켜준다는 주장 역시 거짓인데, 이후 고통은 그야말로 인간들을 파괴했고 생존자들에겐 평생동안 육체적·심리적·영적 고투를 안겨주었기 때문이다. 자유의지론은 더 큰 의문을 불러일으켜서 인간 자체와 성선설은 강하게 의문시되었다. 실로 홀로코스트는 이성적인 판단을 거부하는 엄청난 사건이었다. 그것을 사랑의, 전능한 하나님과 화해시키는 것은 악을 하찮게 보이게 하는 결과를 초래한다.

　이 사건 이후로도 인종청소가 몇차례 더 있었다. 폴 포트가 지배한 크메르루즈 정부는 캄보디아인의 3분의 1을 킬링필드로 보냈다. 국제적인 개입이 있기 수주 전에 르완다의 후투족은 총과 마체테(날이 넓고 무거운 칼―옮긴이)로 이웃 투치족 80만명을 쓸어버렸다. 필자가 글을 쓰는 지금도 수단의 다르푸르에서는 믿을 수 없는 분노가 끓어오르고 있다. 현대 기독교에서 이 문제가 날카롭게 제기된 것은 1950년대의 유럽이었다. 하나님의 길을 합리화하는 모든 이성적인 논의를 산산조각내버린 쇼아(Shoah, 홀로코스트의 유대어―옮긴이)의 암흑이 던져준 질문을 해결해야 할 사람들은 바로 유럽인들이었던 것이다.

젊은 독일인 셋

이 사건을 다루기 시작한 신학자들 중에 세 독일인이 있었다는 점은 큰 은총이다. 그들 모두는 나치의 그늘 속에 성장했고 청소년 시절에 전쟁의 재앙을 직접 체험했다. 또한 황폐해진 전후 독일의 겨우 재건된 대학에서 신학을 공부했다. 믿음을 위협하는 것은 이제 더이상 세속 세계의 무신론이 아니라 끔찍한 고통의 문제였다. 신학자가 되었을 때, 그들 모두는 홀로코스트를 회피하지 않았고 오히려 그 사건을 하나님을 향한 사유로 이끄는 도전이자 길잡이로 신중하게 받아들였다.

† 위르겐 몰트만(Jürgen Moltmann)은 함부르크를 잿더미로 만든 연합군의 폭격을 목격했다. 전쟁포로로 영국군에 사로잡힌 그는 수용소의 철조망 울타리를 통해 그 장면을 보았고 완전한 폐허에서 어떻게 하나님을 생각해야 할지를 고심했다. 그가 학교에서 공부한 개혁적 개신교의 사유로는 부족했다. 초기 연구에서 그는 신학의 발치에서 단단한 지반이 되어준 예수의 십자가를 재발견했다. "산산이 부서지고 깨진 내 세대의 생존자들은 수용소와 병원에서 돌아와 강의실로 갔다. 버림받아 십자가에 달린 자의 시각에서 하나님을 말하지 않는 신학은 아마 우리에게 아무것도 해줄 말이 없을 것이다." 그가 유대인 인종학살을 다루기 시작했을 때 십자가의 신학은 점점 더 중요해졌다. 신학의 온전함을 위해서라도 십자가와 아우슈비츠를 연결시키는 것은 긴요한 문제였다.

† 도로테 죌레(Dorothee Sölle)는 자신의 어린 시절이 "배고픔과 폭격, 추위, 궁핍으로 물들었으며 영적으로도 그것은 폐허의 풍경이었다"고 회고한다. 전쟁 동안 그녀의 가족은 한 유대인 여성을 다락방에 숨겨주었고 그녀의 오빠 중 하나는 동부전선에서 죽었다. 젊은 신학자였던 그녀는 당시로서는 드물게 폴란드의 절멸 수용소인 아우슈비츠로 여행을 떠났다. 그렇게 많은 이들이 잔인하게 살해된 그곳에서 그녀는 자신의 발치에서 조용히 신학적 기준이 바뀌는 것을 느꼈다. 전통적인 루터파의 훈육과 독실함에 익숙한 그녀는 전능과 전지와 편재로 특징지어진 '전부'(omni)를 신학의 기반으로 삼아왔다. 그러나 여행 후 그녀는 더 이상 그렇게 주장하는 신학을 이해할 수 없었다. "아우슈비츠의 측면에서 보자면 하나님이 전능하다는 가정은 이단으로 보인다." 그것은 윤리적으로 맞지 않을뿐더러 거의 믿을 수 없었다. 종종 시와 유언, 그리고 수용소의 유대인 또는 나치 감옥의 독일 레지스탕스들의 회고를 인용하면서 그녀는 인간성에 도전한 이 범죄를 동시대가 처리해야 할 가장 중요한 사건으로 생각했다.

† 요한 밥티스트 메츠(Johann Baptist Metz)는 독일군에 의해 전방으로 강제징집된 열여섯살 학창 시절의 이야기를 들려준다. 100명이 넘는 십대 전우들 모두가 그처럼 끌려온 젊은이들이었다. 어느날 밤 그는 전령을 전달하러 본부로 보내졌다. 그가 없는 사이 전우들은 연합군의 탱크와 포 공격으로 전멸당했다. 자대로 돌아왔을 때 그곳엔 "시체만이 있었다. 나는 며칠 전까지만 해도 공포와 웃음을 나누었던 이들의 공허

한 얼굴만을 볼 수 있었다. 그 말없는 비명만이 기억난다. 그리하여 나는 바로 그날 나 자신을 보았고 그 기억 너머로 내 어린 시절의 꿈은 산산이 부서졌다." 하나님은 선하며 세계는 평화롭다는 난공불락의 확신으로 가득 찬 그의 신앙적 환상에는 커다란 틈이 벌어졌다. 그가 라너의 제자로서, 그리고 젊은 교수로서 홀로코스트의 끔찍한 공포를 점점 더 파고들수록 그 틈은 메울 수 없었다. 그 비명을 회피하는 대신, 그는 희생자들을 기억하고 그들과 함께 하나님을 말하려 할 때 과연 어떤 일이 벌어지는지를 탐색하기 시작했다. 결국 하나님에 대한 질문은 "가장 기이하고, 가장 오래되며, 가장 모순된 형식으로," 곧 고통의 심층에서 그를 압박해 들어왔다. 아우슈비츠에 등을 돌린 채로는 하나님은 누구인지를 묻는 신학 고유의 임무를 더이상 수행할 수 없다고 그는 결론내렸다.

서로 다른 장소에서 국제적인 명성을 얻게 된 세 연구자들은 서로를 잘 알게 되었고 서로에게 학문적이고 도덕적인 지원을 아끼지 않았다. 고통 가운데 살아계신 하나님을 찾는 새로운 모색 과정에서 그들은 홀로코스트뿐만 아니라 보편적인 역사 속에 야만적인 악이 넘쳐났다는 데까지 사유를 확장시켰다. 그들의 관심사는 세속적 삶에서 보통 개인들이 겪는 늙음이나 병, 죽음의 고통이 아니었으며 관계나 일에서의 차질과 실패로 인한 고통도 아니었다. 각기 다른 종교적 질문을 제기하는 이런 사건들은 결코 천국이라 할 수 없는 지구에서 모든 인간이 겪는 삶의 근원 중 하나다. 세상에는 이런 개인적이고 실존적이며 사적인 고난 너머 사람들이 집단적으로 부당하게 서로를 향해 가하는 위해에서 비롯된 끔찍한 고통이 넘쳐난다. 끝없는 가난과 기아, 노예, 가정폭력, 강간, 살인, 전쟁, 인종학살 등이 그것이다. 이런 가해는 인간뿐 아니라 인간의 사랑할 수 있는 능력까지 파괴한다. 또한 인간의 정체성을 공격하여 격렬하게 삶을 뭉개버린다. 인류의 역사를 돌아볼 때, 그런 고통은 모든 피의 융단을 수놓은 붉은 실이었다.

이들 신학자들이 내린 결론은 고통을 무시하거나 실용적인 도피책을 마련하는 것이 아니었다. 후자의 경향을 띤 제1세계의 물질문화는 경제적인 성공을 거둔 독일사회의 전후 재건에 비위를 맞추기 시작했다. 중산층의 삶은 만족스러워지리라는 기대로 넘쳐나 보였다. 소비사회의 물질적 만족에 정신을 쏟다보면 어떤 고통도 치워버릴 필요가 있다고 생각하는 경향에 빠진다. 그러나 고통이 문앞에 도착하면 그들은 어떻게 의미를 찾을지 알지 못한다. 이 고통과 공포를 미연에 방지하기 위해 슬픔과 위로에 참여하면서 삶을 구원하는 대신 비열하게 스스로를 방어하기에 급급해진다. 그들은 스스로를 자신의 세계 안에 가두고 주변그룹 바깥에서 고통에 처한 사람들의 고뇌를 못 본 체하며 시선을 돌리는데 이는 피해자들을 구하기 위해서 아무것도 할 수 없음을 여실히 보여주는 것이다. 이런 회피, 특히 젊은이들에게 나타나는 뚜렷한 회피의 결과는 지루함이자 정체이며, 강렬한 기쁨을 느낄 수 없는 무능력이다. 한마디로 그것은 무관심이다.

엄청난 대중의 고통과 그것을 회피하려는 중산층에 대처하는 신학을 정교하게 가다듬기 위해 젊은 세 독일인들은 '정치신학'(political theology)

이라는 용어를 사용하기 시작했는데, 이는 그리스어로 '폴리스'(Polis) 즉 도시에서 비롯된 말이다. 이 신학은 그 말이 주장하는 바처럼 정치적 정당이나 운동, 로비나 정부와 직접 연관된 말이 아니다. 그보다는 하나님과 폴리스, 즉 다수 대중의 공공선을 연결시키려는 신학이다. 그들이 발전시킨 정치신학은 개인의 종교적 체험이나 도덕에 중점을 두는 종교 형태를 경계한다. 그런 식의 좁은 시각은 믿음을 불의한 사회질서에 안주케 함으로써 히틀러와 같은 세력에 교회가 강력하게 저항하지 못하게 한다. 종교의 공공성을 위해 정치신학은 하나님에 대한 믿음을 공공영역에서 책임감있게 유지시킴으로써 좀더 넓은 시야를 확보해준다. 뿌리깊게 영적인 이 신학은 또한 희생자와의 연대를 이루고 연민을 믿음 안에서 하나의 본질적 부분으로 현실화한다. 메츠가 표현하듯이, 정치신학은 "부르주아 종교의 개인화에 도전장을 내밀며 평화로운 고요에 머무는 하나님이 아니라 세상의 악에 저항하고 질문하며 고통당하는 하나님"에 주목한다.

파토스의 하나님

홀로코스트 이후의 정치신학은 세계의 고통에 깊이 관여된 하나님을 재발견했다. 에버하르트 윙엘(Eberhard Jüngel)을 비롯해 몰트만과 죌레 같은 학자들은 디트리히 본회퍼(Dietrich Bonhoeffer)의 시각에 주목했다. 잘 알려졌다시피 본회퍼는 나치에 의해 교수형에 처해졌으며 이 재앙 가운데 "오직 고통당하는 하나님만이 도움을 줄 수 있다"고 옥중에서 쓴 유명한 신학자다. 이 학자들은 고통을 감내하며, 고난당하는 사람들과 함께 패배를 맛본 고통의 하나님이라는 강력한 상징을 발전시켰다. 이 상징은 하나님이 세계의 아픔을 구원하기 위해 그 아픔을 신적 존재 내에 받아들였다는 생각을 개진한다. 에트바르트 스힐러벡스(Edward Schillebeeckx)와 메츠는 좀 다른 시각으로, 비록 고통은 신적 존재에 스며들지 못하지만, 고통당하는 자와 함께하는 깊은 연민을 가진 하나님을 그려냈다. 어떤 상징을 선택하든간에 이들 정치신학자들은 잔인한 죽음 가운데서도 그 존재만으로 희망을 가능케 하는, 압도적인 파토스(Pathos, 연민의 힘)를 가진 하나님을 보았다.

이런 생각을 밀고나가면서 정치신학자들은 유대인 종교학자 아브라함 헤셸(Abraham Heschel)에게서 높은 경지를 발견했다. '1940~45년의 순교자들'이라는 부제가 붙은 『예언자들』(The Prophets)이라는 책에서 헤셸은 긍휼함으로 불타는 하나님의 마음을 보고 굳건해지는 이사야, 예레미야, 아모스 같은 성경의 예언자들을 보았다. 이런 긍휼 덕분에 그들은 하나님의 이름으로 사회적 악을 통렬하게 비판하고 고통당하는 자들을 위한 희망의 위로를 선포할 수 있는 힘을 얻었다. 헤셸은 이런 하나님의 긍휼을 '파토스'라는 단어로 규정지었다. 말 그대로 파토스는 어떤 고통의 느낌을 지닌다. '무관심한'(a-pathetic) 또는 '동정하는'(sym-pathetic)이라는 말은 다 파토스에서 연원한 것이다. 성서의 예언서들에서 파토스의 하나님이란 강렬하게 느끼는 하나님을 말한다. 하나님은 사랑하고 보살피며 슬퍼하고, 불의에 분노하고 독려하며 재촉하고, 용서하고 실망하며 좌절하고, 의의 분노를 겪고 눈물 흘리며 슬픔에 잠기고, 약속하고 자비를 베풀며 즐거워하며, 위로하고 눈물을 닦아주며 더 많은 사랑을 준다. 거기에는 이스라엘에 역동적으로 참여하는 하나님의 살아있는 긍휼이라는 신학적 범주와 세상의 이야기 속에 참여하는 약속의 하나님이라는 코드가 담겨 있다.

하나님에 대한 이런 시각이 현대적 유신론과 심오한 대비를 이룬다는 사실을 알기에 헤셸은 그 차이를 탐구하기 위한 전통적인 이론적 견본을 채용한다. 이 견본에 따르면 크리스천은 두가지 뿌리 중 하나를 따르는데 하나가 그리스고 다른 하나가 유대다. 그리스적 방법이 이성과 철학에 깊이 물들어 있다면 유대적 방법은 성경의 핵심에 드러나는 역사적 계시를 밟아간다. 이런 구분을 모호하게 만드는 여러 요인들이 있다. 가령, 그리스 헬레니즘은 유대의 의식에 스며들었으며 후기 유대 성경에는 그런 경향이 발견되기도 한다. 그러나 여전히 넓게 보면 그런 견본은 서로 다른 결과를 가져온 완전히 다른 방법을 해명하는 데 유용하다. 하나의 핵심적인 차이점은 그들이 느낌을, 특히 타인에게서 받은 감정을 어떻게 평가했는지에 있다.

† 그리스의 철학적 양식은 이분법을 지향하는 경향이 아주 강해서 영혼과 물질 사이를 딱 둘로 가른다. 영혼과 관련된 것은 가치가 더 높고 하나님에 더 가까운 반면, 물질과 관련된 것은 영혼을 땅의 불결함으로 끌어내린다. 이런 사고방식이 인간에게 적용될 때 불멸의 영혼과 그 이성적인 힘에는 특권을 주는 반면, 몸과 감정은 변덕의 영역, 궁극적으로는 죽음의 영역으로 평가절하되고 만다. 이런 관점에서 순수한 영혼인 하나님은 모든 소동과 감정의 밖에 존재한다. 믿을 수 없을 정

도로 완벽한 신적 존재는 변화될 가능성이 전혀 없으며 당연히 세계에 영향을 받을 수도 없고 고통당할 수도 없다. 신적 존엄은 이것에 기인한다. 따라서 인간에게 이상적인 것은 감정을 통제하고 스스로 영혼의 흔들리지 않는 영역에 머무는 자기정복 상태다.

† 반대로 유대의 역사적인 양식은 창조의 일원론적 시각을 지닌다. 스토아적 입장에서 감정은 당황스러운 것이지만, 유대적 입장에서는 모든 면에서 이성과 영적으로 똑같은 가치를 지닌다. 이런 시각에서 압도적으로 초월적인 하나님은 자유롭게 역사 속에서 활동하고, 인간들과 계약을 맺으며, 말과 행동에 걸쳐 열정적으로 사건에 관여하는 유일자로 체험된다. 이로써 하나님의 자아는 보살피고 사랑하며 참여하는 자로 드러난다. 이런 신적 형상으로 만들어진 인간에게 이상적인 것은 역사의 기쁨과 혼돈에 진심으로 참여하여 하나님의 마음과 하나가 되는 것이다. 이 모델에서 하나님과 반대로 행동하는 것은 열정적이 되는 것이 아니라, 무관심한 것이다. 고통에 감화되어 연민을 가지고 곤경에 처한 사람들과 함께하는 것은 하나님의 형상에 합치되는 일이다.

철학적 모델과는 전혀 다르게 성경의 하나님은 파토스의 하나님이다. 하나님의 자유를 옹호하기 위해, 헤셸은 파토스가 영원한 하나님에게 무한으로서 속한 '필연적인' 속성이라고 생각하지는 않았다. 이스라엘 역사를 볼 때 사실상 파토스는 하나님이 얼마나 자유로운 선택으로 인간의 곤경에 반응했는지, 다시 말해 연민으로 참여했는지를 보여준다. 파토스는 살아있는 보살핌이라는 윤리적 범주의 특징을 가진다. 하나님이 격정적이고 구체적으로 동정한다는 말은 하나님이 인간의 행복을, 특히 역사적 불의에 의해 희생당하고 주저앉은 사람들의 행복을 열정적으로 보살핀다는 말이다. 따라서 하나님을 파토스의 하나님이라고 부르는 것은 심리적인 것이 아니라 신학적인 것이다. 모든 신학적 언어와 마찬가지로 그것은 불충분한 것이다. 그러나 하나님의 연민을 밝히는 옳은 방법이기도 하다.

하나님의 파토스라는 유대 신학은 고통과 관여된 하나님이라는 생각에 기독교의 하나님을 접근시키는 길잡이 역할을 한다. 왜냐하면 기독교 하나님 신앙의 핵심에는 예수 그리스도의 출현으로 하나님의 연민이 더 친근하게 다가온다는 믿음이 있기 때문이다. 그것은 세상의 고통을 육신으로 나누는 것이다. 정치신학은 이러한 해석에 과감히 다가선다. 정치신학은 예수의 십자가와 부활에 집중적으로 초점을 맞추면서 바로 그 사건에서 하나님의 연민이 충만하게 드러남을 발견한다.

핵심 비전

크리스천들은 예수가 본디오 빌라도에게 고난을 당하고 십자가에 못박힌 뒤 장사된 사건을 기억한다. 예수는 이러한 로마의 처형제도로 겪은 육체적인 고난뿐 아니라 정신적인 분노 또한 이겨내야만 했는데, 그것은 십자가 위에서의 잊을 수 없는, 분노의 외침에 잘 전달돼 있다. "나의 하나님, 나의 하나님, 어찌하여 나를 버리셨습니까?"(마가복음 15: 34) 이 지옥 속에서 하나님은 어디에 있었던 것일까? 기독교 전통은 하나님의 신비가 이 사건과 심오하게 연결돼 있다고 끊임없이 주장해왔다. 그 십자가는 바로 사랑이자 그런 비극의 반대편에 서길 원하는 하나님이 우리를 구원하기 위해 고통의 한가운데로 스스로 뛰어들어 그 처참함을 끝까지 체험한다는 것을 의미한다.

예수가 죽어서 무(無)나 전멸로 끌려들어간 것이 아니라, 영의 힘으로 살아계신 하나님의 은총을 향해 나아갔다는 믿음이야말로 신앙의 본질이다. 이 희생과 함께하며 하나님은 궁극적인 새생명을 부여하는 사랑의 힘으로 그를 감쌌다. 우리는 이것을 상상할 수 없지만 신앙의 마음은 감탄으로 터져나온다. "예수 그리스도가 승천하신다. 할렐루야!" 이것은 그전에 일어난 일을 지워버리는 새로운 사건이 아니다. 메츠가 설명하듯, "누구든 십자가 위에서의 외침을 빼놓고 예수 부활의 메시지를 들은 사람은 복음을 들은 것이 아니라, 신화를 들은 것이다." 부활은 십자가에 달린 자를 위해 미래를 열어놓는다. 이 사건은 십자가에 달린 사람의 개인적인 운명에 한해서만 좋은 소식이 아니라, 사망의 어둠 속으로 들어가는 모든 사람들에게 미래의 생명을 약속하는 것이다.

정치신학은 신학적으로 '종말'이라고 언급되며 '종말론'이라고 불리는 영역에서 숙고되는 이 사건을, 시간의 끝에 있는 전세계를 향한 희망이라는 틀에서 해석한다. 여기서 정치신학은 하나님과 함께한 고대 이스라엘 역사의 지혜를 끌어오는데, 그것은 기독교 신앙과 신학의 절대적인 핵심으로서 결코 과소평가될 수 없는 것이다. 유대 민족을 절멸시키려고 하면서 나치는 또한 그들의 종교도 파괴했는데, 그것은 기독교 신자들에게 절대 필요한 기반을 빼앗는 것이었다. 유대 민족은 언제나 위협 가운데 있었던 격변의 역사 가운데 파토스의 하나님을 마주쳤을 뿐 아니라, 시간의 끝에서 정의를 세우고 모두를 충만케 함으로써 역사를 감싸는 유일자로 하나님을 이해했다.

이 승리의 비전은 유대 문서를 가로질러 흐르며 신약에까지 이르렀고 '마라나타'(Maranatha) 곧 '주여, 오시옵소서'라는 기대에 찬 외침으로 끝을 맺는데 이는 우리 가운데 하나님이 새롭게 오는 순간, 모두의 눈물을 닦아주고 죽음과 신음이 멈출 것이며 모든 것이 새로워지리라는 열망으로 가득 찬 것이었다(요한계시록 22:20, 21:1~5). 고통의 신비에 직면하여 정치신학은 '시간은 끝날 것이다'라고 확신한다. 시간을 주재하는 하나님이 그것의 경계를 확정지었다. 미래는 모든 우주와 함께 하나님의 손에 있고 그 손은 보살피고, 키워주며, 위로하고, 눈물을 닦아준다. 그래서 우리는 감히 우리 자신뿐 아니라 엄청난 고통 가운데 모든 낙망한 자들과 죽은 자들을 향한 구원을 희망할 수 있는 것이다.

하나님과 함께한 이스라엘 역사는 이 위대한 약속을 탄생시켰다. 그러나 모든 증거가 그 안에 주어진 것은 아니다. 고통에 대한 하나님의 응답은 아직 완전히 나타나지 않았다. 예수의 부활로 그 언약은 일종의 계약을 성사시켰지만 그 완성은 미래에, 종말에 있다. 그리하여 종말론은 승리주의가 십자가를 망각하지 않도록 우리의 모든 확신에 자격을 부여한다. 성서적 계시의 빛 속에서조차 우리는 앎이 아니라, 믿음으로 걷는다. 이 믿음은 야훼가 살아있는 자뿐 아니라 죽은 자들의 하나님이며, 실패에 빠진 자는 누구 하나도 포기하지 않는 분이라는 희망을 품는다. 이런 희망이 없다면 모든 기독교의 계획은 실패로 돌아간다. 메츠는 "하나님에 대한 담론은 과거의 고난까지도 건드리는 우주적 정의의 약속이자 비전이며 만약 그렇지 않다면 오늘날 살아있는 사람들에게조차 공허하고 헛된 약속이 될 뿐이다."

전지구적 역사의 시각에서 해석된 십자가와 예수의 부활 가운데 살아계신 하나님의 현존은 대담한 희망을 일깨운다. 이것은 사회적인 중요성을 가지며, 지금 고통당하는 모든 사람들과의 연대를 자극하는 동시에 수모와 고난이 사람들을 학대하는 곳에서 생명을 선사하는 하나님의 일에 참여하기를 고무한다. 권태와 좌절과 망각의 욕구에 저항하며 예수 그리스도를 따르는 사람들은 현실적이고 비판적인 의지를 가지고 책임감있고 끈기있게 행동하도록 감화된다. 그들은 인간에게 해를 입히는 것들에 저항하면서 상대의 역공에도 불구하고 어떤 폭력과 증오도 없이 세계의 선함과 은총을 위해 일하러 나선다.

이런 신학적인 접근을 발전시키면서 앞서 언급한 독일의 세 신학자들은 홀로코스트 이후 정치신학에 떠오른 파토스의 하나님이라는 생각에 살을 붙이는 데 결정적으로 기여했다.

십자가에 달린 하나님

기독교는 십자가에 달린 하나님을 드러내는 그곳에 참다운 의미가 있음을 항상 간직해왔다. 십자가에 달린 예수가 인간의 모습으로 온 '말씀'인 한, 그의 고통은 우리와 함께하는 하나님의 고통이다. 그러나 이같은 신학은 또한 전통적으로 말씀의 하나님이 오직 인간의 본성 가운데 고통당했을 뿐, 하나님의 본성은 영원히 그런 고통에서 벗어나 있다고 주장한다. 몰트만은 고통을 바로 하나님의 존재가 겪는 고통으로 자리매김함으로써 그런 한계를 뛰어넘는다. 루터의 과감한 말을 새롭게 해석하면서 몰트만은 '십자가에 달린 하나님'이라는 생각을 제안하는데 그것은 하나님이 이 세상에서 고통받는 모든 이들과 함께 실제로 고통을 당한다는 뜻이다. 이를 설명하기 위해 그는 미드라시(midrash), 즉 십자가 사건에 주석을 남긴다.

우선 그는 하나님의 존재가 자기를 내어주는 사랑임을 이해할 필요가 있다고 말한다. 이 사랑이 가장 심원하게 드러난 사건이 바로 예수 그리스도의 죽음과 부활이다. 이 사건 속의 신학적 핵심은 우리의 관심을 사로잡는 잊을 수 없는 예수의 외침이다. "나의 하나님, 나의 하나님, 어찌하여 나를 버리셨습니까?"(마태복음 27:46) 십자가에서의 버림받음을 보고 우리는 하나님을 어떻게 생각해야 할까? 그 난점을 해명하기보다는, 그 외침을 문자 그대로 들어야만 할 것이다. 이 끔찍한 외침은 십자가 위의 하나님과 아버지인 하나님 사이에 무슨 일이 벌어지고 있음을 보여준다. 죄인들을 위해 아버지에게서 넘겨진 아들은 하나님에게 거부당하고 포기되었다. 그는 폭력을 감내하고 버림받은 채 죽어간다.

몰트만은 과감하게 더 나아간다. 아들이 십자가에서 죽어가는 동안 아버지인 하나님 역시 같이 고통받았으나, 방식이 달랐다는 것이다. 아버지는 아들을 잃은 고통에 휩싸였고 엄청난 슬픔을 체험했다. 그들 사이에는 완전한 이별이 있었다. 그들은 서로를 잃었다. 그러나 그와 동시에, 전에 없이 서로 가까워졌다. 그들은 굳은 의지로 서로 뭉쳤는데, 그것은 세상을 사랑한다는 의지였다. 결국 사랑이신 성령이자 그들 부자간의 사랑의 영이 죄에 가득 찬 깨진 세상 속으로 쏟아져 나왔다. 그들의 영혼은 불신자들을 감싸고 버려진 자들을 구원하며 외로운 자들의 친구가 되고 버림받은 자들을 사랑으로 채우며 죽은 자들을 살리고 그리스도가 먼저 깊은 절망의 나락에 떨어짐으로써 앞으로 어느 누구도 버림받은 채 죽지 않음을 보장한다.

십자가는 하나님 자신의 존재 안에 거대한 균열을 내는데, 그것은 버리는 아버지와 버림받은 아들이다. 그렇게 함으로써 십자가는 세상의 고통 가운데 깊이 스며들 뿐 아니라 고통이 다시 하나님으로 돌아가는 반대의 통로를 열어준다. "모든 재앙과 하나님에 의한 버려짐, 절대적인 죽음, 지옥의 무한한 모욕, 무(無)로의 추락이 하나님 자신의 존재 안에 있어야만 하나님과의 결합이 영원한 구원이 된다"고 몰트만은 쓴다. 그 모든 절망과 딜레마를 간직한 역사의 아우성은 십자가의 길을 통해 하나님의 존재 속으로 들어가고 바로 그곳에서 하나님 홀로 가능케 하는 기쁨의 미래를 향한 구원이 이루어진다.

이 십자가의 주석이 작동하기 위해서는 많은 절차가 필요하다. 하나님은 진실로 고통당하지만 이는 인간이 겪는 고통과는 다른 것이다. 우리의 경우 고통은 한계가 있는 결함에서 비롯된다. 우리는 외부의 힘에 의해 고통에 휩싸이는 것처럼 보인다. 그것은 질문없이 주어지며 우리는 압박 가운데 그것을 견딘다. 반대로 하나님에게 가해지는 고통은 우연이나 필연이 아니다. 십자가에 달린 하나님은 자유롭게 우리와 함께

할 고통을 선택하며 충만한 사랑으로 그런 선택을 한다. 세계를 부활한 생명의 충만함에 이르기까지 견디게 하는 것은 바로 역사 가운데 이렇듯 고통당하는 사랑이다. 십자가는 하나님의 본성이 자신을 내어주는 사랑의 삼위일체적 사건임을 드러내주는데, 이는 고통당하는 능력이며 그리하여 모든 피조물을 생명으로 채우는 영혼을 방출한다. 우리가 삼위일체의 이름을 암송하며 십자가의 성호를 그을 때마다 우리는 이 진리를 증언하는 것이다.

몰트만이 이런 주제로 작업할 때 홀로코스트는 한번도 그의 마음을 떠난 적이 없었다. 그 문제를 다룰 때 고통당하는 하나님이라는 신학은 가장 심오한 중요성을 갖는다. "이 고난에 대해 대답할 수 있는 크리스천은 하나도 없다. 이 상황에서 하나님이 고통당할 수 없다고 이야기하는 사람은 하나님을 악마로 만드는 것이다." 이것은 결코 죽음의 수용소가 정당화될 수 있다는 말이 아니다. 반대로, 파토스의 하나님과 관계하는 우리는 인간에게 폭력을 가하고 훼손하는 모든 것에 저항하는 연민의 인간이 된다. 슬픔에 빠지기 쉬운 우리이지만, 그럼에도 결코 정치적 수동성에 빠지는 일 없이 활기찬 희망을 견지하게 하는 것은 결국 십자가뿐이다. 가스실에서 죽어간, 잔인하게 살해된 사람들이 부활함으로써 하나님은 이 슬픔을 영원한 기쁨으로 바꿔놓을 것이다. 이런 희망 덕분에 좀더 나은 세상을 위한 우리의 의지는 불타오른다. "아우슈비츠 속의 하나님과 십자가에 달린 하나님 속의 아우슈비츠—이것이 세계를 포옹하면서 극복하는 진실한 희망을 향한 기초이자 죽음보다 강하며 죽음을 견뎌내는 사랑의 근원이다."

침묵의 외침

고통의 신비와 맺는 하나님의 관계를 죌레는 아주 색다르게 본다. 고통당하는 하나님이라는 상징을 지지하면서도 그녀는 몰트만의 '미드라시' 서사에 대해서는 비판적이다. '감정 없는 하나님'이라는 전통적인 생각과 그에 수반된 눈물 없는 인간이야말로 이상적이라는 주장에 반대하여, 하나님은 가난했고 고통당했으며 사랑의 십자가 위에서 무방비 상태였음을 강조하는 것은 옳다. 그러나 예수 그리스도가 아버지에게서 고의로 버림받아서 죽음에 이르렀다는 생각은 부당하다. 생각해보라. 어떤 아버지가 이럴 수 있겠는가? 그런 아버지는 사디스트일 뿐이다. 아브라함조차 아들을 죽이는 일에서는 물러나지 않았던가. 십자가를 이렇게 가정하는 것은 인간 역사의 불의에 의해 예수에게 가해진 일을 아버지에게 뒤집어씌우는 것이다. 이것은 가학행위를 정당화하는 사고방식으로 사람들을 호도한다. 영적인 문제로 말하자면, 그것은 사형집행인을 숭배하는 것과 진배없다.

죌레는 십자가의 고통이 아버지와 아들의 관계에서 사도-마조히스트적인 상징이 아님을 주장한다. 그럼에도 현실에서의 적대적인 본성이 의미하는 바는 이 세계의 고통이 실재한다는 것이다. 무감각한 우리의 문화를 거슬러 우리는 고통에 맞서고 설명하며 그것으로부터 배우고 벌할 필요가 있다. 이런 맥락에서 십자가는 하나님이 언제나 고통당하는 자와 함께 고통당함을 드러낸다. 우리는 생명의 근거에 봉사함으로써 고통 가운데 하나님과 함께하도록, 슬픔과 절망을 물리치도록 부름받았다. 그럼으로써 신정론은 사랑의 삶을 통한 신비한 저항의 방식으로 대체된다.

죌레는 신적인 힘을 다룬 그녀의 작업으로 고통의 문제에 크게 기여한다. 3개의 신학적 지점을 가로지르는 그녀의 여행은 여러 가능성을 탐색하며 독특한 시각을 제공한다. 그녀는 복종을 요구하는 전지전능한 하나님이라는 전통 유신론에서 출발하여, 사랑의 무기력함을 보여준 십자가 위의 힘없는 하나님으로 나아갔고, 이어 죽음을 넘어 생명의 승리를 이끌며 부활한 그리스도가 왕성한 하나님의 생명을 우리에게 부어주는 곳까지 이르렀다.

첫째 전지전능한 하나님이라는 전통론의 견지에서 하나님의 가장 중요한 자질은 힘이고, 주요 임무는 지배며, 하나님이 가장 두려워하는 것은 인간의 독립이다. 죌레는 교회가 왜 이런 하나님을 사랑하고 경배하도록 부추기는지를 질문한다. 이런 거대한 아버지의 형상은 지배에 대한 인간의 환상을 투사한 것에 불과하기 때문이다. 이것은 뚜렷한 제국주의인 동시에 그녀의 전쟁체험이 작동하는 지점이다. "남성의 힘을 떠올릴 때 무엇이 기억나느냐고? 그것은 고함과 명령과 발사와…" 그런 하나님을 향한 복종과 순종은 창조적이고 변혁적인 인간의 잠재력을 파괴하고 만다. 나치즘 이후의 독일인으로서, 죌레는 복종이 미덕이기는커녕 그 자체로 거대한 문제점이라고 주장한다.

그래서 다음 단계에서 그녀는 하나님의 전지전능을 축소시켜 사심 없는 사랑을 강조한다. 십자가는 이러한 관점의 핵심에 선다. 누군가 고문당해 죽는 그 형상에서 하나님을 가장 확실하게 깨닫는다는 기독교의 추정은 힘과 지배의 집착에서 완전히 벗어나는 것이다. 복음서에서 타인을 위한 인간으로 그려진 예수는 오직 그의 사랑만을 간직한다. 이 사랑이 그를 무력하게, 군대도 없이, 그를 구원하는 어떤 마술도 없이 십자가에서 죽게 했다. 그의 사랑은 비폭력적이고 무기가 없는 힘이며 우리는 그처럼 무력한 방식의 사랑으로 구원을 얻는다. 그러나 곧, 이렇듯 무기력한 사랑의 언어로 이해된 십자가는 그 자체로 문제를 제기한다. 하나는 그것이 세계의 고통에 직면해 심각한 수동성으로 끌려갈 수 있다는 점이고, 다른 하나는 그것이 하다 만 이야기라는 것이다. 크리스천들은 부활 역시 믿으며 그것의 의미는 하나님의 힘을 보여준 사건이라는 것이다.

쥘레는 사유를 계속 이어갔다. 그녀는 마침내 하나님의 힘이란 지배하는 힘이나 아무 효과 없는 사랑이 아니라 창조적이고 비강제적이며 생명을 주는 선이라는 것을 마침내 깨달았다. 이것은 타인에게 생명을 주는 관계들 사이를 흐르는 힘이며 사랑의 힘이다. 그것은 마치 아스팔트의 틈을 뚫고 솟아오르는 풀처럼 생명의 힘을 보여준다. 이것은 단지 그 자신의 영광을 위해 예수 그리스도에게 주어진 선물이 아니다. 그것은 그 안에 이미 죽은 자를 포함한 모든 사람과 사물을 위한 희망을 품고 있다. "이 점에서 그리스도의 부활은 어마어마한 힘의 분배다. 이 사건을 처음 경험한 여인들에게는 생명의 힘이 나누어졌다. 그것은 이제 그들의 삶으로 들어온 엄청나게 확실한 하나님이었다." 또한 그 목격자들은 이 확신을 타인에게 나눠주는 도화선이 되었다. 하나님의 힘은 그러므로 고통의 한가운데서 들리는 생명의 조용한 외침이다.

어떤 기독교 신학도 유대인 홀로코스트의 악몽을 제거하지는 못한다. "어떤 천국도 아우슈비츠를 정당화할 수는 없다." 그러나 고통과 십자가의 죽음에 참여하며 생명의 힘을 예수 그리스도의 부활에 쏟아부은 하나님은 그곳 죽음의 수용소의 고통에도 함께했다. 죽은 자를 일으켜 살리는 고통당하는 하나님이라는 의미는 능력의 하나님이 생명을 빼앗긴 자들을 위해 정의를 구한다는 뜻이다. 생명을 창조하는 하나님의 능력에 참여하면서 하나님을 사랑하는 것은 타인을 위한 정의에 헌신하는 의미있는 삶을 가능케 한다. 따라서 죌레에게 핵심은 다음과 같다. 우리는 오로지 스스로 하나님의 일부가 될 때만이 하나님의 사랑을 알 수 있다. 또한 오로지 타인에게 가해지는 모든 종류의 부당한 고통에 저항할 때만이 하나님의 사랑을 알 수 있다.

하나님을 향한 연민

메츠는 고통당하는 하나님이라는 상징이 도움을 줄 수 있다는 점에서 몰트만, 죌레와 일부 생각을 같이한다. 그러나 그가 보기에 이 상징은 너무 안이한 해결책이다. 다른 문제보다도 고통을 하나님 안에 둠으로써 그것을 영속화하는 것이 가장 큰 문제다. 이 상징은 고통에 어떤 광휘를 입히며 비밀스럽게 고통을 미화한다. 그것은 하나님과 고통 사이의 근본적인 불일치에 몰래 숨어들어 너무나 부드럽게 그 둘을 화해시킨다. 또한 우리의 의문을 누그러뜨려서 희생자들의 외침에서 생겨난 긴장을 흩어버린다. 사실상 어떤 적절한 상징도, 어떤 깔끔한 대답도 없다. 대신 신학은 고통의 근본적인 질문을 옹호해야 하고 그런 질문에 방해되는 것을 제거해야 하며 그 질문을 지켜내야 한다. 그래야 역사 속에서 외침이 계속되고 우리의 사고는 자극받을 것이다. 그런 목표를 위해 메츠는 '기억하기'와 하나님을 향해 '슬퍼하기'의 두가지 과제를 제안한다.

기억하기

"나를 기억하여 행하라." 크리스천 삶의 핵심은 예수 그리스도의 삶과 고난과 죽음과 부활을 기억하는 것이다. 이는 모든 복음서에 기록된 것으로 핵심은 예수 그리스도가 죽기 전날 자기희생을 기억한 것이다. 그 기억은 성찬의 빵과 포도주를 통해 다시 한번 자기희생을 생생하게 떠올린다. 기독론과 예배에서 연민을 기념하는 이 최고의 의식은 고통의 문제를 다루는 메츠의 신학이 스승인 라너의 접근에서처럼 초월적인 것이 아니라 서사적인 기억과 연대에 기초한 추론에서 비롯되었음을 보여준다. 메츠는 여기에 작동하는 역동성을 탐험하기 위해 '위험'이라는 범주를 끌어온다. 모든 인간과 예수 그리스도의 연대에서 비롯된 그의 죽음과 부활을 기억하는 중심 행위는 역사에서 부당하게 고통당한 모든 이들에 대한 기억을 일깨운다. 십자가는 끊임없이 이 세계에 세워지고 있다. 버림받은 자들의 외침은 세기를 거쳐 울려퍼진다. 신학은 이 세계에서 지금 고통당하는 자들, 죽은 자들과 연대하는 가운데 예수의 십자가를 충실하게 기억한다. 십자가에 달린 자들이 부활한다면, 기억은 미래를 위한 불타는 희망을 불러올 것이다.

이것이 왜 위험한가? 우리의 망각을 깨트리면서 희생자들을 기억할 때 우리는 두가지 효과를 얻는다. 첫째, 그 기억을 묻어버리려는 압제자들에 맞서 희생자들의 스토리를 되살려냄으로 승리를 빼앗아올 수 있다. 역사는 그들에 의해 짓밟혀 죽은 자들은 중요하지 않다며 잘난 체하는 승자들에 의해 씌어진다. 그러나 기억은 패배에 맞서, 그리고 이루지 못한 과제에 전념하면서 패자들의 현실을 생생하게 되살려낸다. 둘째로, 기억은 패자들의 스토리를 예수의 스토리와 연결시키면서 그들 각자가 소중함을 일깨우며 하나님의 선한 시간이 오면 그들 역시 다시 평가된다는 희망을 불러일으킨다. 지금 남을 해치고 죽이는 자들의 승리가 결코 마지막은 아닌 것이다. 그리하여 무관심에 대항하는 사회적 세력이 일어날 것이다. 우리는 악에 패배한 것처럼 살지는 않을 것이다.

메츠의 신학에서 '위험한 기억'이 맑시즘을 넘어서는 것은 이상한 일이 아니다. 당시 유럽 학계에서 우위를 점한 맑스 철학은 타인의 행복을 위해 진보한다는 미명하에 기꺼이 죽은 자들을 잊고 그들의 고통을 무시했다. 그러나 "후손들의 어떤 번영도 선조들의 고통을 보상할 수 없고 어떤 사회적 진보도 죽은 자들에게 가해진 불의와 화해할 수 없다." 오로지 하나님의 마지막 선물인 우주적 정의만이 그들을 치료하고 구원할 수 있다. 그렇다면 분명히 이는 향수에 빠진 기억이 아니라 그 안에 미래의 씨앗을 품은 기억이다. 과거의 고통을 과감하게 기억하는 일은 모든 패배자들과 죽은 자들을 위한 미래의 희망을 자극한다.

사실 크리스천은 하나님의 종말론적 약속을 믿기에 고통의 심연을 정확히 들여다볼 수 있다. 이런 약속의 힘에 근거하여 '위험한 기억'은 소비주의와 낙관주의적 문화로 타인의 고통에 무감각해지도록 마취하는 현대사회는 물론 모든 연민을 다림질해버리는 숨막히는 따분함에 도전한다. 이런 진부한 삶의 형식을 대신하여 '위험한 기억'은 불의에 저항하는 행동을 통해 신자들을 의미있는 삶으로 이끌며 또다른 희생자들을 만들어내지 못하도록 경계한다.

슬퍼하기

죽은 자들의 고통과 연대하며 그들을 기억하고 미래의 축복을 기원하는 것은 하나님을 향한 슬픔의 신비주의와 동반되어야 한다. 인간을 파괴하는 끔찍하게 부당한 고통에는 긍정적인 의미가 있을 수 없다. 우리는 그것의 부정성을 완전히 파악해야 하며 그것을 무시하거나 영광을 부여해서는 안된다. 그래야만 이 고통은 하나님에게 전달되는 살아있는 질문이 된다. 기도 가운데 우리는 부르짖고 저항하며, 슬퍼하고 분노를 외치며 이 고통이 있어선 안된다고 말한다. 그 자체로 기도는 '하나님에게 닿는 고통'이며 응답이 있으리라는 고뇌에 찬 희망으로 하나님께 참여하는 것이다. 그 기도는 깔끔한 신학적인 해결을 바라기보다는 질문을 열어놓은 채 하나님의 약속을 주장하면서 '아직 오지 않은' 역사와 함께하는 것이다.

유감스럽게도 이런 타입의 기도는 현재 예배의 기도문에서 삭제되었다. 일반적인 성찬에서 사람들은 절대 슬퍼하거나 울부짖지 않는다.

그러나 그런 슬픔은 시편과 예언서, 지혜서와 복음서 등 성경 구석구석을 가득 채우고 있다. 메츠는 욥기를 그중 최고의 가이드로 삼는다. 자식을 잃고 하던 일이 망하고 몸이 병드는 갖가지 고통을 겪는 중에 욥은 세 친구의 방문을 받는다. 그들은 입을 모아 그의 고통이 죄에서 비롯된 벌이므로 하나님께 고하고 용서를 구하라고 말한다. 그러나 욥은 거절한다. 그 대신 그는 하나님을 향해 자신의 결백함을 항변한다. 그는 거듭 왜라고 질문하며 하나님이 대답할 것을 주장하고 그 가운데 자신이 구원을 받으리라는 희망을 잃지 않는다. 메츠는 결국 하나님이 옳다고 판정한 이가 세 친구들이 아니라 욥이라는 놀라운 사실을 강조한다(42: 7). 예수의 신비가 그의 마지막 외침인 '왜…?' 속에 있는 것이 결코 우연이 아니라는 사실 역시 이런 전통에서 나온 것이다. 그래서 또한 과거와 미래의 고통은 저항하고, 비난하고, 슬퍼하고, 애도하고, 깊은 곳에서 울부짖으며 끊임없이 '오, 주여 얼마나 오래인가요!'를 질문할 수 있는 하나님께로 우리를 인도한다. 이성적인 설명에 만족하기보다는 하나님을 향해 슬퍼하는 것이, 그 어떤 것보다 희망을 살아있게 한다. 그런 기도야말로 과거와 현재에 걸쳐 진행된 타인의 희생에 저항하는 힘을 키워준다.

신비하고도 실제적으로, 크리스천의 삶은 타인의 고통을 망라하는 하나님을 향한 연민이 되며 사람들에게 우주적인 정의의 희망을 가지고 불의에 저항할 것을 약속한다. 부당성의 신비는 그러므로 풀리지 않는다. 신학적인 추론은 악의 불합리와 화해하지 못한 채 남아 있다. 그것은 끊임없이 '이것은 일어나지 말아야 한다'고 판결한다. 그러나 하나님은 사랑이시며 그것을 판명하시겠다고 약속했다. 모든 죽은 자들과 연대하여 십자가에 달리고 부활한 예수의 '위험한 기억'은 질문을 열어놓으며 성숙한 훈련을 위한 희망적이고 연민어린 길을 펼쳐놓는다. 그리하여 메츠는 아우슈비츠의 끔찍한 사건에서 돌린 우리의 등이 아니라, 우리의 얼굴로 하나님을 이야기하자고 제안한다.

신비하고 정치적인 훈련

세계는 잘 부서지고 조각나 있으며 모호한데다 불협화음으로 넘쳐나 있고 불투명하다. 한마디로 죄에 가득 차 있다. 홀로코스트를 비롯해 예나 지금이나 악을 활동하게 하는 모든 행위들은 하나님의 존재에서 빛을 빼앗아간다. 사람들의 삶 자체가 지옥이 되고 있다. 이 고통의 신비에는 어떤 논리적이고 신학적인 해답은 없으나 역사적인 고통을 뚫고 길을 열어가는 신비하고 정치적인 길은 있다. 사람들은 공공의 영역에서 이런 잘못에 저항할 수 있고 정의롭고 친절하게 살 수 있으며 공공선을 위한 아름답고 풍족한 식탁을 차릴 수 있다. 고난에 찬 인간 상황에서 이런 행동은 의미를 가져다준다.

홀로코스트 이후 유럽의 정치신학은 이런 방향으로 새 길을 개척했다. 홀로코스트의 거대하고 부당한 고통은 크리스천의 상식적인 사고 방식을 무너뜨렸고 전통을 깨버렸으며 종교적 위기를 촉발했다. 여기 소개한 세 신학자들은 이 재앙이 하나님에 관한 기독교 담론의 내적 상황에서 비롯되었음을 누구보다 잘 이해했다. 구체적으로 아우슈비츠에서 시작된 관심사를 고통에 빠진 세계사로 확대하면서 그들은 부당한 고통에 의해 패배당한 사람의 입장에서 하나님에 대한 질문을 가장 첨예하게 제시했다. 종교조차도 그 질문에 대답할 수 없음에 동의하면서도 그들은 기억과 희망 가운데 하나님의 신비를 찬미하는 사고와 행동을 과감하게 탐구해 들어갔다. 십자가에 달린 하나님의 상징을 채택하든, 삶의 고요한 외침을 택하든, 아니면 슬퍼하는 자들에게 약속하는 연민의 하나님을 택하든, 그들의 작업은 하나님의 현존을 하늘에 외치는 고통의 어둠과 끊을 수 없는 관계로 끌어들였다.

더 읽을거리

홀로코스트의 고통에 대한 입문서로 나중에 노벨 평화상을 수상한 젊은 생존자 Elie Wiesel의 *Night* (New York: Bantam Books, 1986; originally 1960)만큼 좋은 책은 없다. 홀로코스트에 대한 종교적 응답은 Dan Cohn Sherbok의 *Holocaust Theology* (London: Lamp Press, 1989)에 잘 드러나 있다. 이 문제를 두고 벌인 크리스천의 사투는 Elisabeth Schüssler Fiorenza and David Tracy, eds., *Holocaust as Interruption* (Concilium vol. 175; Edinburgh: T&T Clark, 1984)과 Steven Jacobs, ed. *Contemporary Christian Religious Responses to the Shoah* (Lanham, Md.: University Press of America, 1993)에 잘 정리돼 있다.

Abraham Heschel의 성서적 하나님의 연민에 대한 뛰어난 논의는 *The Prophets* (New York: Harper & Row, 1962)에서 볼 수 있다.

이 책에 소개된 세 독일 신학자는 많은 책을 펴냈다. 그들의 신학을 가장 잘 전해줄 입문서를 차례로 소개하자면 다음과 같다(이 책에서도 다음 책들을 인용했다). Jürgen Moltmann, *The Crucified God: The Cross of Christ as the Foundation and Criticism of Christian Theology* (New York: Harper & Row, 1974), 특히 6장; Dorothee Sölle, *Suffering* (Philadelphia: Fortress, 1975); Johann Baptist Metz, *A Passion for God: The Mystical-Political Dimension of Christianity* (New York: Paulist, 1998) Matthew Ashley의 서문 "Reading Metz"(pp. 7~21)는 각별히 도움이 되는 글이다.

하나님과 고통에 관한 기독교의 가르침에 대해서는 John Hick, *Evil and the God of Love* (New York: Harper & Row, 1978)를 보라. 희생자의 시각에서 전개된 계몽주의 신정론에 대한 강력한 비판은 Terrence Tilley, *The Evils of Theodicy* (Washington, D.C.: Georgetown University Press, 1991)에 담겨 있다. 이 문제에 대한 최근의 논의로는 John Thiel, *God, Evil, and Innocent Suffering: A Theological Reflection* (New York: Crossroad, 2002)과 Jon Sobrino, *Where Is God? Earthquake, Terrorism, Barbarity, and Hope* (Maryknoll, N.Y.: Orbis Books, 2004)가 있다.

4

삶을 해방시키는 하나님

끔찍한 가난

가난한 사람들이 교회에서 하나님과 만난 덕분에 세상에 혜성처럼 등장한 신학이 있다. 해방신학이라는 이름으로 라틴아메리카에서 처음 개척된 이 신학은 현재 아프리카와 아시아뿐 아니라 미국의 흑인들처럼 잘사는 나라의 소수그룹에서까지 재해석되고 있다. 여기엔 두가지 근원적인 상황이 존재한다. 가난으로 인한 거대한 고통이 그 하나고, 정의라고 불리는 구원에의 투쟁이 다른 하나다. 개척지의 가난한 사람들, 부당하고 때이른 죽음에 내몰린 사람들을 각별하게 돌보는 것에는 체제의 힘에 의해 억압받는 사람들을 향한 살아계신 하나님의 마음이 잘 담겨 있다.

순전히 물질적인 의미에서 육체적 필요의 부족을 뜻하는 가난은 수

백만, 수천만 인구를 고통으로 내모는 치명적인 요인이다. 사회 연구자들은 이런 가난이 그토록 고통받는 사람들의 게으름이나 악덕 탓이 아니라고 분명히 말한다. 오히려, 라틴아메리카에서 가난은 유럽의 정복 세력에 의해 16세기에 시작돼 그들의 후손들에게 전승된 역사적인 조치들 탓이었다. 이 조치들은 정복세력의 이익을 불리기 위한 착취였다. 그들은 토착민들을 비인간화하기 위한 정치, 경제, 문화적 기구들을 설립했다. 산살바도르의 오스카 로메로(Oscar Romero, 엘살바도르의 대주교로 1980년 무장괴한에게 암살당함―옮긴이) 대주교가 말하듯이 시간이 거듭될수록 강자들의 정책을 뒷받침하는 개인의 이기주의는 사회적 구조로 굳어져서 대다수 사람들에게 억압적인 힘을 행사했다. 이런 체제에서 이득을 얻는 자들은 극히 소수다. 대다수 대중들은 비인간적인 고통을 감내해야 하는 것이다.

  수세기 동안 유럽인들과 함께 대륙에 도착한 교회는 이런 불의와 결탁했다. 몇몇 사람들이 가난한 자들에게 자선을 베풀긴 했지만 교회의 공식적인 설교와 가르침은 지배자들을 위한 것이었다. 1968년 콜롬비아의 메델린에서 열린 종교회의에서 라틴아메리카의 주교들은 가난과 그 원인, 그리고 가난한 자들의 문제를 처음으로 설교의 핵심에 두었다. 그들 모든 나라에서 많은 사람들을 괴롭힌 가난에 대한 연구에 주목하면서 주교들은 예언적인 선언으로 판결을 내렸다. "집단적으로 발생한 이 참상은 그 자체로 하늘에 울부짖는 불의를 증언한다." 예수에 의해서 교회에 부여된 구제의 사명은 고통당하는 형제자매를 향한 사랑으로 이 심각한 가난을 바로잡는 데 전념하는 것이었다. 그후 10여년에 걸쳐 대중과 사제와 전문가들에 의해 수행된 이 헌신을 지켜본 주교들은 멕시코 푸에블라에서 개최된 두번째 종교회의(1979)에서 단도직입적으로 선언했다. "우리는 수백만 라틴아메리카인들이 겪는 비인간적인 가난이 가장 파괴적이고 수치스러운 재앙임을 선포한다." 가난의 체제적 속성과 부당하고 죄에 가득한 근원을 강조하면서 그들은 가난을 거대한 스캔들이자 크리스천의 존재에 모순되는 것으로 결론지었다. 왜냐하면 가난은 죽음의 도구이기 때문이다. 음식과 먹을 물의 부족, 집과 교육, 의료시설의 부족, 임금착취, 고용기회의 부족 등은 결국 수명을 단축시키고 인간의 존엄성을 거짓으로 만들어버린다. 가난은 물질의 박탈뿐 아니라 삶에 영향을 끼치는 결정적인 장소에서 밀려나는 것을 의미한다. 사회적 무력감, 정치적 권리의 부족, 표현의 자유에 대한 제한은 가난을 유지시키는 데 공모한다. 죽음을 초래하는 정치경제적 구조에 깊이 침윤된 가난은 인간의 가치에 가해지는 일종의 '제도화된 폭력'이다. 죽음은 대다수의 영유아에게 먼저 찾아온다. 삶의 가장 기초적 요구가 좌절됨으로써 죽음은 야금야금 청소년들과 성인에게로 확장된다. 그리고 구조화된 불평등을 유지하기 위한 군사적 압박에서 비롯된 공공연한 폭력으로 죽음은 재빨리 전세대로 확장된다.

푸에블라 문헌(1979년 멕시코 푸에블라에서 라틴아메리카 주교단에 의해 채택된 문헌―옮긴이)은 이 위기를 구체화하고 형상화하기 위한 가난한 자들의 얼굴로 가득 차 있다. 거기에는 잉태되면서부터 심리적이고 육체적인 결핍으로 고난당해 쓰러진 아이들의 얼굴과 종종 성적으로 착취당하고 살해되기까지 하는 도시 부랑아들의 얼굴, 그리고 스스로 존재할 희망을 빼앗기고 미래를 그릴 기회를 박탈당해 좌절한 청소년들의 얼굴이 그려져 있다. 또한 거의 살아갈 수 없을 정도로 천대받고 무시당한 토착 원주민들의 얼굴과 땅을 빼앗긴 농부들의 얼굴, 가족을 먹여살리기 위한 투쟁으로 일찍 늙고 성적으로 차별받으며 강간당하고 인신매매 당하는 여성들의 얼굴, 그들의 인종 때문에 노예의 후손으로 조롱받는 흑인들의 얼굴, 호사스런 허영 바로 옆에서 잔인할 정도의 물질 부족으로 허덕이는 도시 슬럼가 거주자들의 얼굴, 더이상 생산적이지 못하다는 이유로 버림받은 노인들의 얼굴 등이 묘사돼 있다. 그들은 수백만으로 늘어나 하늘을 향해 분노의 외침을 내뱉는다.

가난한 사람들의 세계는 이런 장황한 설명보다 훨씬 더 복잡하다. 공동체가 형성되는 곳에서는 이러한 세계 역시 인간이 되는 방법과 사랑하고 생각하는 방법, 서로 나누고 호의적이 되는 방법, 기도하고 하나님을 믿는 방법이 수반된다. 생존을 위한 매일매일의 투쟁은 강력하고 질긴 인간의 힘을 드러낸다. 특유의 공동의 찬미는 선한 선물로 삶에 주어진 심오한 희망을 표현한다. 그러나 월드 뱅크가 전세계에서 매일 2만 5천명의 아이들이 굶주림으로 죽어가고 10억명이 넘는 사람들이 하루에 1달러 미만으로 살아간다는 통계를 발표할 때면 비판적인 판단이 불가피해진다. 집중된 가난이라는 배는, 소수의 부를 위해 다수를 약탈하고 근본적인 인권을 부인하면서 항해를 지속하며 끊임없는 비극과 잔인한 죽음이라는 짐을 가득 싣고 있다. 이렇게 묘사된 가난한 사람들은 역사의 '밑창'이다. 그들은 거의 또는 전혀 중요하지 않으며 사람 취급을 제대로 받지 못한다. 라틴아메리카뿐 아니라 지구상의 60

억이 넘는 사람들의 이름은 그저 불특정다수일 뿐이다.

하나님이 현존한다는 직관과 행동

전통적인 기독교 이론은 전능한 왕이 권위로 자신의 영역을 다스리듯, 모든 것을 만들고 세계를 지배하는 우월한 존재로 하나님을 제안했다. 비록 끔찍한 가난의 문제를 언급하진 않았지만, 이런 가르침은 모든 고통의 상황이 하나님의 뜻에 의해 허락된 것으로 가정한다. 부자들은 가난한 사람들에게 자선을 베풀도록 고무되는 한편 가난한 사람들은 십자가 위에서 희생당한 예수처럼 고통을 감내하며 기다리면 사후에 영원한 보상을 받는다고 가르침을 받는다. 죽은 예수와 슬픔에 빠진 그의 어머니 상이 열을 지어 거리로 운반되는 유명한 부활주일 풍습은 그런 신학을 구체적인 형상으로 표현하는 것이다. 하나님은 하늘에 있으며 우리를 위하여 아들을 고통 가운데 보냈다. 삶은 눈물의 계곡이며 고통은 천국으로 가는 길로 우리를 인도한다. 가난한 사회는 예수의 고통과 깊은 연결고리가 있다. "그는 아신다." 그는 사람들이 겪고 있는 일을 아신다. 그리고 이 연결에서 그들은 위안을 얻고 싸워나갈 힘을 얻는다. 그러나 이런 신학은 현실이 돌아가는 그대로를 받아들이게 하는 수동적인 태도를 심어준다. 여기에는 사회적 질서를 바꿀 동기가 별로 없는 것이다.

20세기 중반 브라질에서 시작되어 빠르게 라틴아메리카로 확산된 사제 운동은 가난한 자들의 믿음을 부활시키기 위해 작은 그룹을 꾸리기 시작했다. 이 모임에서 그들은 성경을 읽고 기도하면서 자신들이 처한 상황과 관련지어서 성경의 의미를 숙고했고 변화를 위한 행동을 시작했다. 이 교회기반 공동체는 가난한 사람들이 하나님의 사랑을 받고 있음을 깨닫게 한 놀라운 발견의 장소가 되었다. 결과적으로 그들은 사랑받아 마땅한 사람들에게 가해진 극심한 가난의 고통이 하나님의 의도를 얼마나 배반하고 있는지를 보았다. 또한 이 상황을 변화시키기 위해 조직적으로 행동하면서 역사를 형성할 수 있는 활동적인 주체로 스스로를 받아들이기 시작했다. 그 과정 가운데 그들은 옛 진리가 새롭게 펼쳐지는 은총을 받았는데, 그것은 곧 비참한 상황에서 하나님은 중립적이지 않다는 것이다. 창조자이자 이 세계의 궁극적인 지배자인 생명의 하나님은 모든 만물이 번성하기를 원한다. 사람들이 굴러떨어진다면 이는 하나님이 원하는 세계의 모습을 해치는 것이다. 그에 답하여 살아계신 하나님은 극적인 결정을 내린다. 생명을 위한 투쟁에 나선 억압받는 이들의 편에 서는 것이다. 신학적인 기록에서 이는 가난한 자들에게 하나님이 부여하는 특혜로 알려져 있다. 이러한 편애의 단 하나의 이유는 하나님의 사랑이다. 하나님은 가난한 자들이 더 신성하거나 죄를 덜 지어서가 아니라 상황 때문에 그들의 편에 선다. 하나님이 편애하는 목적은 그 상황을 치유하고 구원하며 해방시켜서 비인간적인 고통을 멈추려는 것이다. 정확히 이 편애 속에는 신적 사랑의 선함이 보편적으로 드러난다. 왜냐하면 그 사랑은 권세있고 부유한 사유가 거들떠보지도 않은 사람들을 포함하기 때문이다. '해방'이라는 말은 이토록 귀중하고 놀라운 통찰을 탐험하기 위한 언어다. 하나님은 사람들을 자유롭게 하며 해방시키는 하나님이다. 성서는 이를 뒷받침하는 강력한 증거들을 제공한다.

구약

해방신학은 이집트 노예로 있던 이스라엘 사람들에게 자유를 선사한 창세기의 획기적인 사건에서 주요한 단서를 가져온다. 유대의 하나님은 왕으로 군림하는 보통의 신들과는 다르게 행동한다. 고대 세계에서 신은 전형적으로 지배자를 강화하고 그의 지위를 정당화하며 심지어는 왕과 자신을 동일시했다. 그러나 아브라함과 사라의 하나님은 이집트 파라오의 편을 드는 대신에 자신의 권력을 비참한 노예들을 위해 행사했으며 그들의 해방을 주장했다. 성스런 하나님은 사막의 불타는 덤불에서 그 투쟁을 이끌라고 모세에게 말했다. 아래 구절에서 4개의 동사는 하나님의 마음을 가장 잘 드러내준다.

> 나는 이집트에 있는 나의 백성이 고통받는 것을 똑똑히 보았고, 또 억압 때문에 괴로워서 부르짖는 소리를 들었다. 그러므로 나는 그들의 고난을 분명히 안다. 이제 내가 내려가서 그들을 데려가려고 한다. (출애굽기 3:7~8)

여기서 하나님이 고백한 '안다'라는 동사는 지적인 것이라기보다는 경험적인 것이며, "남자가 부인 이브를 알았더니 그녀가 임신했다"(창세기 4:1)에서처럼 남녀 사이의 육체적 관계를 말할 때 쓰인 단어와 똑같은 동사다. 이런 일치는 이스라엘의 하나님이 노예들의 고통을 보고 듣고 느꼈으며 그리하여 그들을 구원하려 내려왔음을 보여준다. 그러니 덤불이 불탄 것도 놀랄 일은 아니다.

구약을 통틀어 많은 구절에서 핍박받는 자들을 향한 정의로 불타오르는 하나님의 마음이 목격된다. '정의'는 성경에서 사랑받는 말이니 틀린 것이 아니다. 예언서와 시편, 잠언은 사회적 악을 준엄하게 비판하고 하나님의 구원에 대한 따뜻한 확신을 심어준다. 또한 가난한 자의 편에 선 하나님에게 합류하라고 신자들을 호출한다. 성전에서의 희생제물은 모두 잊어버리라고, 나는 그런 제물에 싫증이 났다고 이사야의 주는 말한다. 또한 "악한 일을 그치고, 옳은 일을 하는 것을 배워라. 정의를 찾아라. 억압받는 사람을 도와주어라. 고아의 송사를 변호해주고 과부의 송사를 변론해주어라"(이사야 1:16~17)고 말한다. 아모스는 더 강력하게, 주는 번제를 미워하고 축제 음악을 경멸한다고 말한다. 무엇이 주를 기쁘게 할 것인가? "공의가 물처럼 흐르게 하고, 정의가 마르지 않는 강처럼 흐르게 하여라."(아모스 5:24) 즉 공적인 숭배뿐 아니라 단식 같은 개인적 희생마저도 거부되었다.

내가 기뻐하는 금식은,
부당한 결박을 풀어주는 것,
멍에의 줄을 끌러주는 것,
압제받는 사람을 놓아주는 것,

모든 멍에를 꺾어버리는 것,

바로 이런 것들이 아니냐?

또한 굶주린 사람에게 너의 먹거리를 나누어주는 것,

떠도는 불쌍한 사람을 집에 맞아들이는 것이 아니겠느냐?

헐벗은 사람을 보았을 때에 그에게 옷을 입혀주는 것,

너의 골육을 피하여 숨지 않는 것이 아니겠느냐?

그리하면 네 빛이 새벽 햇살처럼 비칠 것이며,

네 상처가 빨리 나을 것이다. (이사야 58:6~8)

가난한 자들을 향한 하나님의 연민은 창조자 하나님이 무엇을 의미하는지를 풍부하게 보여준다. 만약 하나님이 세상을 사랑으로 자유롭게 창조했다면 하나님의 영광과 위엄은 번영하는 세상이 아니라 가난으로 몸부림치는 세상에서 위태로워질 것이다. 사랑으로 어떤 것을 창조해본 인간의 경험은—가령 아이, 예술작업, 새로운 학교, 깨끗한 물이 나오는 샘, 이로운 이론—이런 생각을 뒷받침하는데, 왜냐하면 누구나 자신들의 작업이 번성하기를 원하기 때문이다. 이런 점에서 가난과 압제는 세상을 향한 하나님의 의도를 좌절시킨다. 창조와 선의 이러한 유기적인 연결은 다음과 같은 찬미에서 분명해진다.

주님은, 하늘과 땅과 바다 속에 있는

모든 것을 지으시며,

영원히 신의를 지키시며,

억눌린 사람을 위해 공의로 재판하시며,
굶주린 사람에게 먹을 것을 주시며 (시편 146:6~7)

이와 달리 말하는 사람은 하나님의 가장 중요한 특성을 모르는 것이다. 창조자로서 진실한 하나님을 아는 것은 정의를 향한 하나님의 열정을 이해하는 것이다.

> 나 주가 말한다. 지혜있는 사람은 자기의 지혜를 자랑하지 말아라. 용사는 자기의 힘을 자랑하지 말아라. 부자는 자기의 재산을 자랑하지 말아라. 오직 자랑하고 싶은 사람은, 이것을 자랑하여라. 나를 아는 것과, 나 주가 긍휼과 공평과 공의를 세상에 실현하는 하나님인 것과, 내가 이런 일 하기를 좋아한다는 것을, 깨달아 알 만한 지혜를 가지게 되었음을, 자랑하여라. (예레미야 9:23~24)

아주 간단히 생각해봐도 하나님의 본성에 관한 성서적 계시의 깊이를 깨달을 수 있다. 성경 어디에 '주가 말하노니'라는 활기찬 음성 뒤에 가난한 자를 억압하라든가 과부를 강탈하라든가 공의를 행하는 대신에 화려한 희생제물을 바치라는 말이 한군데라도 있는가? 또한 사람들—또는 모든 피조물들—이 화내는 것을 보고 하나님이 기뻐한다는 말이 있는가? 사실 어떤 구절은 전쟁과 추방을 인간의 죄에 대한 하나님의 징벌로 해석하며 그 죄에는 가난한 자를 억압하는 행위가 포함된다. 그러나 이조차도 하나님의 분노는 잠시인 반면, 그 자비는 만년에 이어진다. 처음부터 끝까지 성경은 하나님이 열정적으로 정의를 사랑하며 "가난한 자를 억압하는 자는 창조주를 모욕하는 것"(잠언 14: 31)이라면서 억눌린 자의 편에 서는 하나님을 제시한다.

신약

해방신학이 두번째 단서로 삼은 것은 예수의 복음이다. 예수의 전생애와 죽음과 부활은 구약의 불타는 덤불 속 하나님이 보잘것없는 사람들에게 충실했음을 다시 한번 보여준다. 기독교 신앙에서 이 이야기는 바로 하나님의 초월적인 현실이 인간의 육신으로 화하여 우리와 급진적으로 가까워진다는 믿음에서 힘을 얻는다. 예수의 역사적 삶 하나하나가 문제시되는 것은 예수가 하나님의 자비를 한 인격 안에서 보여주었기 때문이다. 그는 가난한 가정에서 태어나 말구유에 누워 있었으며 곧 지배자의 살인적인 폭력에서 도망쳐 난민이 되었다. 구스타보 구티에레스(Gustavo Gutierrez)의 기념비적 말에 의하면 예수 그리스도 안의 하나님의 출현은 "마구간 냄새의 출현"이다. 누가의 복음은 예수를 이사야에서 읽은 것처럼 다음과 같이 묘사한다.

주님의 영이 내게 내리셨다.
주님께서 내게 기름을 부으셔서,
가난한 사람에게 기쁜 소식을 전하게 하셨다.
주님께서 나를 보내셔서, 포로된 사람들에게 해방을 선포하고,
눈먼 사람들에게 눈 뜸을 선포하고,

억눌린 사람들을 풀어주고,

주님의 은혜의 해를 선포하게 하셨다. (누가복음 4: 18~19)

그 다음은 육체와 영혼의 고통, 배고픔과 죽음의 악, 멸시받은 자들의 절망이 만나고 변화하는 구체적인 복음이 이어진다. 메시아는 병든 자를 고쳤고 마귀를 내쫓았으며 죄인들을 용서했고 스캔들을 불러올 정도로 폭넓은 식탁교제를 행했다. 누구든 들으려 하는 사람들에게는 하나님의 사랑을 체험하게 해주었으며 특히 가난한 자, 멸시당한 자, 약한 자, 사는 것이 큰 짐인 자들에게 그러했다. 하나님의 통치에 집중된 혁신적인 말씀에서 보이듯이, 이러한 자비에 찬 행동들은 누가 처음이고 누가 나중이라는 당대의 규범을 해체해버렸다. 그리고 의심할 나위 없이 하나님의 정체성을 생활의 기본요소가 결핍돼 있는 사람에게서 찾았다. "내가 굶주렸을 때 먹을 것을 주었고(…) 내가 굶주렸을 때 아무것도 주지 않았다."(마태복음 25: 31~46) 이들 가운데 '가장 작은 자'를 무시하는 것은 하나님에게서 등을 돌리는 것이다.

이런 축복은 남자들에게만 주어지는 것은 아니다. 마초문화의 영향을 강하게 받은 라틴아메리카에서 가난한 여성은 그들을 하찮게 만드는 믿음과 행위에도 불구하고 교회공동체의 일원으로 받아들여진다. 성서학자인 엘사 타메스(Elsa Tamez)는 여성이 자신들이 처한 특별한 상황에 귀기울이는 예수께로부터 가난한 자와 억눌린 자에 필적하는 관심을 받았음을 지적했다. 아들의 죽음을 슬퍼하는 과부에게 예수는 "울지 말라"(누가복음 7:13)고 다독이셨고 혈루증을 앓는 여인에게는 "딸아,

너의 믿음이 너를 낫게 하였다"(마가복음 5:34)고 격려하셨으며 자기 딸이 낫기를 간구하는 이방인 여성에게는 "여자여, 너의 믿음이 크다"(마태복음 15: 28)고 칭찬하셨다. 또한 간음하여 돌에 맞아 죽을 처지에 놓인 여자에게는 "나도 너를 정죄하지 않겠다"(요한복음 8:11)고 존중하셨으며 그의 무덤에서 우는 신실한 여제자에게 "여자여, 왜 울고 있는가?"(요한복음 20: 13)라고 위로하셨다. 가난뿐 아니라 교회와 사회에서 성차별이라는 죄에 깊이 침해당한 여성은 배제당한 자 중의 배제당한 자로서, 가난한 자에게 부여된 특권이 곧 가난한 여인에게 부여된 선택권임을 깨달았다. 이보니 제바라(Ivone Gebara)가 언급하듯이, 자신들을 하찮게 취급하는 사회에 맞서 여성들은 삶의 결정권이 파라오와 그의 전차에 있는 것이 아니라 해방하는 생명의 하나님께 있다는 희망으로 투쟁을 이어갔다.

출애굽의 이야기에서와 마찬가지로, 예수 자신의 쓰디쓴 고통과 격렬한 죽음은 이스라엘의 하나님이 버림받은 자들을 선택한다는 사실을 극적으로 드러내준다. 유죄를 선언하는 능력있는 지배자를 지지하기보다, 하나님은 이처럼 십자가에 달린 희생자들, 국가권력에 의해 부당하게 처형된 사람들의 편에 선다. 신성이 머물지 않으리라고 명백히 예상되는 곳에—가령 고문, 질병, 고통, 죽음—복음은 연민에 찬 하나님의 현존을 나타낸다. 신성한 유일자는 십자가 위에서 과연 어떤 고통이 체험되는지를 보고, 듣고, 안다. 죽음조차도 하나님의 손 안에 있는 것이다.

예수가 부활하여 새로운 영으로 거듭난 것은 해방하는 하나님이 예수뿐만 아니라 이처럼 십자가에 달린 자들과 함께함을 보여준다. 부활의 할렐루야는 우주를 위한 미래에 참여하는 생명의 하나님이 구원을 행하심을 알리는 외침이다. 가난한 자들의 눈에 이 사건은 각별한 울림으로 다가온다. 그 누구도 아닌, 가난한 자들과 함께했던 예수가 부당하게 십자가에 달렸고 부활한 것이다. 역사적인 문맥에서 부활은 죽음에 대한 하나님의 승리이자 부당함을 이긴 사랑의 승리다. 이 사람을 보라. 가난하고 십자가에 달린 사람들 속에 수척해져 눈물로 얼룩지고 겁먹은, 상한 예수의 얼굴을 보라. 하나님이 십자가에 달린 바로 이 예수를 살렸기 때문에 역사에서 십자가에 달린 사람들은 희망을 가질 수 있다. 부활은 모든 상처받고 죽은 자들, 마치 삶에 아무 의미도 없는 것처럼 버림받은 사람들에게 축복된 미래가 있음을 최종적으로 약속한 사건이다.

생명의 하나님

계시의 역사 속에서 해방신학은 급진적인 깨달음을 드러낸다. 해방은 하나님이 역사에서 구원을 표출한 행위다. 해방은 총체적인 의미에서의 생명을 주는 것이다. 하나님은 인류가 수모를 마냥 견디기를 원치 않는다. 가난하고 억눌리고 하찮은 사람들의 고통은 결코 하나님의 판결에 의한 것이 아니며 하나님의 의도와 배치되는 것이다. 그런 수모를 만들어내고 유지시키는 비인간화와 치명적인 구조는 사회적 죄에서 비롯된 것이다. 그런 죄는 세상을 사랑으로 창조하여 사랑스런 피조물이 폭력에 침해당하지 않고 번성할 때 영광을 누리는 생명의 하나님께 대항한다.

생명의 하나님에 대한 재발견은 가난한 자들의 교회에서 넘치게 일어난다. 그 교회들은 하나님이 극히 가난한 자들을 보호해주고 역사를 통해 그들과 함께하며, 그들의 고통에 참여하고, 투쟁을 지원해주며 용기와 희망을 불어넣어주는 체험을 했다. "우리는 지금까지 배워온 하나님과 다른 하나님을 발견했다"고 루스 아레야노(Luz B. Arellano)는 쓴다. "우리는 생명의 하나님으로서의 하나님을, 우리와 가까이 있고, 우리와 함께 역사를 여행하며 가난한 자와 소수자를 극진히 염려하며 무관심에 내버려진 사람들을 위하는 그런 하나님을 발견했다. 그리고 하나님은 우리에게 깊은 희망과 뭔가 새로운 것을 발견했다는 깊은 인식을 심어주었다." 이것이 바로 성경의 계시를 뒷받침해주는 축이며 가난한 사람들은 대체로 그 축을 가로지르는 실마리를 잘 이해하고 있다.

이 개척지에서 해방신학은 우상과 신비라는 두가지 전통적인 모티브를 창조적으로 해석함으로써 생명의 하나님에 대한 이해를 시도해왔다.

우상에 반대하는 진실한 하나님

수십년 동안 유럽 교회의 지도자들과 신학자들의 고민은 세속적이고 무신론적인 문화의 해독에 위협받는 신자들에 집중돼왔다. 그러나 라틴아메리카에서의 관심은 믿음을 얻으려 애쓰는 비신자가 아니라 생명을 얻으려 투쟁하는 비참한 인간에 놓여 있다. 여기서 중심 문제는 하나님이 존재하느냐가 아니라 그런 비인간적인 투쟁 가운데 어떻게 하나님을 믿느냐이다. 교회는 망가져가는 사람들에게 어떻게 사랑의 하나님을 설교해야 할까? 그 질문에 대한 대답으로 신학은 나쁜 우상에 맞선 진실한 생명의 하나님을 내세웠다.

"나는 너희의 주인이다 (…) 나 외의 어떤 신도 가져선 안된다."(출애굽기 20:2~3) 우상숭배는 성경의 진실한 하나님 앞에 낯선 신들을 데려오고 전혀 신적이지 않은 것을 경배하는 행위다. 라틴아메리카의 상황에서 그런 신들은 돈이고, 돈이 가져다주는 만족이며, 그 돈을 벌고 유지하기 위한 권력이다. 스페인 정복자들에게서 시작되어 이후 5세기간 지속된 성공적인 지배 시스템, 그리고 오늘날 다국적기업에 이르기까지 탐욕은 돈을 신격화하여 절대적인 자리에 올려놓았다. 나 외에 다른 신을 섬기지 말라는 첫 계명에서의 신은 유일신이 아니라 금전신이라고 해도 될 만큼 그 영향력은 막강하다.

다른 모든 가짜 신과 마찬가지로 돈 역시 희생자들을 요구한다. 이윤을 얻기 위한 경제적 조건하에 간접적으로 희생되건 아니면 이 조건을 유지하기 위한 직접적인 폭력에 희생되건, 가난한 사람들은 희생제물일 뿐이다. 여기서 흔히 전통적인 설교와 신학은 하나님을 세계를 지배하는 왕이라고 하면서 이런 우상들의 얼굴을 피상적인 겉치장으로 뒤덮어버리고 만다. 불의에 직면하여 중립적인, 그래서 결국 인종차별적이고 성차별적이며 계급차별적인 하나님의 이미지는 성경 속의 살아계신 하나님을 돈의 이익에 봉사하는 하나님으로 왜곡시킨다. 이 우상숭배적인 하나님의 이미지는 출애굽의 하나님, 예수 그리스도의 하나님을 조작하여 자신의 길을 정당화하는 데 헛되이 이용하는 억압자들의 신적 대용물로 악용된다. "하나님을 변형하여 우리는 스스로의 이기주의를 방어한다"고 후안 루이스 세군도(Juan Luis Segundo)는 놀라운 통찰력으로 주장한다. "동료 인간들을 다루는 우리의 변조된 방식은 위조된 하나님 개념과 그 맥을 같이한다. 부당한 사회와 왜곡된 하나님 개념은 아주 밀접하고 끔찍한 연관성을 맺고 있다." 하나님에 대한 진실이 인간의 억압을 정당화하도록 뒤틀려 있으며 동료 피조물들은 왜곡된 신적 의지의 관점으로 비하돼 있다.

은혜 없는 세상에서 은혜로운 방법으로 나타나신 생명의 하나님은 한껏 팔을 뻗어 해방시키고, 정의를 행하고, 가난한 자들을 신실하게 보살피며, 죽음을 다루는 신들의 우상숭배적 특성을 폭로한다. 가난한 자들을 해방하는 하나님은 '주인들의 신'과는 대립하며 무감각한 종교 담론과 지배집단의 행동이 기생하는 구조적 죄악과도 각을 세운다. 하나님이 진실로 사랑이라면, 그리고 이 사랑이 역사 가운데 죄와 사망에서 구원하는 일에 매진한다면, 사람들이 죽음과 마주하는 곳에서, 그들이 가난해지고 비인간화되는 곳에서 보고 듣고 알고 결단하는 하나님의 선택은 결국 생명을 향한 투쟁과 함께하며, 임재하고 고통당하며 힘써 일하고 말씀하는 능력을 낳는다. 이렇듯 억압받는 자들의 하나님을 재발견하는 것은 가난한 교회들의 체험 가운데 끊임없이 기쁜 보물이 되어왔으며 우리에게 수동적인 체념을 심어주려는 어떤 신성, 즉 교회와 사회의 지배계층에서 왜곡시켜 내세운 우상과 심각하게 충돌한다.

이 개척지에서 전교회를 향한 심오한 도전이 계속되고 있다. 이곳에선 성경이 하나님을 대변한다는 사실이 경시되지 않는다.

신성한 신비로서의 하나님

하나님은 우리의 이해방식으로 축소될 수 없으며 오히려 인간의 상상력이나 이해력을 넘어서서 부르짖는다. 전통 신학은 '항상 위대해지는' 하나님의 특성을 지성과 의지, 다시 말해 자연에 의해 속박받고 무한에 도전하지 못하는 인간의 한정된 특성에 가둬놓는다. 라너와 같은 현대 신학자들은 하나님의 불가해함을 무한을 향한 인간 영혼의 역동적 지향성과 연결시킨다. 해방신학의 개척자들은 여기에 새로운 지평을 더한다. 여기서 하나님의 신비는 지적 작업의 끝이 아니라 신적 사랑의 실제적 간섭 가운데 놓인다. 말할 수 없고 조종할 수 없는 하나님의 초월은, 이성의 진실일 뿐 아니라 가난한 자의 하나님으로서 스스로를 선언한 자신 안에서 드러난 진실이다. 마리아 필라 아키노(María Pilar Aquino)가 극적으로 설명하듯이 형언할 수 없는 신비는 "이 땅의 가난한 자와 억눌린 자, 사회와 교회의 소수자들 가운데 사랑과 해방의 힘과 희망으로 분출한다." 권세와 부의 세계에서 하나님이 가난한 자들을 택하며 생명을 향한 그들의 투쟁에 함께한다는 사실을 누가 상상할 수 있겠는가? 이런 관점에서 하나님의 신비는 새롭게 이해되어야 할 것이다.

역사의 가장 나중 된 자와 낮은 자와 불쌍한 자에 대한 하나님의 선호가 하나님이 꼭 가난한 자들만을 선택했음을 의미하지는 않는다. 하나님의 사랑은 배타적이지 않고 보편적이다. 이것이 의미하는 바는 하나님이 불의에 고통당하는 자들에게 각별한 관심을 가지고 그들을 구원하려 한다는 것이며 또한 억압하는 자들의 회개를 사랑으로 요청한다는 뜻이다. 이런 통찰은 마리아의 노래에서 그 참뜻을 얻는다. 메시아를 임신한 그녀는 구원자인 하나님이 오만한 자들을 흩어버리고 제왕들을 왕좌에서 끌어내리며 비천한 자들을 높이고 배고픈 자들을 좋은 것으로 채워주고 부자들을 빈손으로 떠나보내며 자비로운 약속을 실현할 것이라고 노래한다(누가복음 1:50~53). 이것이 자유케 하는 사랑이다. 그 목적은 지배하는 자와 지배당하는 자의 위치만 바꿔 새로운 억압의 상황을 창조하는 것이 아니라 예수님이 설교하신 하나님의 통치가 구현되는 새로운 공동체를 만들어내는 것이다.

가난한 자들에게 우선권을 주는 것은 그들이 받는 고통이 그만큼 크기 때문에 제일 먼저 주목해야 한다는 뜻이다. 이런 선호의 동기는 신성한 신비로서의 하나님을 인식하는 데 새로운 특징을 부여한다. 이 동기는 다름 아닌 하나님의 사랑이 지닌 값없고 자유로운 특성이며 사회가 하찮게 여기는 자들에 대한 관대한 관심이자 약하고 학대받은 자들과 연대하려는 선택이다. 억눌린 자들을 향한 이 선택을 통해 하나님의 사랑은 보편적인 것으로 드러난다. 왜냐하면 하나님은 아무도, 사회적으로 가장 소외된 자들조차도 배제하지 않기 때문이다. 하나님의 불가해한 신비는 상상을 초월하는 사랑이다.

완전히 살아있는

하나님을 해방시키는 생명의 신으로 보는 것은 가장 현실적인 시각이다. 왜냐하면 그런 시각이야말로 가장 높은 능력자에게 여성과 남성 속에서 하나님의 이미지를 해치는 어떤 것에든 반대하도록 요청하기 때문이다. 사람들이 부당한 고통에 사로잡혀 있는 곳에서, 다수의 삶이 목졸려 살해되고 굶주리는 곳에서, 우리는 가난한 자와 은혜로 함께하고 억압자들에게 회개를 요청하며 억압받는 사람들에게 저항할 용기를 주고 사망에서 생명을 되찾아오는 신성한 유일자를 만날 수 있다.

이런 비전으로 순교자이자 주교인 오스카 로메로는 2세기에 활약한 이레나이우스(Irenaeus) 주교의 유명한 격언을 언급한다. 함축적이고 감미로운 이 격언은 "하나님의 영광은 완전히 살아있는 인간이다"(Gloria Dei, vivens homo)라는 말로 번역된다. 하나님의 영광은 인간이자 전인류, 즉 모든 개인이 완전히 살아있는 것이다. 하나님의 영광은 모든 개인과 전체 인류가 얼마나 함께 번영하느냐에 달려 있다. 만약 인간의 영혼이 역동적으로 돌보는 자들을 향한 신비가 예수와 성령 안에서 사랑으로 세계와 소통하지 않았다면 과연 어떠했을까? 이렇듯 신성한 신비는 세계 안에서 창조하고 구원하고 거주함으로써 세계와 거기에 거하는 자들을 매우 소중한 존재로 만들었다. 인간에게 폭력을 가하거나 인간의 선함을 무시하는 것은 곧 신성한 유일자에 대한 모욕이다. 하나님의 의도에 따라 폭력과 신성모독은 밀접하게 연관되어 있다. 따라서 유일자의 영광은 모든 타자들의 안녕에 달려 있는 것이다.

대주교 로메로는 가난한 자들이 하나님에게 얼마나 소중한지를 말하기 위해 이 격언을 재해석하며 하나님의 영광은 가난한 자들이 완전히 살아있는 것(Gloria Dei, vivens pauper)이라고 설교했다. 우리를 해방시키는 생명의 하나님은 가난한 자들을 위한 식량과 주택, 일자리, 땅, 의료, 교육, 인권에서 영광을 받는다. 반대로 하나님의 영광은 기아와 폭력, 억압과 고난이 있는 곳에서 무참히 짓밟힌다. 고대의 계시는 새로운 계기를 맞아 살아나고 있다. 하나님은 스스로의 인간성을 사랑하는 사람들을 해방시키는 하나님이다. 이제 믿음이란 이 사랑이 세상의 중심에서 다른 어떤 것보다 위대하게 실현돼야 하며, 하나님 자신의 마음에 합당한 실천으로 드러나야 한다는 급진적인 확신을 의미한다.

성서적 정의의 실천

해방신학은 옳은 생각보다 그것을 실천하는 것이 더 중요하다고 오랫동안 주장해왔다. 이성이나 믿음의 올바른 원칙에서 시작하기보다는 사도의 길을 걸어야 하며 생각을 실현하기 위해 예수의 발걸음을 따라 하나님나라를 적극적으로 구해야 한다는 것이다. 그러면 황혼을 날아오르는 부엉이처럼, 신학은 낮의 열기 가운데 습득한 것을 되돌아보며 행동으로 일어서게 된다. 이런 지식은 점점 더 깊어지는 이해 가운데 새로운 하루의 실천을 퍼뜨리고 번성케 한다.

가난한 자들의 교회에서 생명의 하나님을 향한 통찰은 어떤 실천을 불러올까? 그것은 정의의 실천이다. 하나님은 하나님의 통치, 모든 것이 번성해야 한다는 하나님의 의지와 결코 분리될 수 없다. 그래서 불평등이 구조화되고 폭력이 난무하는 곳에서 정의를 위한 행동은 믿음의 구체적인 표현이 된다. 하나님의 차고 넘치는 사랑 안에 있는 정의는 자선과는 차별성을 갖는다. 디트리히 본회퍼가 말한 유명한 사례가 있다. 만약 고삐 풀린 마차 한대가 도로를 질주해 사람들을 덮친다면 어떻게 해야 할까? 다친 사람들을 붕대로 치료하는 일은 반드시 필요하며 고귀한 행동이다. 그러나 더이상의 피해를 막기 위해서는 누군가 고삐를 쥐거나 바퀴를 부셔서 말을 멈춰야 한다. 전자가 자선의 행동이라면 후자는 정의의 실천이다. 정의의 목표는 하나님의 통치 가운데 절대로 용납하지 못할 사회적 구조를 바꾸는 것이다.

나는 이 글을 세계에서 가장 부유한 나라이자 막강한 군사대국인 미국에서 쓰고 있다. 또한 우리 문화 가운데 정의의 실천을 위협하는 반문화적 도전이 모든 크리스천에게 밀려들고 있음을 안다. 그 주된 이유는 가치와 행위가 마치 칡넝쿨처럼 복잡하게 일상을 뒤덮은 소비자본주의 문화 속에서 타자와의 연대가 거의 사라졌기 때문이다.

세계의 수입 분배를 살펴보면 가장 부유한 5분이 1이 전체 수입의 82.7%를 차지하며 가장 가난한 5분의 1은 겨우 1.4%를 가져갈 뿐이다. 그 모양을 그림으로 그려보면 위가 넓고 아래 손잡이는 좁은 샴페인 잔과 비슷하다. 해방신학은 이 잔의 손잡이 부분에 해당하는 고난에 찬 크리스천들에게서 나온 선물이다. 엘살바도르의 혼 소브리노(Jon Sobrino)는 그점을 명백히한다. 이 지구에서 가장 극심한 고난은 가난에 기인하며, 죽음을 비롯한 강렬한 치욕도 가난에서 비롯된다. 가난은 세계의 가장 심각한 상처로 남아 있다. 가난한 나라 안에 소수의 부유층이 있는가 하면 부유한 나라 안에도 매우 가난한 집단이 있다. 또한 이 깊은 상처는 1세계에서보다는 3세계에서 더욱 첨예하게 드러난다. 단지 엘살바도르, 아이티, 방글라데시, 차드 같은 데서 태어났다는 이유로 미국이나 스페인, 일본에서 태어난 사람보다 훨씬 더 비참한 생활을 감수하는 것이다. "이것이 오늘날의 근본적인 상처다. 이것을 크리스천의 용어로 말하자면 바로 하나님의 창조가 상처를 입은 것이다."

1989년 대학총장으로 있다가 살해당한 이그나시오 에야쿠리아(Ignacio Ellacuría)는 1세계 크리스천을 향해 다음과 같은 의미심장한 말을 던진다.

> 엄청난 고통 속에 있는 이 사람들에게 눈과 마음을 향해주길 바란다. 이들은 기아로, 또한 억압과 탄압으로 고통받고 있다. 이렇듯 십자가에 못박힌 사람들 앞에 서서 당신들은 성 이그나티우스(St. Ignatius)가 영신수련의 첫주에 했던 질문을 반복해야 한다. 당신들 스스로에게 질문하라. 이들을 십자가에 못박기 위해 내가 무엇을 했는가? 이들을 십자가에 매달지 않기 위해 나는 무엇을 하고 있는가? 이들을 다시 부활시키기 위해서 나는 무엇을 해야 하는가?

십자가에 달린 사람들을 그 십자가에서 풀어준다는 것. 착각하지 말아야 할 것은 비록 이것이 소중한 일이긴 하지만 단지 윤리적인 차원만은 아니라는 것이다. 또한 높이 칭송돼야 마땅한 이런 실천이 타자의 고통을 느끼고 타인을 구원하려는 인간의 연민에만 근거한 것은 아니다. 가난한 사람들의 시각으로 행해지는 실천의 궁극적인 근거는 다름 아닌 살아계신 하나님이다. 이 행위는 하나님의 사랑에 근거하며 그 사랑의 요구에 대한 응답에서 비롯된다. 노예들에게 보내져서 십자가에 달리고 부활한 예수 그리스도 안에서 자기를 주장한 하나님이 오늘날 이 고통의 세계에서 어떤 방식으로 자기를 실현하는가? 그 대답은 가난한 자들을 향한 하나님의 놀라운 사랑과 그들이 생명을 얻어야 한다는 하나님의 의도를 통해서라고 할 수 있다. 만약 이것이 하나님의 마음을 스스로 규정한 것이라고 한다면, 하나님을 알고 사랑한다는 것은 스스로의 삶을 이러한 신적 행위의 양식에 일치시키는 것을 의미한다. 즉 극도의 가난과 때이르고 부당한 죽음의 고통에 신음하는 사람들 속에서 스스로의 마음을 하나님의 연민과 사랑에 적용하는 것을 의미한다. 그러한 반응에 뿌리를 둘 때 정의와 평화의 실천은 하나님의 신비에 대한 심오한 체험을 가능케 한다. 사도들이 음식을 나누며 그리스도를 깨달았듯이 우리는 가난한 자들과의 연대 가운데 하나님을 더 잘 알게 된다. 반대로, 비탄 속에 있는 사람을 보살피지 않으면 하나님과의 관계는 더 얄팍해져 파탄에 이른다. 가난한 자들에게 호혜를 베푸는 것은 완전히 하나님 중심적인 태도다.

    하나님을 해방자로 이름짓는 것은 보물 같은 하나님의 이미지들에 하나의 상징을 덧붙이는 것이 아니다. 그것은 경제, 사회, 정치적으로 불평등한 구조 때문에 사람들이 겪는 현실적인 고통을 무시하는 신에게 물음표를 치는 것이다. 그렇기 때문에 정의의 실현을 요구하는 일은 라틴아메리카뿐 아니라 전세계 교회에 중요한 의미를 가진다. 특히 그것은 북반구와 서구의 부유한 나라에 사는 크리스천들이 세계 경제의 구조적인 정의를 실현하는 데 책임감을 가지도록 고무한다.

　부유한 사회의 크리스천들이 신앙생활을 끌어가는 방식은 영향력을 갖는데, 그 방식이 다수의 횡포에 책임이 있는 구조를 강화하거나 또는 문제시하기 때문이다. 경제적으로 뛰어난 사람들이 선한 의지를 가지고 있다 해도 이런 영향력을 무시하고 지나치기는 쉬운 일이다. 이 개척지에서 생명의 하나님은 중산층과 부유층에게 태도를 바꾸라고 요청한다. 누군가는 이 질주를 멈추기 위해 가난한 자들과 연대하는 반면 또 누군가는 절대 나쁜 짓은 안하다는 핑계하에 수백만의 사람들에게 비극을 안겨주는 정책들과 평화롭게 공존한다. 정의가 갖가지 상황 속에서 어떻게 구현되는지는 윤리적 안목의 문제이자 분별있는 판단의 문제이다. 선한 의지를 가진 사람들은 사회정책이나 기업가정신이 최고의 효율을 얻으려는 시도에 힘차게 반대할 수 있다. 해방신학의 예언자적 요청은 더이상 하나님과 가난한 자를 분리할 수 없다고 확신한다.

　근본적으로, 이는 하나님을 사랑하는 것과 이웃을 사랑하는 것이 밀접하게 연관돼 있다는 예수의 가르침을 따르는 것이다. 역사 가운데, 정의의 실천은 새로운 영성의 핵심을 형성한다. 영성은 성령에 의해 영감받은 복음을 타자들과 함께 구체적으로 이뤄나가는 것이다. 현대의 해방 영성은 착취당하고 괄시받는 인종집단에 속하는 이웃에 대한 관심을 그 특징으로 삼는다. 기도와 영적 훈련에 더하여 그것은 사회적 분석과 행동전략을 필요로 한다. 이 개척지에서 믿음생활은 모든 사람들, 특히 가난하고 배제된 자들과 사랑으로 함께하는 제자도에 헌신함을 뜻한다.

진정한 교회라는 측면에서, 이런 실천은 교회의 핵심 미션에 속한다. 이런 미션을 수행하는 일은 비참한 궁핍으로 고통받는 사람들을 긍휼히 여기며 그들과 함께하는 생명의 하나님께 나아가는 것이다. 가톨릭 교도들 중에는 아직도 해방신학이 로마로부터 이단시되었다는 인상 때문에 주저하는 사람들이 있다. 이를 해명하자면 이렇다. 1984년 바티칸은 「해방신학의 특정 측면에 대한 가르침」이라는 제목의 문서를 발표했다. 그 문서는, 교회는 마땅히 가난과 억압으로 인한 충격적인 파괴에서 벗어나려는 시도를 이 시대의 징후로 보고 주목해야 한다면서도 맑스주의를 지나치게 남용하는 일이나 신앙을 정치적·현실적 차원으로 축소하는 일은 경계해야 한다고 밝혔다. 하지만 2년 후 많은 토론을 거친 끝에 교황 요한 바오로 2세는 브라질의 주교에게 편지를 보내 해방신학이 오랜 신학적 숙고의 과정에서 '새로운 무대'를 열었으며 현재의 역사적 상황에서 시의적절할 뿐 아니라 유용한 것이라고 밝혔다. 같은 흐름에서 1986년 공포된 「크리스천의 자유와 해방에 대한 가르침」은 이런 접근방식의 가치에 완전히 긍정적인 태도를 취했다. 어떤 신학의 핵심과제가 이처럼 빨리, 폭넓게 교회의 주류 교리에 적용된 적이 드물다는 점은 주목할 만한 것이다. 여전히 반대하는 당파들이 있긴 하지만 가난한 자들에 대한 호혜, 정의의 실현, 그리고 믿음의 위대한 진실을 정치적으로 적용하는 움직임은 오늘날 교회의 사회적 교리 중 일부가 되어 있다.

구원을 내세로 강등해버린 옛날의 이원론적 사고와 달리, 해방신학의 접근은 구원하는 은총을 이 세계에도 적용시킨다. 각성된 종말신학은 하나님의 복된 통치를 먼저 맛보는 신성한 체험이 바로 지금 이곳에서, 식탁의 빵에서, 아이들을 위한 깨끗한 물에서, 부당한 경제구조에 대한 도전에서 실현될 필요가 있다고 요구한다. 이런 제자도의 길은 교회를 무엇보다 십자가의 길로 인도한다. 그러나 위기에 처한 기득권자들의 저항 역시 막강하다. 주위를 딴 데로 돌리는 그들의 방어전략은 교회의 사역을 현실에 아무 영향도 끼치지 못하는 영적인 담론으로 축소하며 종국엔 필연적으로 갈등만 불러일으킨다. 오늘날 새로운 성자와 순교자의 보고가 쌓여가고 있으며 그들은 사회적 경멸과 배척을 받고—투옥은 말할 것도 없고 학대, 모략, 심지어는 죽음까지—가난한 자들에게 사랑을 표현했다는 것만으로 최후를 맞기도 한다. 고통과 슬픔의 어둠 속에서 생명의 하나님은 저항과 용기와 희망, 심지어는 희망에 맞선 희망까지도 북돋운다. 이 투쟁 속에 빠져든 사람이자 기구인 교회는 그 자체로, 변혁에 내맡겨진다. "가난한 자들에 대한 호혜는 크리스천에게 전혀 부수적이거나 수사적인 것이 아니며 교회의 핵심적인 사명이다. 그러한 사실 덕분에 교회는 하나님의 마음과 신비의 중심에 친밀하게 묶여 있는 것이다."(Clodovi Boff)

가난한 자가 교회 전체를 복음화할 수 있는 놀라운 잠재력을 가졌다는 통찰은 샴페인 잔의 꼭대기까지 올라간 자들을 향해 지금까지 도외시했던 사람들에게서 하나님을 발견하라고 외친다. 바로 가난한 자들, 역사의 하찮은 존재들에게서 말이다. 그들 교회와 외침 덕분에 우리가 잊어버렸던 하나님의 본성을 향한 통찰이 드러난다. 즉 생명의 하나님은 불의로 고통당하는 사람들을 열정적으로 보살피는 자들 편이다. 더 이상 우리는 해방의 역사적 과정과 분리해서 하나님을 논할 수 없다.

더 읽을거리

해방신학에 관한 훌륭한 요약은 Ignacio Ellacuría and Jon Sobrino, eds., *Mysterium Liberationis: Fundamental Concepts of Liberation Theology* (Maryknoll, N.Y.: Orbis Books, 1993)를 보라. 이 책에는 하나님, 그리스도, 성령을 포함한 중요한 글들이 실려 있는데 특히 Ellacuría, "The Crucified People," pp. 580~603을 보라. 공동체에 대한 성서적 해석을 엿볼 수 있는 매혹적이고 기초적인 설명은 Ernesto Cardenal, *The Gospel of Solentiname* (Orbis, 1976)를 참조하라. 1984년 바티칸의 "Instruction"을 포함한 공식문건은 Alfred Hennelly, ed., *Liberation Theology: A Documentary History* (Orbis, 1990)에 잘 정리돼 있다.

A Theology of Liberation (Orbis, 1973/1998)라는 저서로 이 분야의 개척지에서 오랫동안 첫번째 주요 신학자로 존경받은 Gustavo Gutierrez는 신의 문제를 조명한 다음의 두 묵상집을 펴냈다. *On Job: God-Talk and the Suffering of the Innocent* (Orbis, 1987); *The God of Life* (Orbis, 1991). 제자도에 대한 이해를 드러내준 탁월한 예수 해설서로는 Leonardo Boff의 *Jesus Christ Liberator: A View from the Victims* (Orbis, 1979)와 Juan Luis Segundo

의 *The Humanist Christology of Paul* (Orbis, 1986), Jon Sobrino의 *Jesus the Liberator* (Orbis, 1993), *Christ the Liberator* (Orbis, 2001) 등이 있다. 기초 공동체의 뿌리깊은 영성을 아름답게 분석한 책으로는 Sobrino의 책 *The True Church and the Poor* (Orbis, 1984), pp. 125~59에 실린 에세이 "The Experience of God in the Church of the Poor"를 보라. 1989년 산살바도르의 중앙아메리카대학에서 발생한 예수회 수사들, 가정부, 가정부의 딸 살해사건의 유일한 생존자인 Sobrino는 이 주제에 관한 독보적인 책 *The Principle of Mercy: Taking the Crucified People from the Cross* (Orbis, 1994)를 발표했다.

Maria Pilar Aquino의 *Our Cry for Life: Feminist Theology from Latin America* (Orbis, 1993)는 가난뿐 아니라 마초문화의 굴욕으로 고통당하는 여성의 입장에서 씌어진 해방신학서다. Elsa Tamez, ed., *Through Her Eyes: Women's Theology from Latin America* (Orbis, 1989)도 참조하라. Virginia Fabella and Mercy Amba Oduyoye, eds., *With Passion and Compassion: Third World Women Doing Theology* (Orbis, 1988)에는 아프리카, 아시아, 라틴아메리카 대륙의 여성들의 발언이 담겨 있다. Ivone Gebara, *Longing for Running Water: Ecofeminism and Liberation* (Fortress, 1999)도 참조하라.

백인이며 잘 교육받은 특권층인 Daniel Maguire는 *A Moral Creed for All Christians* (Minneapolis: Fortress, 2005)에서 가난하지 않은 크리스천이 어떻게 가난한 자들과 연대할 수 있는지를 상세히 기술했다. 사회적 정의, 평화, 사랑에 관한 그의 도전적인 글들은 한편의 시처럼 아름답다. Susan Rakoczy는 매혹적인 연구서 *Great Mystics and Social Justice: Walking on the Two Feet of Love* (New York: Paulist Press, 2006)에서 성령을 탐구한다. Christine Hinze는 자신의 에세이 "Straining toward Solidarity in a Suffering World," in William Madges, ed., *Vatican II: Forty Years Later* (Orbis, 2006), pp. 165~95에서 윤리적 문제를 붙잡고 씨름한다. 필자는 여기서 칡의 메타포를 얻었다.

5

여성답게 행하시는 하나님

여성들의 경험

우리 시대의 여성들은 자유를 선사하는 생명의 하나님을 만났다. 그 덕분에 세상이 더 은혜로워졌다. 여성들이 새로운 종교를 경험하게 된 과정에는 가혹한 가난과 싸웠던 경험이 중요한 역할을 담당했지만, 오랜 성차별에 대한 역사적 저항 역시 큰 몫을 담당했다. 시몬느 드 보부아르는 여성이 처한 지위를 드러내기 위해 열등한 성을 뜻하는 기념비적인 용어 '제2의 성'을 고안해냈다. 이 용어는 여성이 인간으로서 풍부한 재능을 지녔음에도 불구하고 그네들의 가치가 종속적이고 천하게 취급되었음을 보여준다. 여성들은 이론적으로나 상징적으로도 천대를 받았고, 제의에서나 사회 및 교회 구조에서도 그런 취급을 받았다. 교회와 사회에서 여성들의 자리는 없었다. 성차별은 계급 및 인종차별과 맞물리며 더욱 기승을 부렸고 가난한 유색인 여성은 사회의 가장 밑바닥에 처했다. 여성들은 인간에 대한 존엄이 완전하고 평등하게 구현되는 과정을 통해, 자신들을 거룩한 형상으로 만든 살아계신 하나님이 여성의 번영을 바란다는 것을 깨달았고, 나아가 하나님이 여성적인 모습으로 드러날 수 있음도 깨달았다.

사회

유엔은 새천년의 해인 2000년도를 축하하면서 정부와 자원봉사 기관이 2015년까지 달성해야 할 밀레니엄 목표 8가지를 입안했다. 극빈과 기근을 반으로 줄인다든지, 에이즈 같은 질병의 확산을 막는 것 등 다섯가지는 남자, 여자, 아이들 모두에게 해당하지만 남은 세가지는 특히 여성의 문제와 관련되어 있다. 남아와 함께 여아가 온전한 초등교육을 받을 수 있게 하고, 분만시 사망하는 산모를 4분의 3으로 줄이고, 남녀 평등의 증진을 통해 여성의 경제적인 지위를 향상하는 것들이 그것이다. 이런 목표가 공표되었다는 사실은 여성들의 삶에 사회적 재화가 얼마나 부족했는지를 반증한다.

수십년 전 유엔은 이러한 목표를 염두에 두고 큰 밑그림을 그리기 위한 통계를 내놓은 바 있는데 그 내용은 이렇다. 세계 인구 절반인 여성의 노동이 세계 전체 노동시간의 4분의 3을 차지한다. 그런데 여성의 임금은 세계 총 임금의 10분의 1에 그치고 있다. 여성이 소유한 토지는 남성이 차지한 땅의 100분의 1에 불과하다. 심지어 성인 문맹의 3분의 2도 여성이 차지한다. 여성과 그들이 부양해야 할 자녀를 합하면, 세계

빈곤 인구의 75%를 차지하고, 집 없는 난민의 80%를 차지한다. 더 암울한 것은 여성에 대한 폭력이 만연해 있다는 것이다. 가정에서 학대를 당하고 남편과 남자친구에게 두들겨 맞는 것도 부족해 남자들에게 강간당하고, 매춘과 마약거래를 강요받으며, 남자보다 더 많이 살해당한다. 인종과 계급 차별까지 염두에 두면 충만한 삶을 위해 분투하는 여성들이 기존세력에 얼마나 힘겹게 맞서야 하는지 분명해진다. 이런 사실을 나열하는 목적이 여성을 희생자로 남게 하거나, 여성의 풍부한 역할—죄성을 갖고 있지만 동시에 은혜로운—을 부정하려는 것은 아니다. 다만 여성이 자신의 성(gender) 때문에 사회에서 겪는 불평등을 명확하게 보여주려는 것뿐이다. 지구상 어떤 나라에서도 여성과 남성은 평등하지 않다.

교회

교회의 상황 역시 사회와 별반 다르지 않다. 초기 기독교 찬송은, 세례를 베푸는 성수(聖水)가 자매와 형제를 상호애로 결속된 공동체로 만든다고 선포한다. "유대 사람도 그리스 사람도 없으며, 종도 자유인도 없으며, 남자와 여자가 없습니다. 여러분 모두가 그리스도 예수 안에서 하나이기 때문입니다"(갈라디아서 3:28). 예수의 사역에 근거하고 지금도 계속되는 성령의 임재에 근거한 이러한 신학이 존재했고, 교회 설립과 성장의 과정에서 여성들이 결코 대체할 수 없는 커다란 기여를 했지만, 한번 공동체가 자리를 잡게 되자 여성은 주변인이 되고 말았다. 교회의 치리에서 제외된 여성은 교리, 윤리적 가르침, 교회법을 만드는 데 있어 오랜 세월 아무 목소리도 내지 못했다. 강단과 제단에서 소외되면서 여성의 지혜는 복음을 해석하는 데 전혀 사용되지 못했으며 여성의 영성은 기도회를 인도하는 데 아무런 기여도 할 수 없었다.

공적 영역에서 여성의 증발은, 자연스럽게 남성이 하나님 앞에서 특권을 가졌다는 가정으로 이어졌다. 이런 분위기에서 신학은 여성의 본성에 대해 여성혐오적인 관점을 발전시켰다. 한 신약 성서 저자는 그의 가르침에서 지독한 전통을 촉발시켰다.

> 여자는 조용히, 언제나 순종하는 가운데 배워야 합니다. 여자가 가르치거나 남자를 지배하는 것을 나는 허락하지 않습니다. 여자는 조용해야 합니다. 사실, 아담이 먼저 지으심을 받고, 그 다음에 하와가 지으심을 받았습니다. 아담이 속임을 당한 것이 아니라, 여자가 속임을 당하고 죄에 빠진 것입니다. 그러나 여자가 믿음과 사랑과 거룩함을 지니고, 정숙하게 살면, 아이를 낳는 일로 구원을 얻을 것입니다. (디모데전서 2:11~15)

저명한 양반들이 이러한 전통에 철저하게 동의했다. 3세기의 테르툴리아누스(Tertullianus, 카르타고의 신학자―옮긴이)는 여성을 제2의 하와로 보았다. 그에 의하면 "하와의 감언에 속아서 남자가 악마에게 강하게 맞서지 못했던 것처럼" 모든 여성은 "악의 관문"이다. 그들은 남자를 꼬드겼고, 그들의 죄 때문에 하나님의 아들이 죽음을 당해야만 했다. 아우구스티누스는 영적인 능력에서는 여성과 남성이 동등하다고 했지만,

여성을 육체 및 사회적 역할의 입장에서 보면 "여성은 하나님의 형상이 아니다"라고 가르쳤다. 단지 그들의 머리인 남성과 함께 취해질 때만 하나님의 형상으로 간주될 수 있다는 것이다. 중세의 토마스 아퀴나스도 남성이 온전하지 않은 정력으로 성관계를 가질 때 그릇 생겨난 "흠 있는 남성"으로 여성을 정의했다. 16세기 마르틴 루터 또한 부인은 남편에게 복종하며 살아야 한다고 가르쳤다. 남편이 사업이나 나라 일로 떠나 있는 동안 아내는 집에만 신경을 쓰며 "벽에 박힌 못처럼" 집안에 머물러야 한다. "이렇게 함으로 하와가 벌을 받는다." 이러한 견해는 계속되어왔다. 오랜 세월 이러한 편견이 여성 배제의 경험과 맞물려 누적되면서 여성은 교회와 사회에서 '제2의 성'으로 좌천됐고, 이는 여성의 인격과 나아가 전체 공동체에까지 악영향을 끼쳤다.

여자여, 네가 자유케 되었도다(누가복음 13:12)

1960~70년대 시민사회에서 일어난 여성운동 덕분에 여성들은 자신들이 종속적인 상황에 놓이게 된 원인을 분석하고 변화를 위한 전략을 수립하는 등 활기를 띠었다. 이는 여성들의 종교생활에도 넘쳐흘러서 일종의 영적 반란을 이끌어냈다. 북미의 기도 모임, 독서 모임, 정치적 행동위원회, 중남미의 교회기초공동체와 어머니 클럽, 아시아의 동네 협회, 상호부조회, 아프리카의 지역센터, 건강교육 파트너십, 유럽의 리트릿 센터, 사역지원그룹, 호주의 개혁동맹(reform alliances)으로 모인 여성들 등등. 그들은 교회와 사회에서 겪는 억눌림을 파악하기 위해 나섰고, 복음의 빛에 비춰 그것을 비판했다. 오랫동안 목소리와 존재감을

잃었던 여성들은, 18년간 허리가 굽었다가 예수에게 고침받은 누가복음의 여인처럼 마침내 똑바로 서기 시작했다. 그 여인처럼 여성들은 자신의 목소리를 찾았고 회중 앞에서 말하기 시작했다. 객관적으로 비평하자면, 여성들은 성차별의 죄를 살피고 그 남용을 폭로했으며 긍정적으로 말하자면, 자신과 딸과 전체 기독교 공동체를 위한 해방의 가능성을 열어젖힘으로써 기독교 신앙의 의미를 궁구했다.

이런 과정 속에서, 여성들은 하나님의 눈으로 볼 때 측량할 수 없는 가치를 가진 존재들이라는 종교적 경험을 하게 되는데, 이는 오랫동안 저들이 들어왔고 내면화해온 부정적인 것과는 다른 것이었다. 올바른 자기애(self-love)의 결과로 생긴 격동은 회심으로 이어진다. 그 회심이란 여성의 본성에 대한 깊은 긍정을 하찮게 여기는 태도에서 돌아서는 것이었다. 이어서 어떤 여성들은 남성의 지배 때문에 자신들의 종교 경험이 심하게 왜곡되는 교회 제도를 떠났고, 다른 여성들은 체제 안에 남되 그 체제의 일부가 되지 않는 방식으로 탈주를 감행했으며, 또다른 여성들은 오는 세대에서는 교회가 변혁될 거라는 확신 속에 남아 있었다. 이 모든 변화의 효소들은 여성이 하나님의 사랑받는 자이며, 하나님은 여성의 충만한 삶을 바라는 분이라는 발견에 의해 발효되었다.

다양성

여성의 경험과 시각에서 비롯된 신학은 처음엔 여성을 뜻하는 라틴어 페미나(femina)에서 나온 "페미니스트"란 형용사로 정체성을 부여받았다. 북미에서 처음 시작된 페미니스트 신학은 실천자들의 정치적·철학적 투신에 따라 다양한 길로 퍼져나갔다. 오늘날 우리는 앵글로 유럽계 백인 미국 여성들에 의해 수행된 작업에 자유주의적·사회적·문화적·급진적·해방신학적·포스트모던적 페미니스트 신학이라는 이름을 붙일 수 있다. 이들 모두는 여성과 남성이 하나님의 형상으로 동등하게 지음받았다는 창세기의 가르침에서 비롯됐다. 이들은 인간 존엄을 위한 여성의 투쟁에 연대하는 하나님을 강조한다. 로즈매리 래드포드 류서(Rosemary Radford Ruether)는 이러한 신학의 특징을 고전적으로 표현한 바 있다. "여성의 충만한 인간성을 부정, 축소, 왜곡하는 모든 것은 비구속적인(non-redemptive) 것이다. (…) 여성의 충만한 인간성을 증진하는 것은 거룩한 분의 것이다. 그것은 실로 거룩한 분과의 참된 관계, 구원의 진정한 메시지, 구속받은 공동체의 사명을 반영한다." 페미니스트 신학은 지배적인 남성의 방식으로 사회와 교회를 해석하는 대신 성, 인종, 계급을 초월해 모든 인간 사이의 평등과 상호성, 나아가 인간과 지구 사이의 평등과 상호성을 가진 공동체의 비전을 대안으로 꿈꾸고 또 현실로 이루려 한다.

유럽계 여성과 달리, 아프리카 출신의 미국 여성들은 성차별만이 아니라 피부색으로도 차별을 경험한다. 계급 또한 생각보다 자주 차별의 요인이 된다. 흑인 미국 여성들은 생존을 위한 여성의 투쟁이 성, 피부색, 계급 등에서 벌어지는 인간 존엄성 약탈에 대한 저항임을 내보이기 위해 그들의 작업을 '우머니스트'(womanist) 신학이라 불렀다. 소설가 앨리스 워커(Alice Walker)가 만든 '우머니스트'는, 소녀다운(girlish)이라는 말에 반대하는 흑인 용어 '여성답게'(womanish)에서 차용한 것으로, 전통과 한계를 넘어 대담하고, 용감하며, 강단있게 행동하는 것을 뜻하며 여성은 성인이고, 그 사실은 변함없다는 것을 모든 이에게 알게 한다. 그녀의 사랑은 우주적이어서 남자와 여자, 음악, 춤, 음식, 포용성, 성령을 포함한다. 그녀는 자신을 사랑한다. 그녀는 자신의 모든 이들—남자와 여자—의 생존에 헌신적이다. 흑인 커뮤니티의 해방을 통해서, 여성주의 신학의 비전은 인종, 성, 계급으로 억압받는 모든 이들의 해방이라는 목표를 넉넉히 포함한다.

미국에 거하는 라틴아메리카 여성들 역시 성 말고도 민족성(ethnicity)과 계급 때문에 억압받고 있다. 어떤 신학자는 '여성'을 뜻하는 스페인어 무헤르(mujer)에서 온 무헤리스타(mujerista) 신학의 깃발 아래 작업하고, 다른 이들은 '라티나'(Latina) 또는 '라티나 페미니스트'(Latina feminist)라는 말을 선호한다. 무헤리스타 신학 또는 라티나 신학을 한다는 것은 여성과 여성 대중종교의 문화적 특수성을 해석의 중심에 놓는 성찰어린 행동이다.

마찬가지로, 미국의 아시아 여성들은 그들의 독특한 문화적 유산의 빛 속에 복음의 의미를 궁구했다. 그 유산이란 민속적이고 공식적이며, 아시아 토착종교 문화의 혼합물을 포함한다. 여성의 일상을 긍정하는 이 모든 신학'들'은 여성과 하나님의 관계를 가멸게 하는 깨달음을 추구하고 이를 위한 실천을 긍정한다. 동시에 이들 신학들은 살아남기 위한 여성의 분투를 지지하는데 이는 여성과 분리될 수 없는 공동체의 생존까지 포함한다.

　북미 너머를 살펴보면, 신학 교육이 제공되고 경제상황이 허락하는 어디에서든 신학을 공부하기 위해 큰 대가를 치르는 여성들을 발견할 수 있다. 인도에서 호주, 벨기에서 브라질, 나이지리아에서 코스타리카, 이탈리아에서 한국까지, 여성들의 신학 공부는 하나님의 영광을 드높이는 깨달음을 추구한다. 이는 모든 여성들, 즉 피부가 검고, 갈색이고, 노랗고, 붉고, 하얀 모든 여성, 특히 가난하고, 억압받으며, 변방에 거하면서도 충만하게 살아가는 여성들과 긴밀한 연관을 맺고 있다. 살아있는 여성이여, 하나님께 영광이로다(Gloria Dei, vivens femina). 이들 여성신학도들은 성차별뿐만 아니라 인간의 존엄성을 앗아가는 모든 힘을 짚고 넘어간다. 케냐의 테레지아 힝가(Teresia Hinga)가 설명한 대로, "'억압의 거미줄'(web of oppression)이란 용어는 인종차별, 계급차별, 식민주의, 군사주의, 성차별 등이 맞물린 상태—이는 '제3세계' 모든 여성들이 처한 상황이다—를 표현하기 위해 아프리카 페미니스트 담론에서 사용된다." 많은 사상가들은 이러한 억압에 이성애주의(heterosexism)를 덧붙인다. 이성애주의는 가부장제의 관점에서 레즈비언을 온전치 않은 여성으로 정의한다. 그들이 남성을 원치 않는다는 이유 때문에 말이다. 신학은 지금, 이렇듯 서로 엮이고 겹치는 움직임에 관심을 기울이면서, 모든 대륙에서 여성들의 목소리를 담아내고 있다.

　이들 여성신학은 사회적·정신적 행동의 억압 패턴을 포착하기 위해 몇가지 기술적인 용어를 사용한다. 먼저 **'가부장제'**(Patriarchy)인데 이는 지배적인 남성이 항상 권력을 잡고 있는 사회구조를 가리킨다. 가부장제하의 여성은 사회에서 권력에 접근할 동등한 기회를 가지지 못한다. '**남성중심주의**'(Androcentrism)는 남성에게 특권을 주는 사고방식을 가리킨다. 이는 남성의 존재방식을 모든 인간에게 규범적인 것으로 만든다. 남성중심주의 사고에서 여성은 항상 파생적이고, 중심에 설 수 없으며, 진정한 인간보다 못한 존재가 된다. 가부장제 구조와 남성중심주의가 규범으로 작동하는 교회와 사회에 단순히 여성을 진출시킨다고 해서 페미니스트 신학, 우머니스트 신학, 무혜리스타 또는 라티나 신학, 그리고 제3세계 여성신학이 추구하는 해방의 목표가 달성될 수 없음은 명백하다. "여성을 교회와 사회에 넣고 잘 저어주는" 이런 레시피로는, 여성은 남성이 규정한 사회에 맞추기 위해 자신의 재능을 도외시하다 나중엔 더 큰 문제를 야기할 뿐이다. 그보다는 교회와 사회의 전체 구조가 상호 파트너십에 입각한 새로운 공동체를 위한 공간으로 변혁되어야 한다. 이러한 목표야말로 새로운 정의다.

하나님의 임재와 행동을 살짝 엿보기

우리는 여성신학이라는 미개척지에서 예로부터 내려온 불멸의 진리를 확인한다. 그것은 다름 아닌 하나님은 여성을 사랑하고, 그들의 번영을 간절히 바란다는 것이다. 여성의 몸과 영혼에 폭력이 가해질 때 하나님의 영광은 모욕당한다. 편견이 극복되고 여성 존엄성이 증진되며 해방의 전진이 이뤄질 때, 하나님의 통치는 승리한다. 여성들은 자신의 존엄성을 선포하기 위해 모든 영역에서 분투하고, 이 과정에서 생명의 하나님이 그들과 동행하며 그들의 수고를 지지한다는 것을 깨닫는다. 이집트에서 노예를 해방시키고 죽은 자 가운데에서 예수를 살리신 거룩한 분은, 지금도 삶의 충만함을 박탈당한 여성들과 동행하신다.

여성들은 기도를 하고 영성생활을 하면서 아버지, 주, 왕과 같은 지배적인 하나님의 이미지에 불편함을 경험한다. 이는 단지 용어상의 문제가 아니다. 언어는 우리가 사는 세상을 반영할 뿐 아니라 세상을 경험하는 방식 또한 빚어낸다. 남성 하나님의 이미지는 전통적으로 거룩하게 여겨져왔고 지금도 널리 사용되고 있다. 이는 고위 성직자 이미지로서, 여성과 남성 간의 불평등한 관계에 기초해 있으며 기존의 불평등을 유지시킨다. 여성들이 가부장 아버지, 주, 왕을 거부할 때 이들 이미지는 하나님에 대한 실재를 일깨우는 것이 아니라 도리어 차단하는, 신앙적으로 부적절한 이미지였음이 드러날 것이다.

라티나 신학자 마리아 필라 아키노(María Pilar Aquino)는 그 전환을 이렇게 설명한다. "여성이 고대로부터 내려온 억압에서 벗어나 하나님이 자신들의 편임을 깨달으면, 남성을 위한 하나님이라는 전통적인 관점에 도전하게 된다." 여성의 복종을 요구하는 가부장적인 주(主)는, 사랑을 그 본질로 하는, "자유롭게 잉태하고 창조하며, 긍휼과 자비를 고유한 존재 양식으로 삼는" 하나님으로 대체되기 시작했다. 여성들은 자신이 처한 삶의 자리에서 하나님을 만나려 했고, 호혜적인 관계를 추구하는 새로운 방식으로 하나님을 이해하려고 했다. 여성들은 하나님을 연인(lover)으로 삼았는데, 이는 아가서에서 남녀가 나란히 주도권을 갖고 서로를 발견하고 서로의 아름다움을 찬미하는 패턴을 따른 것이다. 여성들은 하나님이, 생명을 주는 영(a life-giving Spirit), 즉 여성 자신을 포함한 생명을 길러내는 모든 것과 조우하는 영임을 발견했다. 여성들은 모든 문제를 해결해주는 주권자로서의 하나님, 즉 마치 힘없는 어린 소녀를 돌봐주고, 그 여아가 조용히 본분을 다할 때 가장 기뻐하는 아빠나 큰오빠 같은 하나님 대신 모든 것을 넉넉하게 품는 사랑의 하나님을 강조했고, 이 사랑은 여성들로 하여금 그들 자신의 자유 안에서 해방을 맛보게 해주었다. 하나님과의 이런 관계 속에서 여성들은 여성스러움을 자신들의 힘으로 충분히 신뢰하기 시작했다. 과학자이자 인도 가톨릭 교회의 열성적인 지도자 아스트리드 로보(Astrid Lobo)가 "나는 더이상 하나님을 위기에서 구해주는 자(rescuer)로 보지 않는다. 나는 그녀를 내 안에 있는 힘과 권능으로 본다"고 말했듯이 하나님은 당신의 도구로 우리를 부른다. 하나님은 창조적인 힘, 돌보는 자, 벗이며, 여성의 기쁨, 슬픔, 감사, 분노 및 세상을 바꿀 그들의 능력을 소중히 여기는 반려자이다.

　하나님의 불가해한 신비를 이와 같은 비권위적인 방식으로 그려내는 여성들은 더 깊은 질문으로 나아간다. 근원이며 지탱시키는 힘이며 세계의 목적인 하나님의 신비는 어느 하나의 이미지에 갇힐 수 없고 모든 이미지를 초월한다. 여성성(femaleness)은 신성(the divine)을 이름하는 데 장애물이 되는가? 아니면, 여성이 처한 현실이 하나님의 임재와 행함을 드러내는 성사의 기호(sacramental sign)로 기능할 수 있는가? 만약 신학자들이 하나님의 형상과 닮은꼴로 여성이 지음받았다고 사유한다면, 살아계신 하나님을 가리키기 위해 여성의 삶에서 끌어낸 비유를 사용할 수 있지 않을까? 살아계신 하나님은 여성의 용어로 언급될 수 있지 않을까?

이것이 가능하기 위해서는 하나님이 참으로 사랑하는 자로서의 여성 자신이 자신에 대한 소유권을 가져야 한다. 흑인이자 여성으로 살아남아야 하는 딜레마를 극적으로 드러낸 연극에서, 은토자케 샹(Ntozake Shange)은 이러한 신앙적 경험이 갖는 역동성을 포착해냈다. 키큰 흑인 여성은 편견, 상처, 생존의 모험을 겪은 뒤 절망에서 일어나 부르짖는다. "내 안에 하나님을 찾았고, 그녀를 사랑했고, 격렬히 사랑했다."

여성이 하나님과의 관계 속에서 자신을 발견하고 자신의 모습을 뜨겁게 사랑하면 하나님을 표현하는 여성 이미지를 재발견할 수 있다. 그러고 나면 그 이미지가 모든 측면에서 여성의 인간성이 얼마나 탁월한지를 확증해준다. 죄의 흔적을 지녔지만 또한 은총을 입은 여성은, 하나님의 형상과 닮은꼴로서 깊은 존엄성을 지니고 있다. 여성의 영혼은 이를 깨달음으로써 기존의 남성 하나님의 이미지 속에서 변화의 종소리를 울려퍼지게 한다.

각인된 이미지

하나님을 이야기할 때 권력을 가진 남성언어로 말해온 오랜 습관은, 하나님을 여성으로 보는 것을 방해했다. 하나님에 대해 말할 수 있는 권리는 교회에서 공적 권위를 행사하는 남성의 것으로 간주되었다. 남성의 특권적인 위치는 하나님에 대한 으뜸가는 모델로 작용한다. 예전의 설교, 교리문답과 하나님을 시각적으로 재현하는 미술은 대중들의 마음속에 신성과 남성성 간의 강한 연결고리를 만들어냈다. 예를 들어, 로마 시스티나 성당의 천장화는 서구사회의 상상력에 지울 수 없는 영향력을 끼쳤다. 너무나 유명한 이 천장화에서 하나님은 성당의 끝에서 다른 끝까지를 차지하는 나이 들고 영양상태가 좋은 백인 남성으로 그려졌다. 이는 미켈란젤로 시대에 권력을 가진 자의 전형이다. 하나님은 그 자신의 이미지인 젊은 백인 남성을 창조하기 위해 손가락을 내밀었다. 이 그림에는 인종과 계급, 성(性)이 반영돼 있다. 왜 젊은 하나님, 흑인 하나님, 여성 하나님, 또는 세가지를 다 합한 하나님은 안되는가? 그러나 전통적인 이미지는 끈질기다. 앨리스 워커의 『컬러 퍼플』에서 셀리(Celie)가 말했듯 "저 백인 남자를 내 눈동자에서 지울 수 없다." 구소련의 서기장 미하일 고르바초프의 아버지가 그 아들이 세례받을 때 미국 기자는 하나님을 믿느냐고 그에게 물었다. 고르바초프의 아버지는 "오, 난 그를 믿지 않아요"라고 답했다. 이렇듯 무신론자조차 하나님을 남성이라고 믿는다.

하나님에 대한 상징은 현재도 작동하고 있다. 이는 결코 중립적이지 않으며, 한 공동체의 믿음과 실천의 기반을 표현하고 주조한다. 이 주제에 관한 선구자적인 여성들의 작업은, 힘있는 남성 이미지로 하나님을 명명하는 것에 적어도 세가지 치명적인 해악이 있음을 보여준다.

먼저, 남성 하나님의 이미지는 다른 대안이 없기 때문에 문자적으로 받아들여진다. 이 과정에서 살아계신 하나님은 우상으로 전락한다. 독점적인 남성언어는 우리로 하여금 하나님의 신비가 불가해하다는 점을 망각하게 하고, 살아계신 하나님을 '한없이 지배하는 남성'이라는 판타지로 왜곡시킨다. 한번은 로즈매리 래드포드 류서가 학회에서 이 주제로 발표할 때 한 신학자가 반대하며 일어섰다. 그는 격분하여 "하나님은 남자가 아니다. 그는 영이다(He is Spirit)"라고 말했다. 류서는 그 말이 맞다면, 왜 여성 하나님의 이미지나 '그녀'(She)라는 대명사가 사용될 때만 유독 이런 소동이 생기느냐고 답했다. 하나님의 이름에 대한 다툼이 생기는 건 우리의 잠재의식에서조차 하나님은 남성으로 존재하기 때문이다. 하나님 개념에 스며든 지배적인 남성성은 신학 용어를 통해 빚어지고 공적·사적 기도에 바위보다 더 단단하게 각인돼 있다. 이를 바꾸려는 움직임에 대한 저항은 강철보다 더 굳건하다.

둘째로, 하나님을 표현하는 데 가부장적인 언어를 독점적으로 사용함으로써 사회적으로 큰 영향을 끼쳤다. "한분의 하나님, 한분의 교황, 한분의 황제." 콘스탄티누스 시대 이후 내내 이들 지배 남성의 이미지는 교회와 사회에서 가부장제를 정당화해왔다. 세상을 다스리는 왕의 왕, 주의 주의 이름으로 명령하고 통제하는 의무가 남성에게 주어졌다. 하늘에서 이루어진 것처럼 땅에서도 권위가 행사되었다. 메리 데일리(Mary Daly)의 간결하고 시원한 문구는 핵심을 정확히 포착한다. "만약 하나님이 남성이라면, 남성이 곧 하나님이다."

셋째로, 독점적인 남성 이미지는 여성성보다는 남성성이 신성과 더 많은 것을 공유한다는, 보장할 수 없는 생각을 낳았다. 이는 여성이 아무래도 남성보다는 하나님을 덜 닮았다는 점을 암시했다. 여성 자신의 이미지와 닮은꼴로 하나님의 실재를 표현하면 여성의 존엄성이 쌓이기 마련인데, 이런 점을 빼앗긴 것이다. 캐롤 크라이스트(Carol Christ)가 기민하게 관찰한 것처럼, 여성이 스스로를 하나님의 형상으로 바라볼 수 있으려면 자신의 구체적인 육체성에서 물러나야만 한다. 그러나 하나님의 형상과 닮은꼴이어야만 충만한 성적 정체성(sexual identity)을 확정받는 문화 안에서, 여성은 결코 남성과 소년이 자유롭게 하는 경험을 할 수 없다. 이로 인해 여성은 자기가 가진 영적인 힘에서 소외당하는 커다란 무의식적 격정에 빠지는 동시에 하나님과의 관계에서 중재자로 기능하는 남성의 권위에 더 의존하게 된다.

예언자들과 종교사상가들은 살아계신 하나님을 묶어둔 우상의 걸쇠에서 벗어나야 한다고 역설했다. 이런 맥락에서, 하나님이 가진 여성의 얼굴을 추구하는 것은 깊은 의미를 지닌다. 이것은 남성 이미지를 상대화함으로써 우상을 그 단에서 떨어뜨리고, 가부장 담론의 목조르기를 멈추게 한다. 하나님은 문자적으로 아버지, 왕, 주가 아니라 훨씬 더 큰 존재다. 그러하기에 진리가 존중받는 것이다. 남성 메타포가 신성을 나타내는 데 쓰일 수 없다는 것이 아니다. 남성 역시 하나님의 은총으로 지음받고 구속받고 성화되는 것이고, 그들의 삶에서 취한 이미지는 여성의 삶에서 취한 이미지처럼 충분히 기능할 수도 있고 불충분하게 기능할 수도 있다. 그러나 여성 메타포로 하나님을 명명하는 것은 하나님의 신비를 오랜 가부장제의 새장에서 훨훨 날아가게 해줌으로써 하나님이 참된 하나님이 될 수 있도록 한다. 무한한 근원, 떠받치는 힘, 세계의 목적, 거룩한 지혜, 깃들어 있는 영, 존재의 근거, 임재 가운데에서의 초월, 절대적 미래, 존재 자체, 어머니, 모체(matrix), 연인, 친구, 무한한 사랑, 세계를 감싸고 지탱하는 거룩한 신비. 하나님을 이렇게 명명하는 것은 온전한 신학을 위해서도 중요하고, 오늘의 상황에서 새롭고도 풍부한 정의를 이루는 데 있어서도 이점을 갖는다.

하나님은 이 세상을 창조하고 세상을 구속하며 우리를 종말론적 평화로 부른다. 이러한 하나님의 부요함을 여성적인 방식으로 표현하는 것은 정의가 다스리는 새 공동체로의 회심을 요구하는 것이며, 이는 예언자적인 힘과 함께 작동한다. 종교의 역사가 보여주듯이, 신 언어(God-language)만으로는 이러한 변화를 일으킬 수 없다. 여성의 신성(Female deities)과 여성의 굴종은 늘 공존해왔고 지금도 그러하다. 현재 전세계에서 여성평등과 인간존엄을 쟁취하기 위한 사회운동이 일어나고 있는데, 하나님을 여성으로 표현하는 종교적 측면이 가세한다면 이 운동을 진행함에 있어 깊고도 지속적인 변화를 끌어낼 수 있다. 만약 하나님이 '그'(he)이자 '그녀'(she)라면—사실은 양쪽 다 아니지만—다름이 존중받되 여성과 남성이 동등하게 삶을 나눌 수 있는 공동체의 꿈을 그릴 수 있을 것이다.

어머니 하나님

성서와 기독교 전통에 나타난 하나님에 대한 여러 여성 이미지는 어머니 됨(mothering)의 경험에 집중된다. 하지만 이 메타포가 지닌 선한 하나님의 이미지가 제대로 전달되기 어려운 면이 있다. 모든 사람이 어머니에 대해 좋은 경험을 갖고 있는 건 아니기 때문이다. 세상에는 분노에 차 있고, 믿을 만하지 못하며, 변덕이 심하고, 강박적이고, 중독증이 있으며, 미숙하고, 무서운 어머니들이 있다. 더구나, 가부장제 사회에서는 모성이 실제 어머니 됨의 경험에 반하도록 왜곡된다. 이를테면 가부장제는 여성의 신비롭고 부드러운 본성을 감상적인 수사학으로 포장, 모성 숭배를 조장한다. 참되고 충실한 여성이라면 당연히 자녀를 낳아야 한다는 생각을 강요하고, 아이를 가진 여성들에게는 섬김과 고통의 이데올로기를 조장하여 병적인 자기희생에 이르도록 부추긴다. 모성에 대한 이러한 감상적인 관점은 모성적 사고가 도덕적 활동이라는 사실을 간과한다. 우리의 생존은 어머니들의 자발성과 근면함에 의존해 있다는 사실 말이다. 상황에 의해서건 선택에 의해서건 아이가 없는 이들은 기대에 부응하지 못했다는 모멸감을 갖는다. 아이를 낳고 키우는 모성애가 다른 소명을 배제할 정도로 숭배를 받게 되면서 여성의 삶의 범위는 엄격히 제한된다.

그러나 이러한 어려움에도 불구하고, 하나님을 어머니로 형상화하는 것은 어머니 하나님이 우리네 삶의 기원과 창조적 공급원이 됨을 보여준다는 점에서 긍정적이다. 아이에게 어머니의 존재는 안락, 안전, 양육, 동정과 같은 근원적인 인간의 경험과 관련되어 있다. 안아주고, 얼러주고, 쉴 곳을 주고, 보호해줄 때 느끼는 안정감과 확신, 즉 사랑받는 경험이 바로 그것이다. 어머니 됨이 창조적이고도 적극적인 경험이 된다면 이는 여성의 삶에 있어 가장 황홀하고 보람있는 것일 수 있다. 자신의 몸으로 새생명을 낳고 품는 여성들이 자녀양육의 책임을 지듯이 어머니 하나님이라는 언어는, 모든 것을 낳고 돌보는 신비와 인간 사이의 관계를 표현하는 독특한 힘을 가진다.

성서의 많은 책, 특히 예언서는 이스라엘의 거룩한 자를 임신하고, 산고를 겪고, 출산하고, 젖 먹이고, 어린 것들을 데려가고, 자라도록 양육하는 여성으로 묘사한다. 무엇보다도 언약의 백성에게 하나님의 다함이 없는 긍휼을 전하려고 늘 애쓴다.

> 어머니가 어찌 제 젖먹이를 잊겠으며, 제 태에서 낳은 아들을 어찌 긍휼히 여기지 않겠느냐! 비록 어머니가 자식을 잊는다 하여도, 나는 절대로 너를 잊지 않겠다. (이사야 49:15)

예수가 병아리를 보호하려고 날개 아래 모으는 암탉에 자신을 비유하는 대목(마태복음 23:37)에서 보이듯 모성 메타포는 신약에서도 이어진다.

하나님의 긍휼은 이 모든 모성 이미지와 강하게 연결되어 있다. 성서학자들은 긍휼 또는 자비에 해당하는 히브리어 명사가 여성의 자궁을 뜻하는 단어 레헴(rehem)에서 나왔고, 이것이 '자비하라'는 동사와 '자비로운'이라는 형용사의 뿌리가 된다고 말한다. 생명을 주는 여성의 신체기관이 하나님이 존재하고, 느끼고, 행하는 구체적인 메타포로 기능하는 것이다. 하나님의 자비를 구하는 것은 성경의 단골주제인데, 우리가 하나님의 자비를 청하는 것은 산모가 아기를 대하는 심정으로 그렇게 하나님이 우리를 대해주기를 요청하는 것이다. 필리스 트리블(Phyllis

Trible)은 자비와 자궁의 의미론적 관계가 "사랑이란 이기심 없는 생명에의 참여라는 것을 보여준다. 자궁은 보호하고 키우지만, 소유하거나 지배하지 않는다. 자궁은 보물과 같은 생명을 낳아 온전함과 행복이 충만하게 한다. 참으로, 이것이 자비의 길이다." 여성의 자궁에서 하나님의 자비로 옮겨가는 메타포의 궤적을 살펴보면, 텍스트 안에 갇혀진 의미가 아니라 하나님의 사랑으로 빚어지면서 그 의미가 놀랍게 확장되는 것을 알 수 있다.

신학과 영성의 역사를 살펴보면 신비주의 전통은 하나님 체험을 모성 메타포로 표현해왔다. 그중 14세기 영국의 신비가 노리치의 줄리안(Julian of Norwich)은 오늘날 새롭게 영향력을 끼치고 있다. 줄리안은 어머니로서 우리를 낳고 먹이고 가르치고 사랑하는 하나님의 은혜로운 다정함에 대해 이렇게 썼다.

> 하나님이 실로 우리의 아버지이듯, 하나님은 실로 우리의 어머니이다. (…) 나는 하나님의 모성을 관상하는 세가지 길을 안다. 첫째는, 그분의 모성이 우리 본성이 지음을 받는 기초가 된다는 것, 둘째는, 은혜의 모성이 시작되는 곳에서 그분이 우리의 본성을 받아들이신다는 것이다. 그리고 셋째는, 일하시는 모성이다. 그 안에서 동일한 은혜가 모든 것을 관통하되 길이와 넓이, 높이와 깊이에 있어 끝없이 관통한다. 그리고 이는 하나의 사랑이며 모든 것이다. (*Showing*, 긴 버전, 59장, 줄리안의 책 『계시*Showing*』는 짧은 버전으로 먼저 나왔고, 12년 후에 긴 버전으로 나왔다—옮긴이)

1978년 교황 요한 바오로 1세가 주일 강론에서 전쟁과 열병을 비교하면서 신적 모성애를 가리키는 언급을 해서 세상을 놀라게 했다.

> 하나님은 우리의 아버지이며, 더욱이 우리의 어머니입니다. 하나님은 우리를 해하려 들지 않으며 오로지 우리 모두에게 선을 행하려 하십니다. 아이들이 병들면 더 많은 엄마의 사랑을 요구할 수 있습니다. 우리 또한 그러합니다. 우리가 공교롭게도 악함으로 병들고, 그릇된 길에 들어섰을 때 주님의 사랑을 더 구할 수 있습니다. (Osservatore Romano, 1978년 9월 21일)

여기서 강조어 '더욱이'는 하나님을 아픈 아이와 함께 밤을 새우는 어머니의 보살핌과 연결짓는다. 이를 통해 전쟁이 그치지 않는 이 세상에서 죄로 병든 이들의 행복을 도모하는 하나님의 돌봄을 드러낸다. 하나님은 어머니의 사랑으로 우리가 병들어 신음하는 긴 밤을 지새우며, 폭력의 열병을 깨뜨리고 평화를 되찾기 위해 모든 것을 다한다.

샐리 맥페이그(Sallie McFague)는 어머니로서의 하나님 모델에 대한 '사유 실험'에서 어머니 됨과 정의 사이에 예상치 못했던 아름다운 관련성을 찾아낸다. 여성의 경험에 의거해서 맥페이그는 어머니 됨이 세 가지 요소를 지니고 있음을 본다. 첫째, 어머니는 타자에게 생명의 선물을 준다. 생명이 태어나면 "네가 있어서 엄마는 좋구나"라며 기쁨으로 외친다. 둘째로, 모성애는 태어난 생명을 양육한다. 어린것들을 먹이고, 개인적·사회적인 행동을 습득하도록 훈련시킨다. 마지막으로, 모성애는 자녀들이 자라고, 번성하고, 충만해지기를 간절히 바란다. 그들에게 해가 되는 건 무엇이라도 막아선다. 좋은 부성애 역시 이 세가지 요소를 갖고 있다. 부모의 사랑은 보상을 계산하지 않는, 가장 강력하고 친밀한 사랑이다. 그러나 출산과 수유 및 양육을 수행함에 있어 여성의 몸이 갖는 대체될 수 없는 역할이 있으며, 이는 하나님의 어머니 모델에 특별한 울림을 준다.

살아계신 하나님의 모성애 역시 이러한 세가지 요소를 지닌다. 어머니처럼 하나님은 세상에 생명을 주고, 소중하고 상처받기 쉬운 생명을 기르며, 모두의 성장과 번영을 바란다. 어머니의 사랑으로 모든 식구들이 보살핌을 받지만 수동적인 관계가 되지는 않는다. 만약 식량이 얼마 없다면, 어머니는 공평하게 나눈다. 한 아이가 특별한 돌봄을 필요로 하면 어머니는 그것을 채우려고 한다. "창조자로서의 어머니-하나님(mother-God)은 또한 '경제'에 연루돼 있다. 우주라는 집안을 관리해서 **모든** 이에게 좋은 것이 정의롭게 분배되도록 한다." 가난한 이들을 향한 하나님의 편애는 가장 약한 자녀를 각별히 대하는 강력한 모성본능의 표현이다. 인간이 서로에게 폭력을 가하고, 가난한 자를 멸시하며, 불의한 나눔의 구조 때문에 가난한 이들이 늘어나고, 지구의 생태적 지속을 붕괴시킬 때, 어머니가 어린 자녀를 지키기 위해 일어서듯 하나님의 모성애가 발휘되어 약자를 지키고, 정의를 추구하며, 상처를 치유한다. 호세아서에 나오는 새끼 잃은 어미 곰처럼 어머니 하나님은 자식들을 위해 박차고 일어서며 심지어 적들의 가슴을 찢어버린다(호세아 13:8). 이처럼 모성 메타포 안에는 하나님의 분노가 녹아 있다.

사람은 하나님과 관계를 맺음에 있어 부모 모델 이상의 것을 필요로 한다. 부모 모델만 사용된다면 책임있는 성인의 자리가 아닌 아이의 역할에만 머물기 때문이다. 여성들은 삶을 주고 기르는 어머니로서의 하나님 외에 다른 메타포를 발견해왔다. 그중 가장 중요한 것은 지혜(Wisdom)라는 인물이다.

거룩한 지혜

사람들은 대림절이면 '곧 오소서, 임마누엘'을 즐겨 부르지만 그 노랫말의 의미를 포착하지 못한다.

> 곧 오소서 지혜의 주
> 온 만물 질서 주시고
> 참 진리의 길 보이사
> 갈 길을 인도하시네

이 찬송에는 기독교 전통 전체를 관통해 금줄(golden thread)처럼 흘러가는 하나님의 여성 이미지가 명백히 숨겨져 있다.
  구약성서의 후반부는 은혜로운 힘과 권능을 가진 여성의 모습을 소개하는데, 그녀는 창조하고 수고하며 희생함으로 세상에 나아간다. 그녀의 이름은 그리스어로 소피아라 불리며, 영어로는 지혜라고 번역된다. 유대 기독교 사상가들은 그녀의 정체성에 대해 오랫동안 숙고했다. 소피아는 누구인가? 그녀가 성서에 나오는 것은 이스라엘이 일신론의 유산을 배신하고 여신 숭배로 돌아섰음을 보여주는 것인가? 어떤 학자들은 소피아를 야훼(YHWH)나 천사 또는 세상에 보낸 사자(使者)의 여성적 측면으로 해석했다. 엘리자베트 쉬슬러 피오렌차(Elizabeth Schüssler Fiorenza)를 비롯한 여성 성서학자들은 다른 해석을 제시했다. 소피아의 활동이 오직 하나님에게만 해당하는 것임을 볼 때 이는 천사가 아니며, 단순히 신성의 여성적 측면 또한 아니다. 오히려, 소피아는 이스라엘의 강한 하나님, 적극적으로 세상에 참여하여 구원하는 하나님을 표상하는데 이때 성서에서 사용된 남성 이미지와 동등한 방식으로 여성 이미지를 사용한다.

잠언을 열자마자 지혜가 등장하여 시장과 성문에서 외친다. 지혜는 자신의 교훈에 귀기울이지 않는 이들을 통렬히 비난하고, 그녀의 길을 경청하고 따르는 이들에게는 생명을 약속한다. "누구든지 나를 따르는 자는 생명을 찾을 것이라"(8:35). 살아계신 하나님 외에 누가 이런 약속을 할 수 있을까? 소피아는 세상이 지음을 받을 때부터 있었고, 세상이 창조된 것을 기뻐하며 뛰놀았다(8:31). 그녀는 정의의 길을 걸으며, 왕들은 그녀의 도움을 받아 정의롭게 통치한다(8:15). 그녀는 극진한 환대로 만찬을 준비하고 여종들을 보내 모든 이를 초대한다. "와서 내가 차린 음식을 먹고 내가 빚은 술을 받아마시지 않겠소? 복되게 살려거든 철없는 짓을 버리고 슬기로운 길에 나서보시오"(9:5~6). 그녀의 말씀은 영적인 성숙으로 우리를 초대하며, 끊임없는 양육을 약속한다.

구약의 지혜서(The book of Wisdom, 가톨릭 외경—옮긴이)는 소피아가 세상에 관계되었음을 더 분명히 보여준다. 솔로몬의 말처럼 그녀는 만물의 어머니이자 만물을 지은이로서 세상에 탄생과 존재를 가져다줄 뿐 아니라 우주의 끝에서 끝에 이르며 만물을 달콤하고 힘있게 다스린다(8:1, 대림절 본문의 원문). 모든 것을 할 수 있는 그녀는 구원하기 위해 힘을 사용한다. 이스라엘이 이집트에서 노예살이 할 때,

> 지혜는 거룩한 백성이며 흠없는 민족을
> 압박하는 자들의 나라에서 구해냈다.
> 지혜는 주님의 종의 마음속에 들어가 그를 움직여
> 놀라운 일들과 기적으로 무서운 왕들과 맞서게 하였다.
> 지혜는 그 거룩한 백성이 치른 노고의 대가로 상을 주었고
> 놀라운 길에서 그들을 인도하였다.
> 낮에는 그들에게 그늘이 되어주고 밤에는 별빛이 되어주었다.
> 지혜는 그 많은 물을 갈라서 그들을 인도하여 홍해를 건네주었고
> 그들의 원수들을 물 속에 묻어버리고
> 그들의 시체를 깊은 바다 속으로부터 토해내었다.
> 마침내 의인들은 악인들로부터 무기를 빼앗았다. (10:15~20)

거룩하고, 총명하고, 섬세하고, 융통성있고, 사람을 사랑하는 소피아의 영은 세계에 가득 스며들어 만물을 새롭게 하고 사람들을 하나님과 예언자의 친구가 되게 한다. 빛나며 쇠하지 않는 그녀는 태양보다 아름다

우며, 모든 별자리보다 더 눈부시다. 밤이 "낮을 이기는 동안에도, 악은 지혜를 이겨낼 수 없다."(7:30).

신약성서는 지혜 전통을 끌어와 예수를 해석한다. 바울은 십자가에 못박힌 예수와 하나님의 지혜를 동일시한다(고린도전서 1:24). 이로써 치욕을 당한 나사렛 선지자와 우주의 질서를 수립한 한분을 연결시킨다. 마태복음은 예수의 입에 소피아의 말씀을 두고, 그의 행동을 소피아의 행위로 본다(11:19). 요한복음의 서두는 예수가 이 땅에 오기 전 태초의 모든 이야기를 말씀(로고스)의 메타포로 가장한 소피아의 이야기로 본다. 말씀/지혜가 육신이 되어 우리 가운데 거하실 때 예수는 인간이 되었고, 실은 소피아가 그리 된 것이다. 예수의 사역에는 구함과 찾음, 빵과 포도주, 빛과 어둠, 생명과 죽음 같은 지혜서의 주제가 스며들어 있다. "나는 양들이 생명을 얻고 더 얻어 풍성하게 하려고 왔다"(요한복음 10:10)는 예수의 말씀은 생명을 약속한 소피아에서 비롯된 것이다. 고대의 가장 큰 교회는 그리스도와 지혜가 같은 분임을 보이기 위해 하기아 소피아(Hagia Sophia), 즉 거룩한 지혜라는 이름을 그리스도에게 헌정했다.

소피아의 언어는 단지 신성의 여성적 측면을 지적하는 것에 머물지 않고 이루 다 헤아릴 수 없는 살아계신 하나님의 신비를 여성 이미지로 나타내 보인다. 앞에서 다룬 바 있는 하나님의 모성애가 그 역할을 어느 정도 해준다면, 거룩한 지혜는 이를 확정하여 전우주에 걸친 공적 영역에서 다스리고, 놀고, 가르치고, 동행하고, 정의를 행하고, 생명을 주는 하나님의 신비를 여성 이미지로 드러내 보인다.

상징의 교향악

어머니와 지혜에 이어 이번에는 상징의 교향악을 살펴보자. 여성들과 소녀들은 교향악처럼 여러 여성 이미지가 어울린 조화 덕분에 하나님의 언어로 스스로를 인식할 수 있게 됐다. 히브리어 여성명사이자 루아(ruah)라고 불리는 하나님의 영은 종종 기독교 미술에서 비둘기로 그려진다. 비둘기는 고대사회에서 사랑의 여신을 상징한다. 생명을 주는 그녀의 사역은 성서 전체에서 산파로 아이를 받고, 관계를 형성하고, 때를 씻어내고, 선지자에게 영감을 주고, 진리를 옹호하고, 아름다움을 일깨우고, 공동체를 창조하고, 지구의 얼굴을 새롭게 하는 모습으로 그려진다. 하나님은 빵을 반죽하고(누가복음 13:21), 옷을 짜고(시편 139:15), 연인을 쫓는(아가서) 여성으로, 또 새끼를 날개 그늘 아래 숨기는 어미새(시편 17:8)로 표상된다.

은화 열닢 가운데 잃은 동전 하나를 찾는 여인은 각별히 소중한 이미지다(누가복음 15:8~10). 이 비유에서 예수가 제시한 하나님의 모습은 길을 잃은 이들을 돌보는 하나님이다. 여인은 등불을 밝히고 동전을 찾을 때까지 집안을 샅샅이 뒤진다. 여인이 벗과 이웃을 불러 함께 기뻐하자고 할 때 이는 회개한 죄인 하나 덕분에 온 천국이 기뻐하는 이미지와 겹쳐진다. 누가의 복음서에서 이 비유는 길 잃은 양 한마리를 찾기 위해 아흔아홉 마리를 두고 가는 선한 목자의 비유 바로 뒤에 나온다. 당시 남성의 삶과 여성의 삶에서 하나씩 취한 두 편의 비유는 구원자이신 하나님의 사역을 보여준다. 아우구스티누스는 일전에 잃은 동전의 비유에 대한 설교를 이렇게 시작했다. "거룩한 하나님은 자신의 돈을 잃어버렸다. 그 돈이 우리다!"라고. 그러나 세월이 흐르면서 동전을 찾는 여인은 친숙하지 않은 하나님의 이미지가 돼버렸다. 심지어 비난을 받기까지 했다. 한번은 어느 주교의 설교를 들었는데 그는 이 여인을 돈만 밝히는 여자라며 비난했다. 주교의 설교는 멕시코 남부에 위치한 교회 공동체의 한 여인이 내게 해준 이야기와 너무나 달랐다. 그녀는 말하기를, 비유에 나오는 여인의 행동은 자녀를 먹일 또띠야를 사기 위해 페소 몇푼이 필요한 가난한 어머니의 행동과 똑같다고 했다.

성서에 나오는 여성 이미지를 긍정적으로 재인식하는 것과 더불어 여성들은 오늘날 그들 자신의 경험에 투영된 신을 본다. 히스패닉 사회에서 아부엘라(abuela)라고 불리는 할머니는 가정에서 중요한 지혜의 인물로서 전통을 전수하고 관습을 생생하게 유지한다. 한 젊은 여인은 하나님을 가리켜 자신이 몸부림칠 때 용기를 주는 할머니와 같다고 썼고, 많은 이들이 이에 공감했다. 밴쿠버 교구의 한 성공회 사제는 배타적이지 않은 언어로 주일 성찬 및 교회의 주요 축일에 사용할 기도문을 지었다. 그녀가 쓴 크리스마스 기도문은 이러하다.

우리의 집인 지구를 지으신 이여,
당신은 별이 총총히 박힌 치마로 하늘을 쓸고 가며,
동녘 하늘을 닦아 새날에 빛을 가져옵니다.
아기 그리스도가 탄생할 때 우리에게 오셔서
전우주에서 당신의 충만한 구원을 발견하게 하셨습니다.

어머니, 평화의 아이, 사랑의 영

셋이자 하나이신 분이시여. 아멘.

또다른 많은 방법으로, 여성들은 하나님과 접촉하는 미개척지를 탐구한다. 종교 언어와 성사(聖事)를 새로이 표현하고, 전통에 대한 고전자료를 새롭게 읽고, 여성됨을 천히 여기는 것이 아니라 그것을 축복하는 새로운 영성을 모색하기 위해 애쓴다. 이러한 여성 이미지로부터 온 발상은 하나님의 심오한 신비를 새롭게 음미하도록 일깨우면서 또한 전통적인 하나님의 속성을 변혁시킨다. 이러한 작업은 살아계신 하나님과 세상의 관계, 모든 것을 끌어안는 내재성, 상처받을 수 있다는 사실 및 경이 속에 이뤄지는 생명과의 깊은 모성적 연대, 다른 이들과 함께 고통받는 능력, 해로움에 맞서는 창조적인 힘을 북돋움, 그리고 절대적 긍휼과 포용성을 강조함으로써 이루어진다. 소피아인 지혜의 목적은 어떤 억압구조에도 관여하지 않고 생명과 자유를 주는 것이다. 이는 단지 이미지의 문제만이 아니다. 불의와 폭력의 상황에서 빛나는 이들 여성 상징의 역동성은 새로운 세상을 이루기 위한 몸짓에 힘을 더해준다. 그 세상은 한인 신학자 정현경이 쓴 것처럼 여성들이 더이상 태양을 비추는 달이기를 멈추고, "불타는 생명의 중심에서 스스로 빛나며 지구의 생명을 기르는 태양이 될 수 있는" 세상이다.

이원론의 위험

이러한 기획에 위험이 있음을 알리는 것 역시 중요하다. 많은 신학자들이 여성신학의 성과를 활용, 하나님이 여성의 '특성'이나 '차원'이나 '자질'을 갖고 있다고들 하는데, 이는 아버지 하나님이 모성의 측면 또한 갖고 있다는 결론에 이르게 된다. 이런 움직임의 기저에는 인간에 대한 그릇된 인식이 깔려 있다. 이는 그리스 철학의 물질과 영혼에서 비롯되었기에 철저히 이원론적이며, 여성과 남성을 엄격히 구별한다. 남녀의 생물학적 차이에서 시작해서, 생식에서 수행하는 남녀의 역할에 따라 이미 결정된 특징을 각각 남녀에게 할당하고, 마침내 남녀 각각 반드시 따라야 할 구별된 사회적 역할을 상정하는 것으로 끝난다. 구체적으로, 이런 관점은 남성의 본성을 적극적이고, 강력하고, 합리적이고, 조직을 구성할 수 있는 것으로, 그래서 공적 영역에서의 리더십에 적합한 것으로 간주한다. 반면 여성의 본성은 수동적이고, 순응적이며, 감정적이고, 조직을 수용하는 것으로, 그래서 사적 영역에서 양육을 담당하기에 적합한 것으로 간주된다.

고대사회에서 성 이원론(gender dualism)에 관한 철학적 '신화'는 생식에 대한 무지에 의해 북돋워졌다. 당시엔 정자를 생명의 근간으로 봤고 여성은 단지 정자를 수동적으로 받는 일종의 씨받이로 보았다. 난자의 존재에 대해서는 아무도 몰랐다. 그러나 바른 생물학적 지식을 갖게 된 요즘에도 이원론은 여전한 가부장 문화와 남성중심주의적 상상력에 의해 증진되고 있다. 이 노선을 밟는 학자들은 자신들의 주장을 융 심리학으로 뒷받침하려 든다. 여성성을 무의식, 꿈과 환상, 로고스(이성)보다 에로스(욕망), 어둠, 죽음, 깊음, 수용성, 본능, 감정, 육체성과 연관시킨다. 이런 설명이 실제 삶에 적용되어 '자연스럽게' 받아들여지면, 하나님(적극적이고 남성적)이 세상(수용적이고 여성적)을 다스리듯이 남편이 아내를, 아버지가 자녀를, 성직자가 평신도를, 머리가 가슴을 다스리는 것이 당연하게 받아들여진다. 여성은 아버지, 남편, 성직자의 권위에 당연히 복종해야 하고, 그렇지 않으면 하나님이 세상에 부여한 질서를 어지럽히는 것이다.

신학자들은 거룩한 하나님이 남성과 여성의 특성을 이원론적으로 정해놓지 않았다는 사실을 강조한다. 마치 하나님이 동물적 특성(어미곰, 공중에 떠 있는 새)이나 광물적 특성(바위)을 갖지 않은 것처럼 말이다. 이런 식의 그릇된 이해는 여성신학이 신개척지에서 애써 발견한 지혜를 무기력하게 만든다. 그 지혜는 다름 아닌 남성중심주의를 파괴할 수 있는 힘이기도 하다. 이와는 반대로 전세계의 페미니스트, 우머니스트, 라티나 신학자들은 여성이 하나님의 신비 전체를 상징화하는 능력을 갖고 있다고 주장한다. 여성 이미지는 남성 이미지가 그랬듯이 충분하기도 하며 불충분하기도 할 것이다. 즉, 여성은 하나님을 어머니 됨과 양육함과 긍휼히 여김으로만 드러내는 것이 아니라 힘있고, 주도적이고, 창조-구속-구원을 이루고, 불의에 분노하고, 가난한 이들과 연대하고, 이 세상의 권력에 맞싸우고 때론 승리하는 모습으로 드러낸다. 이들 여성 이미지는 상상력을 재교육함으로써 모성의 열정, 맹렬한 보호, 정의에의 열망, 치유하는 힘, 포용적인 환대, 해방의 의지, 그리고 반위계적이며 모든 것에 스며든 관계성을 통찰한다. 하나님의 사랑은 이런 것에 의해 특징지어진다. 이 과정에서 이들 이미지는 여성이 하나님의 닮은 꼴이라는 확인도장을 찍어준다.

여성을 위한 성서적 정의를 실천하기

인간 존엄 앞에 남녀의 평등을 이루려는 여성들의 역사적 투쟁은 계속 진행중이며, 살아계신 하나님을 표현하는 여성상(像)이 늘어나는 상황이다. 살아계신 하나님은 여성답게 행한다. 하나님은 대담하고, 용감하며, 고집스럽게 여성의 번영을 바란다. 바로 이러한 통찰에서 성차별로 굴종을 겪는 여성을 각별하게 대하는 정의의 실천이 나오는 것이다. 이러한 실천은 마거릿 팔리(Margaret Farley)가 말한 "여성은 충만한 인간이며 그렇게 대접받아야 한다"는 원리를 따른다. 이는 세상을 변화시키는 행동이며, 여성의 인간 존엄성을 위반·격하하는 모든 것을 회복시킨다. 하나님은 하나님의 통치와 분리될 수 없고, 모든 존재를 충만히 살아있도록 하는 하나님의 의지와 분리될 수 없다. 이 길을 걷는 크리스천은 여성을 침묵·격하시키는 세상에서 소피아-하나님(Sophia-God)의 해방하는 긍휼이 임하게 하기 위해 자신의 기득권을 내던진다. 피오렌차의 표현을 빌리자면, 교회는 자신 안에 깊이 스며든 가부장제와 결별하고 평등한 제자도의 공동체를 이루기 위해 부름받았다. 이는 또한 여성과 여아에 대한 차별과 배척과 폭력이 끝나는 세상, 모든 인종과 계급에 속한 여성들이 종속적 보조자나 변두리 대상에 머무는 대신 남성과 동등한 동반자가 되는 세상을 이루기 위한 투쟁에 신자들이 협력하고 도전해야 함을 의미한다. 여성들이 새롭게 개척한 신학적 접근은 어리석은 것이 아니며 유행을 좇는 것도 결코 아니다. 여성신학은 하나님을 더욱 온전한 방식으로 명명하고, 여성들이 처한 치열한 현실을 하나님에 대한 여성 상징과 이으려고 도모한다. 이를 통해 여성신학은 우상숭배적인 수준으로 고착된 하나님의 기존 이미지가 깨어지고, 여성들이 그들의 가장 깊은 속에서 힘을 내고, 종교·시민사회가 회개함으로 치유하는 정의(healing justice)를 향하게 될 거라는 신념을 품고 앞으로 나아간다. 그 길을 따라 하나님의 이름을 부르는 모든 여성들은 전인류와 지구를 향한 소피아의 환대라는 신비의 진리조각 하나를 빚어낸다.

더 읽을거리

가부장제, 차별 등과 맞서온 여성신앙의 역사는 Elizabeth Clark and Herbert Richardson, eds., *Women and Religion: The Original Sourcebook of Women in Christian Thought* (San Francisco: HarperSanFrancisco, 1996)를 보라. 조직신학에서의 기초개념들을 잘 정리한 책으로는 Anne Clifford, *Introducing Feminist Theology* (Maryknoll, N.Y.: Orbis, 2001)가 있다. Carol Newsom and Sharon Ringe, eds., *Women's Bible Commentary* (Louisville: Westminster John Knox, 1998)에는 새로운 성서적 해석을 위한 풍부한 자료

들이 포함돼 있다.

앵글로-유럽 페미니스트 신학의 초기 고전이자 하나님에 대한 고민을 담은 책으로는 Mary Daly, *Beyond God the Father* (Boston: Beacon, 1973)가 있다. 이 책은 가부장적 하나님을 날카롭게 파헤치고 있다. Rosemary Radford Ruether, *Sexism and God-Talk: Toward a Feminist Theology* (Boston: Beacon, 1983)는 예언자적 전통에서 해방하는 하나님을 회복시킨다. Elisabeth Schüssler Fiorenza, *In Memory of Her: A Feminist Theological Reconstruction of Christian Origins* (New York: Crossroad, 1983)는 소피아에 대한 성서적 상징을 발전시킨다.

이전 장에서 해방신학에 기여한 여성들의 작업에 더하여 전지구적 차원에서 여성들의 신학을 조명한 책으로는 Ursula King, ed., *Feminist Theology from the Third World* (Orbis, 1994)가 있다. Chung Hyun Kyung, *Struggle To Be the Sun Again: Introducing Asian Women's Theology* (Orbis, 1994); Mercy Amba Oduyoye, *Daughters of Anowa: African Women and Patriarchy* (Orbis, 1995), Mary John Mananzan et al., eds. *Women Resisting Violence: Spirituality for Life* (Orbis, 1996) (Philippines), Meehyun Chung, ed., *Breaking Silence: Theology from Asian Women* (Delhi: ISPCK, 2006), Agnes Brazal and Andrea Lizares Si, eds., *Body and Sexuality: Theological-Pastoral Perspectives of Women in Asia* (Manila: Ateneo, 2007) 등도 참고하라. 유럽과 오스트레일리아를 포함한 전세계의 에세이를 모은 개론서로는 Elisabeth Schüssler Fiorenza, ed., *The Power of Naming: A Concilium Reader in Feminist Liberation Theology* (Orbis, 1996)을 보라. 특히 Shawn Copeland, "Critical

Theologies for the Liberation of Women," pp. 70~80과 Sallie McFague, "Mother God," pp. 324~29을 보라.

성서적 연구를 포함해 하나님에 대한 이야기에 천착한 핵심 저작들은 다음과 같다. Phyllis Trible, *God and the Rhetoric of Sexuality* (Philadelphia: Fortress, 1978); Sallie McFague, *Models of God: Theology for an Ecological, Nuclear Age* (Philadelphia: Fortress, 1987), Elizabeth Johnson, *She Who Is: The Mystery of God in Feminist Theological Discourse* (New York: Crossroad, 1992) 등이 있다. Mary Kathleen Speegle Schmitt, *Seasons of the Feminine Divine: Christian Feminist Prayers for the Liturgical Cycle*, 3 vols. (New York: Crossroad, 1993~95)에는 크리스마스 기도가 포함돼 있다(vol. 2, cycle B).

6

사슬을 깨뜨리는 하나님

백인 우월주의와 인종차별

'신세계'에 노예로 잡혀온 아프리카인의 생생한 경험에서 나온 하나님. 그 후손들이 물려받고 오늘날 미국 흑인 신학자들이 새롭게 밝혀낸 하나님에 대한 통찰을 살펴보자. 16세기에 시작해서 거의 4세기에 걸쳐 약 1천만 명의 아프리카인들이 대서양을 건너 미국에 팔려왔다. 우리로서는 상상하기도 힘들고 이해하기도 어려운 끔찍한 비극이다. 그들은 고향에서 끌려와 가혹한 환경의 노예선에 실렸다. 대서양 노예무역 항로를 지나오는 동안 살아남은 이들은 경매에 넘겨졌다. 그들을 기다린 것은 농장과 집안에서의 쉴 새 없는 노동, 가혹한 매질, 성폭력, 굶주림, 그리고 때이른 죽음뿐이었다. 자유를 빼앗긴 노예들은 안정적인 가족간의 유대를 가질 수 없었다. 주인이 가족들을 여기저기로 팔면 뿔뿔이 흩어져야 했다. 노예 의존 경제를 유지하기 위해 아프리카인들은 사람이 아닌 소유물로 규정되었다.

아프리카 문화를 말살하려는 노예주의 노력에도 불구하고, 흑인들 고유의 믿음과 관습은 살아남았고, 영적인 힘이 생겨나는 모든 곳에서 그것은 중심을 차지했다. 흑인들은 백인들의 종교인 기독교와 만났고 일부는 이미 아프리카에서 접하기도 했다. 그 결과 두가지 흥미로운 일이 생겨났다. 노예로 잡혀온 이들은 자신들이 당한 억압의 경험에 의거해 기독교를 급진적으로 해석했다. 그들은 역사의 한가운데서 해방을 주는 하나님을 찾았다. 또한 그들의 믿음은 리듬과 예배 스타일과 아프리카 전통의 관점으로 나타났다. 예수 그리스도와 하나님에 대한 이러한 형태의 믿음은 후손들에게 전해졌고, 수세기에 걸친 노예살이를 견디게 해주었다. 이 믿음은 남북전쟁(1861~65) 이후에도 짐 크로우 법안(Jim Crow laws, 공공장소에서 흑인과 백인의 분리와 차별을 규정한 법안으로 1876년부터 1965년까지 존속했다—옮긴이)이 제정되고 백인들이 사적으로 흑인을 처형하는 등 1세기 동안 계속된 차별 내내 흑인들에게 힘이 되었고, 1950년대와 60년대의 인권운동 시대에도 동일하게 작용했다. 백인에 의한 인종차별이 놀랄 정도로 성행하는 오늘날 미국 사회에서도 이 믿음은 계속해서 흑인 크리스천들을 지탱해주고 있다. 이 믿음은 엄청난 불의에 대한 유일한 답변이며, 말할 수 없는 슬픔을 견뎌낼 힘, 비인간적인 세력에 저항하는 용기, 자유를 위해 분투할 수 있는 희망을 준다.

그 중심에는 사슬을 깨뜨리는 하나님이 계신다.

고갱이

백인 노예소유주와 이들이 후원하는 설교자들은 노예들에게 기독교를 하늘에 계신 한분 주인 아래서 지상의 법과 질서를 따르는 종교라고 가르쳤다. 당연히 반항하는 것보다 유순한 것이 더 바람직한 자세로 여겨졌다. "노예들아, 이 땅의 주인들에게 두려움과 떨림으로 복종하라" (에베소서 6:5)는 성서의 명령은 로마제국의 노예제도 현실을 반영한 것인데, 정작 미국 땅에서 가장 인기있는 구절이 되었다. 좋은 노예는 자신의 몫에 만족하고, 명령을 수행함에 있어 협조적이며, 들판과 가정에서 생산적이고, 죽음이 그들을 자유롭게 할 때를 기꺼이 기다린다.

그러나 사실 노예가 된 아프리카인들은 성서가 자신들에게 말해주는 뭔가 다른 이야기를 들었다. 타락에 맞서는 투쟁을 통해 그들은 하나님은 결코 차별하는 분이 아니며, 모든 사람을 '그의 자녀'로 삼아 사랑하는 분이라는 혁명적인 교리를 붙잡았다. 그들은 노예제도가 주는 잔혹한 고통을 견디면서 예수가 노예와 자유인, 흑인과 백인, 부자와 빈자 모든 사람을 위해 죽고 부활하셨음을 의심하지 않았다. 그들은 놀랍고도 창조적인 영적 통찰에 의해 복음의 고갱이, 즉 예수가 모든 사람을 자유롭게 하려고 왔음을 깨달았다. 드디어 그들은 기독교 신앙의 가장 깊은 핵심에 비추어 주인의 삶에 드러난 위선을 보게 되었다.

남북전쟁 전의 미국에서 '인간 취급을 받지 못하는' 흑인 노예들이 존경받던 백인 노예주보다 기독교 신앙을 더 진심으로 이해하고 살아냈으며, 그로 인해 고통을 받았다는 사실은 우리의 눈을 열어준다. 알버트 라보토(Albert Raboteau)는 『노예종교: 남북전쟁 이전 남부의 '보이지 않는 교회'』(Slave Religion: The 'Invisible Institution' in the Antebellum South)라는 책에서, 기독교가 받은 핍박의 역사적 사례를 논할 때 흔히 로마의 압제 하에 많은 순교자가 나온 초대교회를 언급하거나 소련과 동유럽 공산치하에서의 핍박을 언급하겠지만, 정작 미국의 흑인 크리스천들이 당한 고통을 대표 사례로 꼽는 사람은 거의 없다고 말했다. 흑인들의 믿음이 훼방과 억압을 받을 정도였다는 사실은 그들이 박해에 굴하지 않은 고백자요, 순교자임을 증명한다. 라보토가 썼듯이 "노예들은 노예제도와 기독교가 양립할 수 없다고 단언한 반면 노예소유자들은 이를 거부했다. 노예소유 기독교(slaveholding Christianity)란 말부터가 모순이다. 말하자면, 그것은 이단이다."

흑인들은 하나님이 억압받는 이들의 해방자임을 감지했고, 이는 영적·육적 해방을 쟁취하기 위한 투쟁에 강한 자극을 주었다. 때로 그들의 믿음은 탈출이라는 방식의 저항으로 표현됐고, 도주하기 전에는 기도가 드려졌다. 다른 때에는 종교 그 자체의 실천이 반역적이었다. 많은 주인들이 노예를 교회에 보내서 유순함을 주입하는 종교에 길들여지게 했던 반면, 다른 이들은 노예들이 뭉치고 저항할 것을 두려워해서 노예의 예배 출석을 금했다. 노예들은 발각되면 모진 몽둥이질을 받게 될 것을 잘 알면서도 숲, 골짜기, 계곡에 모여 심야 비밀기도회를 가졌다. 과거 노예였던 사라 로즈(Sarah Rhodes)는 '조용한 은신처' 모임이라 불린 비밀기도회에 대해 이렇게 말했다.

우리는 몰래 숲으로 가서 모임을 가졌습니다. 마치 성령이 우리를 움직인 것처럼 말이죠. 우리는 좋을 대로 노래하고 실컷 기도했습니다. 참으로 우리는 좋은 모임을 가졌지요. 하나님이 말씀하신 대로 강에서 세례를 베풀었습니다. 우리는 어둔 밤 강둑에서 영이 충만한 모임을 가졌고 하나님은 거기서 우리를 만나주셨습니다.

하나님이 거기서 우리를 만나주셨다. 이것은 하나님에 대한 순종 때문에 주인에게 불순종하는 반항하는 믿음이다. 이 믿음은 주인이 자신들을 재산으로 취급하는 것과는 전혀 다른 내면세계로 들어가게 해주었고, 자신이 비인간화되는 것을 조용하지만 완강하게 거절할 힘을 주었다. 고통과 기쁨이 함께하는 노예의 신앙에서, 깊고도 예언자적이며 도전을 던지는 미국 기독교의 살아있는 전통이 나왔다.

하나님에 대한 개념

흑인들은 자신들보다 높고, 자신들을 노예삼은 이들보다도 더 높은 분에 대한 믿음을 지녔기 때문에 가혹한 제도적 억압 및 심리적 억압(절망이나 무가치한 존재라는 느낌)을 이길 수 있었다. 하나님을 나의 창조주라고 말하는 것은 백인 소유주가 내 존재의 근거가 아니라고 말하는 것이다. 인간으로서 자신에 대한 도덕적 자율성이 생겨난 것이다. 하지만 좀더 구체적으로 볼 때, 노예종교는 고통과 해방에 관한 성서의 두가지 사건에 의해 형성되었다. 그 하나는 이스라엘의 출애굽이고 다른 하나는 예수의 십자가와 부활 사건이다.

파라오와 맞선 모세는 불타는 떨기나무에서 만난 하나님의 뜻을 전달했다. "내 백성을 가게 하라"(출애굽기 5:1)는 모세의 말은 흑인들에게 결코 잊을 수 없는 말이다. 이스라엘 백성의 노예살이는 많은 시험과 고난 끝에 홍해를 건너고 광야에 도착하면서 끝난다. 하나님의 승리는 지금 약속의 땅으로 떠나는 사람들의 자유 속에서 성취된다. 흑인 노예종교는 출애굽을 자신의 경험으로 삼았기에 이집트에서 노예살이하는 이스라엘 백성과 자신들을 강하게 동일시했다. 이집트 공사감독 치하에서 터져 나오는 히브리 노예들의 울부짖음은 자신들의 울부짖음이었다. 구원에 대한 그들의 열망 또한 자신들의 열망이었다. 출애굽 이야기의 결말은 하나님이 그들의 편임을 확인해주었다. 이 이야기를 말하고 노래하는 것은 혼돈 속에서 목표를 찾는 방법이었고, 완전히 다른 미래를 상상함으로써 희망을 북돋는 방법이었다. 하나님은 사슬을 깨뜨릴 것이라고 그들은 확신했다.

예수의 죽음과 부활에 대한 강조는 설교자들의 의도대로 지상의 고난을 수동적으로 받아들이고 내세의 희망을 수용하도록 한 측면도 있다. 하지만 노예기독교는 좀더 위험한 해석을 끌어냈다. 그것은 고난을 당한 예수가 흑인들의 고난을 누구보다도 더 잘 이해한다는 것이다. 그러한 동병상련의 친밀감은 가혹한 고통을 견딜 수 있게 해주었다. 이렇듯 예수의 부활은 그들에게 희망을 주었는데 천국만 바라보는 희망이 아니라 불의에 맞서 힘을 북돋는 희망을 주었다. 흑인 신학자 제임스 콘(James Cone)이 요약해서 보여줬듯이 "천국을 믿는 것은 이 땅에 지옥을 용납하지 않는 것이다." 그리스도의 부활에 드러났듯이 노예들이 미래를 꿈꾼다는 것은 그들에게 고통을 가하는 이 땅의 불의와, 하나님이 그들을 그리스도 안에 살도록 의도한 방식 사이의 모순을 직시하는 것이다. 천국이란 그들이 고향에 돌아가는 것을 의미한다. 이 약속된 미래는 단지 절망을 모면하는 것에 그치지 않았다. 이는 또한 그들이 현 질서에 저항하도록 했다. 굴욕적인 노예살이는 장차 받을 면류관과 어울리지 않기 때문이었다. 이런 정신은 그들이 지은 노래에서 뿜어져 나온다.

오 자유! 오 자유!
오 자유! 나는 자유를 사랑하네!
노예가 되기 전에
무덤에 묻히기 전에
내 주님 계신 집에 돌아가 자유하리라

영가

황량한 시기에 노예들이 지은 노래만큼 사슬을 깨뜨리는 하나님을 잘 전해주는 것도 없었다. 흑인 영가라고 알려진 이 노래들은 그들의 믿음을 이성적인 방식이 아니라 격식을 차리지 않은 감동적이고 극적인 언어로 표현했다. 영가는 아프리카에서 온 리듬, 선율, 애가(哀歌) 형식과 유럽 기독교에서 온 성서의 내용을 결합했다. 유연하고 즉흥적인 방식으로 연주되는 영가는 곡조가 시작되기 전 멘트가 더해지기도 하고, 박수, 발구름, 원무(圓舞)와 함께 불리기도 한다. 영가는 교회, 기도회, 노예거주지에서 불렸으며 뜨거운 태양 아래 들판에서 흥얼거리는 공동체 예배의 매체였다.

　영가는 노예의 경험과 정체성을 형성하는 데 대단한 힘을 갖고 있었다. 슬픔, 공포, 기쁨, 희망의 감정을 표현해주는 영가는 견딜 수 없는 수모에도 흑인들을 꿋꿋이 버티게 해주었다. 제임스 콘은 영가에는 하나님 자신의 영이 사람들의 삶으로 들어와서 무너질 때 세워주고, 기울어질 때 올라가게 해주는 힘이 있다고 설명했다. 이 노래를 부를 때 공동체 안에는 하나님이 그들과 함께 계시다는 뚜렷한 느낌이 들고, 다음과 같은 용기가 생긴다.

　　다니엘을 구원하신 내 주님이
　　왜 나를 구원하지 않으시겠는가?

고통으로 가득 찬 노랫말은 "요단강 건너, 빛난 천국"이자 구원의 땅에 사람들이 도착하는 그날, 마침내 고향에 이르러 모든 사람이 "환대의 식탁에 앉을" 수 있다고 말해준다.

　억압받는 사람들의 음악적 특성이 그렇듯이 일군의 영가는 사회에 대한 비판을 은근히 내보이기도 했다. 자주 등장하는 자유와 귀향의 주제는 그저 훗날 천국에 가는 것으로만 다뤄지지 않고 지금 이 땅에서의 저항과 탈출로 다뤄지기도 했다. 다이애너 헤이즈(Diana Hayes)는 그 연관성을 다음과 같이 설명한다.

> 흑인들은 가나안(Canaan)에 대한 노래를 부르고 캐나다(Canada)로 탈출했다. 그들은 몰래 북쪽으로 달아나면서 「남몰래 예수께로 가네」(Steal Away to Jesus)를 불렀고, 오하이오강, 델라웨어강, 미시시피강을 건너면서 「강을 건너네」(Wade in the Water)를 불렀다.

특히 속박을 깨뜨려야 할 시도가 절박할 때면 영가의 이러한 면이 더 잘 드러났다. 라보토는 영가를 주로 정치적 해방의 노래로 보는 것을 경계했다. 압제의 세월 이 땅에서 노예의 굴레를 벗는 것이 예수 그리스도가 가져다준 구속의 중심요소로 여겨진 것은 엄연한 사실이다. 하지만 현실적으로 당장 그런 일이 일어날 가능성은 희박했기 때문에 노예제라는 현실 앞에 영가는 깊은 종교적 차원으로 발산되었다. 비인간화에 대한 저항을 숨기는 대신 영가는 노예들이 고통 속에서도 의미를 찾을 수 있도록 도왔다. 이를 위해 창세기에서 계시록까지 신구약성경 전체에서 뽑은 주제와 사건을 노예들 자신의 경험으로 해석했다. 천사와 씨름한 야곱, 파라오와 맞선 모세, 사자굴에 들어간 다니엘, 빈 무덤 앞에서 '슬피 운 마리아,' 갈릴리 바다에 '빠져 들어가는 베드로,' 다락방에서 '의심했던 도마'처럼 믿음의 시험을 겪은 인물들은 노예들이 현실을 견디고 이에 저항하도록 힘을 돋우는 영가 속 살아있는 인물이었다. 이런 과정에서 성경의 상징은 노예들 자신의 고달픈 일상 속에서 도움의 횃불이 되었다. 글을 읽지 못하는 절대 다수 노예들에게, 영가는 하나님의 말씀을 접하는 통로였다. 그리고 "영가 덕분에 적어도 일시적이나마 각 개인의 슬픔과 고생이 누그러들고 의미를 부여받았다." 영가는 해답을 주지는 못했지만 모든 것을 이겨낼 수 있게 해주었고 어쨌든 삶이 가치가 있음을 확신하게 해주었다.

영가가 지닌 힘의 비결 중 하나는 노예들이 견뎌내는 고통을 명백히 명명하는 데 있다. 인생은 눈물 골짜기며, 슬픔과 곤함과 고생의 길이다.

> 때로 나는 일어서고 때로 나는 주저앉네.
> 때로 나는 거의 바닥을 기네.

비록 그렇다 하더라도 믿음은 기쁨의 음표를 끌어낸다. 위 영가의 후렴구는 노예의 고통을 예수와 긴밀하게 연관시킨다.

> 내 겪는 고생은 아무도 모르네.
> 예수밖에는 아무도 모르네.
> 내 가진 고생은 아무도 모르네.
> 영광 할렐루야!

노예들은 이 땅에서 예수가 낮은 자를 도우려 권능을 사용했음을 알았다. 그들은 또한 예수가 겪은 고통의 면면도 알았다. "그들은 함성을 지르며 그를 언덕 위로 끌고 갔네 (…) 그들은 가시관을 그에게 씌웠네 (…) 그들은 그를 십자가에 못박았네." 그리스도의 고난은 인간이 처한 상황에 자애롭게 관여하는 하나님의 사랑을 말해준다. 그리스도의 고난을 통해 노예들은 하나님이 자신들과 연대했고, 노예제도가 부정하는 존엄성이 자신들에게 부여되었음을 깨달았다. 그들의 가치는 백인 소유주에 의해서가 아니라 예수가 말하고 행한 것에 의해 결정되었다. 이것은 이 불후의 애가에서 쏟아져 나온 놀라운 통찰이었다.

> 그들이 내 주를 십자가에 못박았을 때 너 거기 있었는가?
> 그들이 내 주를 십자가에 못박았을 때 너 거기 있었는가?
> 오, 나는 때로 그것 때문에 전율하고 전율하고 전율하네.
> 그들이 내 주를 십자가에 못박았을 때 너 거기 있었는가?

흑인들은 노예살이에도 불구하고 십자가를 통해 삶의 의미를 발견했다. 자신들의 미래가 갈보리에서 죽은 분의 손에 있기 때문에 고통의 이야기는 '할렐루야'로 마무리될 수 있었다.

> 때로 나는 머리를 숙이고 눈물 흘리네.
> 그러나 예수가 내 눈물을 닦아주실 거라네.

이 희망의 이유는 위대한 주 그리스도가 죽은 자 가운데에서 부활하는 마지막 이야기에 있다. 죽음을 이기는 하나님의 승리는 눈물을 마르게 해주실 거라는 부르심과 공명한다.

> 마르다야, 더이상 울지 말라.
> 마리아야, 더이상 울지 말라.
> 예수가 죽은 자 가운데에서 부활하셨다.
> 복된 아침!

이 승리는 또한 유월절 사건과 직결된다.

> 오 마리아, 울지 말라. 슬퍼 말라.
> 오 마리아, 울지 말라. 슬퍼 말라.
> 바로의 군대가 수장되었으니
> 오 마리아. 울지 말라.

그리스도의 십자가와 부활을 굳게 부여잡음으로써 노예들은 자신들의 위엄을 볼 수 있었다. 인간으로서 자신들의 가치는 노예살이에 빠진 현재의 악하고 위험한 상황과 같지 않음을 보게 된 것이다. 하나님이 자신들을 구속하셨기에 어떤 사슬도 그들의 인간성을 영원히 억누를 수 없음을 확신했다.

나는 하나님의 자녀 내 영혼이 놓임을 받았네.
그리스도께서 내게 자유를 가져오셨다네.

이 '자유'라는 주제는 영가를 통해 흘러가다가 천국이라는 상징에서 크레센도(점점 크게)로 연주된다. 이것은 '죽으면 좋은 데 간다'는 식의 상징이 아니라, 결국 이기게 하시는 하나님의 은혜로 고통에 끝이 있음을 보여주는 강력한 표지이다. 나를 본향으로 데려다줄 배, 기차, 꽃마차의 모습으로 구원은 온다. 예수가 오셨고, 또 오실 거라는 기대는 다음과 같은 희망을 드러낸다.

예수가 오시면 그와 함께 돌아가겠네.
예수가 오시면 그와 함께 돌아가겠네.
오 그는 아마 오늘은 안 오실지도
하지만 그는 반드시 오실 거라네.
예수가 오시면 그와 함께 돌아가겠네.

예수가 오시면 더이상 죽음이 없네.
예수가 오시면 더이상 죽음이 없네.
오 그는 아마 오늘은 안 오실지도
하지만 그는 반드시 오실 거라네.
예수가 오시면 더이상 죽음이 없네.

더이상 "주인의 고함도, 길잡이 노릇도, 여주인의 꾸짖음도 없다." 모두가 편안하게 식탁에 앉을 것이다. 눈물은 사라지고 다함이 없는 안식과 영원한 쉼이 있을 것이다. 이 모든 천국의 이미지는 노예들이 현재 고통의 지평을 넓힘으로써 인생의 상징에 더해진 것이다. 일반적인 역사는 저들에게 희망이 없다고 말했다. 하지만 새하늘과 새땅의 비전은 그들의 영혼에 강력한 영향을 주었다. 그들은 역사의 바닥을 살아가되 그것에 지배당하지 않았다.

천국 이미지 중에서 가장 절절한 것은 재결합의 이미지였다. 부모와 자식, 연인, 친척, 친구가 천국에서 다시 만날 수 있다는 것은, 이 땅에서 재회할 기약도 없이 사랑하는 이들이 강제로 팔려가는 것을 지켜보았던 이들에게는 간절한 소망이었다. 전해지는 한 노예 이야기는 새로운 주인에게 팔린 이들이 길을 따라 떠나고 농장에 남게 된 이들이 펜스 안쪽에서 따라오는 장면을 다음과 같이 묘사한다. 어떤 이들은 소리를 지르며 손을 흔들고, 다른 이들은 나지막하게 찬송을 부른다. 떠나야만 하는 이들을 위로하는 익숙한 그 노래를.

> 우리 모두 천국에서 만날 때
> 더이상 헤어지지 않겠네.
> 우리 모두 천국에서 만날 때
> 더이상 헤어지지 않겠네.

영가는 강요된 이별의 고통 속에 깊이 새겨졌다. 하나님의 계획에 의해 다시 만날 거라는 소망은 흑인 노예들의 존재가 부당하게 깨지는 와중에도 그들의 인간됨을 지켜주었다.

"별들이 떨어지기 시작하는" 아침에, 영광뿐만 아니라 심판이 도착할 것이다. 복수는 노예들의 믿음에서 큰 위치를 차지하지 못한다. 그러나 양과 염소는 구별될 것이고, 악을 행하는 자들은 하나님의 정의에 따라 정해진 형벌을 받을 것이다. 신앙은 감상적인 것이 아니다. 하나님의 사랑은 정의를 수반하며, 노예 상인들에게 하나님의 방식으로 복수하는 분노를 수반한다.

영가는 압제당하는 이들이 비참함 속에서도 영혼을 붙드시는 하나님을 경험할 수 있게 해주는 독특한 신앙의 창작물이다. 그들의 질문은 하나님이 계시느냐 아니냐가 아니라, 고통 속에 하나님이 함께하시느냐 아니냐에 관한 것이다. 오랜 세월에 걸쳐 그들은 자신의 힘을 신뢰할 수 없음을, 노예제의 사슬을 끊을 수 없음을 알았다. 과거에 하나님의 해방의 노래는 미래의 희망찬 비전을 열어주었고, 이는 현재 인간의 존엄성을 살아있게 해주었다. "내 백성을 가게 하라." 이는 강자의 불의로부터 약자를 해방시킬 것이라는 하나님의 약속을 일깨운다. 신의 임재는 "곤고한 땅에서 반석"이 되시고 "환난 때의 피난처"가 되시고, 넘어지지 않도록 붙드는 손이 되신다. 인간을 돈벌이를 위한 소유물로 취급하는 경제적·법적·사회적 체제 안에서, 영가는 자유로 가는 긴 여정 속에 있는 흑인 노예들의 인간성을 고취해주었다.

노예 사슬이 마침내 끊어졌네, 마침내 끊어졌네, 마침내 끊어졌네.
노예 사슬이 마침내 끊어졌네.
죽는 날까지 하나님을 찬양하리.

흑인 해방신학

노예들에 의해 생겨난 이 종교적 유산은 다음 세대에 계승되었다. 사회적으로나 법적으로 흑백 평등을 촉구하고 나아가 남북전쟁 후에도 계속된 폭력의 세기를 끝내기 위해 일어난 1960년대 민권운동은 바로 이 유산에서 힘을 끌어왔고 그 힘은 현재 흑인 교회에 현존하고 있다. 흑인 설교 스타일과 예언자적 정확성을 갖춘 핵심 리더 마틴 루서 킹 주니어(Martin Luther King Jr.)도 자유를 위한 투쟁을 수행함에 있어 이 전통에 기대었다. 그의 연설과 글은 길이 평탄케 되고, 산이 낮아지며, 꺼져가는 등불을 살리시고, 정의가 강물처럼 흘러가며, 영광을 향해 나아가는 희망의 등불 이미지로 가득하며, 또한 모든 하나님의 자녀들이 평화롭게 살 수 있는 세상에 대한 예언자적 비전, 좌절된 자유의 꿈에 대한 애통("오 주여, 언제까지이니까 … 오래지 않게 하소서"), 출애굽 이야기에 대한 뜨거운 사랑으로 가득하다. 출애굽 이야기에는 애절하게도 약속의 땅 멤피스에서 킹이 암살당하기 전날 밤이 포함된다. "나는 여러분과 함께 갈 수 없을지도 모릅니다. 하지만 오늘밤 나는 우리가 약속의 땅에 도달할 것임을 여러분이 알기를 원합니다…" 바로 이 유산 덕분에 그는 애통과 절망에 맞설 수 있었고, 정의가 도래할 것을 기쁘게 희망할 수 있었다. 하나님은 의(義)의 편이기 때문에 "우린 승리하리라"(we shall overcome).

이러한 운동의 부분이자 결과인 흑인 출신 신학자들은 북미의 현실 속에서 흑인 해방신학을 탄생시켜 독특한 믿음의 비전을 명료하고 체계적인 언어로 드러냈다. 흑인 해방신학의 가장 큰 공헌자인 제임스 콘에 의하면, 이들의 작업은 다른 해방신학과 마찬가지로, "하나님의 존재를 이 세상에서 억압받는 공동체의 실존적인 상황에 비추어 이성적으로 연구하는 작업이며, 해방의 힘을 복음의 정수인 예수 그리스도와 연결시키는 작업이다." 이는 하나님의 활동, 즉 해방의 의미를 조리있게 말하는 것이다. 이 경우, 신학은 노예들이 움켜잡은 성경의 주제를 그 기반으로 삼는데, 이집트에서 억압받던 이스라엘 백성들을 풀어주는 데서 하나님이 나타나셨고, 항상 소외된 자들의 편이었던 예수 그리스도의 놀랄 만큼 자애로운 삶과 죽음, 부활에서도 하나님은 나타나셨다는 것이다. 역사를 통해 생생하게 드러났듯이 하나님은 이 땅에서 억압받는 백성의 해방에 참여하는 하나님이고, 오늘날 흑인 해방을 위한 투쟁에 여전히 참여하는 하나님이다. 성령으로 충만할 때 흑인 커뮤니티는 자신들을 억누르는 정치적·경제적·법률적·문화적 사슬을 깨뜨리기 위해 일하도록 힘을 부여받는다.

문제는 노예주에서 사회 기득권층으로 바뀐 백인들 역시 동일한 예수 그리스도의 하나님을 믿는다는 것이다. 인종차별 사회 안의 백인들은 피부색에 따라 흑인을 차별하는 제도 속에서 하나님께 복 주시기를 빈다. 이러한 패턴은 너무나 자연스럽게 스며들어서 백인들은 자신들이 얼마나 특권층인지 깨닫지 못한다. 백인적인 것은 어디에서나 규범적인 것이 된 반면, 그 규범에서 벗어난 이들에게는 '검다'는 표식이 달라붙는다. 그 작은 표식이 평생에 걸친 차별을 만들어낸다. 모든 기독교 신자는 하나님을 위해 존재한다고 주도적으로 말하는 것은 백인 교회다. 그러나 흑인에 대한 불경건한 행동이 이러한 하나님의 이름으로 행해졌다. 겉으로 보면 신체적 폭력이 없어진 것처럼 보이지만 실제로는 제도적 폭력이 흑인들의 삶을 황폐하게 만들고 있다. 흑인으로서의 경험은 백인 우월주의 구도 속에서 날마다 되풀이되는 일상이다. 그러므로 이러한 흑인의 관점에서 비롯된 흑인신학의 질문은 필연적으로 "우리는 어떻게 이 땅의 억압자들과 한통속이 되지 않으면서 하나님을 말할 수 있는가?"가 될 수밖에 없다.

흑인신학은 딜레마를 해결하기 위해 창조하고 구원하며 영감을 주는 하나님, 해방을 몸소 실천하는 하나님, 모든 억압받는 자에게 미래를 약속하고 해방시키는 하나님을 묵상하는 것에 머무르지 않는다. 흑인신학은 아주 구체적인 움직임을 만들어낸다. "인종차별 사회에서 하나님은 결코 색맹이 아니다." 즉, 하나님이 불의에 눈감거나 선과 악의 차이에 눈감지 않음을 확신한다. 분명히 하나님은 고통받는 자들, 즉 흑인의 편에 서신다. 흑인신학은 새 포도주에 해당하는 이러한 통찰을 하나님은 검다는 새 부대의 상징에 담는다. 콘이 선언하듯이, "하나님이 검다는 선언과, 인종차별 사회에서 이 선언이 함의하는 모든 것이야말로 흑인신학 교리의 핵심이다."

검은 하나님이라는 이미지의 중요성은 백인 사회와 교회가 지배적인 위치를 차지하는 환경에서 더욱 분명해진다. 이런 환경에서의 설교 및 교리문답은 다수 인종의 정치적·문화적 이해에 따라 해석된다. 백인 미국 신학자들 역시 권력구조와 맞물린 그들의 정체성 때문에 하나님의 성품을 백인 사회의 이해관계 속에서 분석한다. 자신의 역사에 갇혀 있다보니 인간의 존엄, 평등, 자유를 위해 분투하는 흑인의 입장에 비추어 복음을 분석하는 경우는 거의 없다. 대부분의 사람들과 마찬가지로 백인 신학자들은 하나님이 인종적 특성을 갖지 않는다고 인정한다. 교회와 사회에서 보편적인 하나님의 이미지는 전능한 백인 남자로서의 하나님임에도 말이다. 백인 하나님은 인종차별이 만들어낸 우상이며, 사회에서 백인의 지배적인 위치를 공고히해준다. 선지자들은 항상 거짓 이미지를 박살내는 우상파괴자의 소명을 부여받는다. "하나님은 검다"고 선언하라. 그리하면 현실에 대한 새로운 비전이 솟아오를 것이다.

하나님이 검다고 말하는 것은 하나님이 억압된 상황을 취하시고, 그것을 자신의 상황으로 만드신다는 뜻이다. 이는 출애굽 사건과 예수의 삶을 통해 선명히 드러난다. 성경의 하나님은 굴욕과 심한 고통을 당하는 이들과 자신을 동일시하신다. 이러한 하나님의 연대는 그저 불쌍하게 여기는 것을 의미하지 않는다. 도리어 하나님의 가장 대표적인 행동은 해방이다. 눌린 이들의 해방에 동참하는 하나님이 아니라면 하나님은 없다. 그러므로 자유를 향한 흑인의 투쟁에 연대하는 하나님은 자기만족의 하나님이 아니며, 지배사회가 믿는 인종차별적인 백인 하나님이 아니다. 하나님은 무색이 아니다. 색깔 없는 하나님은 피부색 때문에 고통받는 이들의 사회에 도전하거나 이를 반박하지 않는다. 흑인의 편에 서는 하나님은 검다. 흑인의 운명과 자신의 영광이 승리하는 것을 연결짓는 하나님은 검다.

결과적으로 신실한 신자가 되려면 "우리는 하나님과 함께 검어져야 한다." 흑인에게 이는 그들에게 부과된 백인의 전형을 거부하고 검은 몸뚱이 그대로의 자신을 사랑하는 것이다. 흑인 신학자 다이애너 헤이즈가 썼듯이 여기에는 "하나님의 형상을 우리의 흑인됨 안에서 축하하는 것"이 따라온다. 모든 인간이 조물주의 사랑을 받고 있음을 긍정하면서 하나님의 딸과 아들로서의 자기이해를 확신하는 것이다. 백인에게 이는 그들의 종교와 사회에 두루 퍼진 뿌리깊은 차별로부터 돌아서서 구원의 선물 ―그들의 인생에 새 방향을 선사할 하나님의 사랑과 이웃에 대한 진실한 사랑― 을 받아들임을 의미한다. 동시에 모든 크리스천에게 검은 피부를 가진 절대 타자로서의 하나님(the Wholly Other God)을 안다고 하는 것은 고통받는 이들의 편에 서서 해방을 향한 역사적 투쟁에 참가하는 것을 뜻한다.

흑인 하나님의 상징은 기독론에도 영향을 미친다. 교회와 가정에 걸려 있고, 흔히 성탄카드를 장식하는 예수는 금빛 머리에 파란 눈을 한 백인이 아니라 흑인이라는 것이다. 어떤 이들은 예수의 족보에 유대-아프리카 간 결혼이 있었다고 주장하지만, 예수가 흑인이라는 것이 꼭 생물학적 주장일 필요는 없다. 물론 한방울의 흑인 피만 섞여도 백인이 아니라고 보는 미친 인종 규정방식에 의하면 예수는 흑인이다. 그러나 예수의 흑인됨의 중요성은 계보적인 것이 아니라 종교적인 데 있다. 그의 탄생, 사역, 죽음 속에서, 그리고 오늘날 공동체에서 임하는 그의 현존에서, 흑인 그리스도의 실존적 헌신은 성육신한 하나님의 구원 능력과 이 땅에서 멸시받는 이들을 결합시킨다. 흑인 예수라는 상징은 그리스도가 흑인들의 인종차별 경험과 그에 대한 저항, 그리고 생명과 온전함을 위해 벌이는 투쟁을 자신의 것으로 여긴다는 사실을 상기시킨다.

흑인신학은, 흑인들의 종교적 경험을 신학의 중요한 원천으로 사용함으로써, 노고와 기쁨으로 얼룩진 이들의 역사적 삶이 하나님의 성품에 대한 값진 통찰을 제공함을 보여준다. 아프리카 노예들의 종교적 유산을 백인 우월주의에 맞선 새시대의 투쟁으로 계승한 흑인신학은, 역사 속에 활동하는 거룩한 분에 대한 도발적인 이해를 모든 교회에 제안한다. "눌린 자들의 하나님은 노예의 사슬을 깨뜨리는 혁명의 하나님이다."

흑인 여성 생존신학(Womanist Survival Theology)

미국의 모든 흑인 신학자들이 이 정도로 만족한 것은 아니다. 특히 여성들은, 해방신학과 흑인 하나님의 상징이 인종차별에 맞서 하나님에 대한 흑인들의 이해를 분명히 표현했다고 인정하면서도, 더 많은 것이 이야기되어야 함을 주장한다. 흑인 여성들은 인종차별만이 아니라 성(性)적 편견으로도 고통받았다. 흑인이면서 여성인 사람은 백인우월주의와도 싸우지만 모든 피부색에 존재하는 가부장제와도 싸운다.

흑인 여성에 대한 편견은 흑인 사회는 물론 지독히 가부장적인 흑인 교회 자체에도 널리 퍼져 있다. 자신과 자녀들을 위한 길을 내려고 투쟁하는 흑인 여성들은, 해방신학이나 흑인 그리스도의 상징으로는 포착될 수 없는 종교적 경험을 갖고 있다.

성서에는 하나님과의 만남을 위한 다른 패러다임이 있고, 이는 흑인 여성의 경험에 말을 건넨다. 이들 패러다임 중에서 가장 큰 영향력을 미치는 것은 델로러스 윌리엄스(Delores Williams)가 여성의 활동에 초점을 맞추어 풍부하게 재해석한 하갈이라는 성서 인물로서 흑인 사회에서 조각, 시, 설교 등을 통해 몇세대에 걸쳐 전승되었다. 여기에서 핵심은 노예살이에서 약속의 땅으로의 탈출이 아니라 광야에서의 체류에 놓여 있다. 하나님이 일하시는 주요 동기도 해방이 아닌 생존에 있다.

하갈의 이야기는 창세기 16장과 21장에 나온다. 그녀는 하나님에게 택함받은 유대 백성이 아니라 아프리카계 여자 노예였다. 그녀는 삶과 죽음의 경계에서 두 차례에 걸쳐 극적으로 하나님과 만나는데 그중 한 번은 스스로 주도권을 쥐고 지극히 높은 자를 호명하는 일에 나섰다. 아브라함의 아내 사라에게 팔려온 이집트인 하갈은 미래를 향한 길을 위해 자신의 상황에 던져진 장애물을 헤쳐갈 방법을 끊임없이 모색한다. 하갈과 흑인 여성의 경험은, 양자가 공히 노예로 지낼 때나 그 이후의 삶에 있어서나 놀라울 정도로 유사하다.

이야기는 아기를 갖지 못하는 사라가 남편 아브라함을 자신의 여종인 하갈과 동침하게 하면서 시작된다. 두 사람의 결합이 하갈의 임신으로 이어지자 두 여인 간에 갈등의 불꽃이 튄다. 사라는 아브라함의 동의를 얻어 하갈을 학대한다. 이 여자 노예는 무자비함에 맞서 용감하게 저항한다. 달아난 것이다. 임신한 하갈은 광야에서 거룩한 자를 만난다. 그녀의 곤경에 거룩한 분은 어떻게 답변했을까? 하갈의 탈출을 격려하는 대신 깜짝 놀랄 가르침을 주신다. "돌아가라." 이 명령에는 여러 약속이 뒤따랐다. 하갈는 아들을 낳을 것이고 이스마엘이라고 이름할 것이다. 그녀의 후손은 셀 수 없을 정도로 크게 번성할 것이며 사실상 그녀는 큰 백성의 어머니가 될 것이다. 하갈은 자신에게 말씀하신 분을 엘로이(El-roi), 즉 보시는 하나님으로 불렀고, 그 이름은 그녀의 목숨을 부지시켜준 우물에 여전히 남아 있다. 어떤 상황에서 하나님은 죽음의 위협을 무릅쓰고 자유를 추구하기보다는 일단 살아남아 생명줄을 지켜나갈 것을 촉구한다는 것이 윌리엄스가 짚은 핵심이다. 아이가 태어나서 건강하게 자랄 수 있는 최고의 방편이 아브라함과 사라의 집에 있었기 때문에 하갈은 살아남으라는 하나님의 명령에 따라 행동했다.

하갈이 광야에서 두번째로 유랑할 때도 이 동기(motif)가 반복된다. 이때 하갈은 아들을 데리고 있었다. 하갈이 아브라함의 첫 아들을 낳은 뒤에 사라는 마침내 자신의 아이 이삭을 갖게 된다. 두 아이가 노는 것을 보면서 사라는 이스마엘이 아브라함의 유산을 나누어 가지게 될까 봐 그 아이와 어미를 집에서 쫓아낸다. 황량하고 메마른 광야에서 살아갈 충분한 방편이 없던 하갈과 아이는 배고픔과 목마름에 죽기 직전까지 간다. 그녀는 아이가 죽어가는 것을 차마 볼 수 없어 덤불 아래 누인다. 그렇게 울고 있을 때 하갈은 이스마엘이 큰 민족이 될 거라는 약속을 반복하는 천사의 목소리를 듣는다. "하나님이 하갈의 눈을 밝히시니, 하갈이 샘을 발견하고, 가서, 가죽부대에 물을 담아다가 아이에게 먹였다"(창세기 21:19). 하갈은 거룩한 자와 만남으로써 목숨을 부지할 수 있는 눈을 떴다. 다시 한번 그녀는 생존에 필요한 것을 발견했고, 그에 따라 행했다. 세월이 지나 하갈은 이스마엘이 이집트 여인과 결혼하도록 했다. 하나님의 약속은 시동을 걸었고 역사 속을 달려갔다.

 윌리엄스가 주목한 대로 하나님은 하갈의 부르짖음에 두번 응답함으로 그녀가 살아남도록 격려했고, 그녀의 유산(遺産)과 상황에 걸맞은 삶의 질을 누릴 수 있게 했다. 하갈이 겪은 노예살이, 가난, 인종적 편견, 성적·경제적 착취, 강간, 대리모 노릇, 가정 폭력, 노숙, 한부모 양육(single-parenting)은 미국 흑인 여성들이 직면하고 있는 상황과 고스란히 일치한다. 그들은 살아갈 방편 없이 광야에서 물을 찾아 헤매는 하갈에게서 자신의 모습을 본다. 이런 분투 속에서 그들은 천사의 음성을 듣는다. "교회 안의 흑인 여성들은 인격적이고 구제하는 하나님과의 진지한 만남, 그들 자신과 가족을 살리는 만남에 대해 거듭 거듭해서 증인이 되어왔다." 그들은 이 만남에 힘을 얻어 아무 길도 없는 데서 새 길을 내는 방법을 찾아낸다.

 하갈의 이야기는 조용하고, 현명하고, 극적인 전략을 다양하게 사용하며 생존의 지혜를 발휘해온 미국 흑인 여성의 역사에 주의를 돌리도록 한다. 감당하기 힘든 무게에 맞서 삶을 지탱해온 그들은 자기 가족의 생존과 성장을 도모했다. 그러므로 흑인신학이 주는 통찰은 두가지다. 하나님을 눌린 자들을 자유로 이끄는 해방자(God as Liberator)로 보는 해방 전통과, 광야 같은 세상을 지탱하는 부양자(God as Sustainer)로 보는 생존 전통이 그것이다. 궁극적 목표는 해방이지만, 하나님의 영은 그 해방의 길을 따라 살아남기 위한 매일의 몸부림을 지지한다. 하나님의 영은 사람들로 하여금 생존을 위한 새로운 방편을 찾도록 돕고, 자녀들의 미래를 다음과 같이 약속한다. "내가 광야에 길을 내리라"(이사야 43:19).

더 주목을 요하는 사안

우리는 미국 흑인 여성의 경험을 신학의 재료로 사용함으로써, 끊이지 않는 사안에 대해 다음과 같은 새로운 통찰을 갖는다.

✝ 먼저 하나님의 형상에 대해서 논하자면, 문제는 아버지, 주, 왕과 같은 남성 하나님이 지배적인 경우 여성들이 어떻게 자신을 하나님의 형상으로 여길 수 있을까 하는 것에 있지만, 이것만이 전부는 아니다. 문제는 왜 흑인 여성들이 이러한 하나님과 연결되어야 하느냐에서도 발생한다. 왜냐하면 이들 가부장적인 이름은 타자 위에 군림하는 힘을 뜻하고, 그런 힘에 학대를 받아온 이들에게 남성 지배자인 하나님의 이름은 동일한 공포를 자아내기 때문이다. 하나님이 주(Lord)라는 사실은 내 존재에 대한 최종 결정권을 노예주가 가진 게 아님을 일깨우지만, 그 본질상 결함이 있는 지상의 이미지는 천상의 이미지에도 영향을 끼

친다. 페트리샤 헌터(Patricia Hunter)가 말한 대로, "노예살이의 역사를 가진 사람들은 주(Lord)나 주인(Master, 이는 영어권에서 예수 그리스도를 가리키는 흔한 호칭이다—옮긴이) 같은 가부장적인 명칭에서 사랑스럽거나 친절한 이미지를 떠올리지 않는다."

✝ 마찬가지로, 남성 그리스도의 이미지가 고수된다면 흑인 그리스도의 상징은 흑인 사회 안에서 여성이 당하는 억압을 다룰 수 없다. 켈리 브라운 더글라스(Kelly Brown Douglas)가 주장하듯이 오직 여성이 그리스도의 초상(icon)으로 간주될 때만이 흑인 그리스도의 생존시키고 해방시키는 예언자적인 현존이 전체 흑인 사회에 기여할 수 있다. 우리는 가장 가난한 흑인 여성들의 얼굴, 즉 흑인 공동체가 살아남도록 분투한 소저너 트루스(Sojourner Truth, 1797~1883. 흑인 여성 노예로 태어나 여권운동가로 살았던 이사벨라 바움프리가 1843년부터 스스로 만들어 사용한 이름. "나는 여성이 아닌가요?"라는 유명한 연설에서 오늘날 여성신학이라 불리는 것을 선취한 바 있다—옮긴이), 해리엇 터브만(Harriet Tubman, 1820~1913. 노예해방 운동을 실천한 인권운동가로서 수많은 노예를 탈출시켰다. 남북전쟁 때 연합군의 스파이로 활약했으며 전후 여성참정권을 위해 싸웠다—옮긴이), 또는 패니 루 해머(Fannie Lou Hamer, 1917~1977. 흑인 소작농의 딸로 태어난 미국 참정권 운동가이자 민권운동 지도자. 성서적 정의에 대한 뜨거운 믿음에서 나오는 연설로 유명했다—옮긴이)의 얼굴에서 그리스도의 얼굴을 찾아 예배하는 법을 배워야 한다. 그럴 때에 가난한 흑인 여성의 얼굴이라는 상징이 지닌 축복이 우리에게 흘러들 것이다.

† 흑인 여성의 대리인 경험은 십자가의 해석에 있어 중요한 감수성을 제공한다. 노예제 아래에서, 흑인 여성은 가정에서(백인 여성의 자녀를 키우는 유모 노릇을 했다), 들판에서(80퍼센트의 여성 노예들은 보통 남자에게 부여된 밭 갈고, 씨 뿌리고, 추수하는 일까지 했다), 주인의 침대에서(백인 부인이 줄 수 없는 쾌락을 제공하기 위해 강간당했다) 대리인의 역할을 했다. 소유로 간주된 여성 노예들은 이러한 역할을 거부할 힘이 없었다. 이러한 쓰라린 대역의 경험이, 흑인 여성들이 겪은 피지배 경험의 독특한 한 측면을 형성한 결과, 그들은 대속에 대해 깊은 의구심을 갖게 되었다.

죄인된 인간이 받아야 할 형벌을 예수가 대신 받고 죽었다고 가르치는 전통적인 십자가 신학은 예수를 대속의 인물로 우뚝 세운다. 예수가 인간의 죄를 감당하고 우리의 짐을 벗겨주었다는 사실에서 우리는 그의 깊은 사랑을 보고, 그를 우리의 구원자로 받아들인다. 하지만 이런 생각에는 매우 큰 결점이 있다. 구속은 다른 이를 대신해 죽은 한 사람의 피흘림과 아무 관련도 없다. 그런 대리 역할은 혐오스럽다. 그러한 대속보다는 예수의 희망찬 치유 사역과 하나님나라에 대한 가르침, 그리고 그의 부활 및 이어지는 성령의 흥왕한 사역을 통해서 하나님은 예수가 가져온 선물을 없애려고 했던 악에 승리를 거두었다. 윌리엄스는 "구원은 인간에 의해 거룩하게 여겨진 어떠한 대리형태로도 가능하지 않다"는 것을 흑인 여성들에게서 보았다고 주장하면서 오늘날의 십자가 신학이 다른 사회정치적 모델을 받아들일 필요가 있다고 말한다. 그렇지 않으면 혐오스러운 노예주로서의 하나님 이미지가 다시금 닥쳐올 것이다.

† 노예살이의 역사는 주님의 종이나 여종이라는 유용한 종교적 개념을 제한하기도 한다. 재클린 그랜트(Jacqueline Grant)가 "어떤 사람은 다른 사람보다 더 나은 종이다"라고 아이러니컬하게 말한 것은 교회 고위층이 자신을 하나님의 종이라 칭할 때, 그들은 남성이고, 잘 교육받았으며, 경제적으로 부유한 이들임을 지적한 것이다. 가정과 서비스 산업에서 실제로 종인 사람들은 여성이고, 유색인이며, 교육수준이 낮고, 경제적으로 최하층일 가능성이 높다. 그녀는 종교적 이상(理想)으로서의 종의 도(servanthood)는 사회의 죄악을 방조하고 저항하지 않기 때문에, 제자도(discipleship)가 인간-하나님 관계를 다루는 더 나은 모델이라고 주장한다. 하나님은 어떠한 주인-노예 관계를 통해서도 영광을 받지 않으시며, 세상 속에서 일하시면서 종속관계를 만들지 않는다. 종이 되는 것과는 반대로 제자가 되는 것은 여성들이 개인생활과 교회생활에서 소유권을 갖고, 주도권을 행사하며, 책임있는 역할을 맡을 수 있는 권한을 준다.

이런 식으로 흑인신학은 바른 관계를 맺는 지혜를 신학에 선사한다.

인종 정의의 실천

눌린 자를 풀어주고 길 없는 광야에 길을 내는 하나님에 대한 깨달음은, 남아공 흑인신학과 호주 원주민신학에서도 힘차게 솟아올랐다. 두

나라의 경우, 백인 식민주의라는 거대한 힘이 더 검은 피부를 가진 사람들의 삶을 사정없이 파괴했다. 고통과 비참함과 죽음의 한가운데서 흑인들은 정복자로 온 자와는 다른 하나님, 생존과 자유를 위해 분투하며 동참하는 하나님을 보았다. 미국의 '원죄'인 노예제도의 역사로부터 나온 미국 흑인신학은, 교회가 흑인의 목소리로 하나님을 이해하는 데 독특한 공헌을 했다.

이러한 통찰에서 어떤 실천이 나오는가? 사회적·개인적 영역에서 인종 정의를 이루기 위한 실천이 나온다. 미국에서 흑인은 피부색에 따라, 또 그 색이 백인에게 어떤 의미인지에 따라 아직도 너무 자주 차별을 당한다. 지금도 사회에서 교묘하게 또는 공공연하게 계속되는 인종차별은, 흑인 사회를 비인간화하는 해악을 끼칠 뿐 아니라 가해자인 백인 사회의 영혼까지 찢는 쓰라린 죄악이다. 인종 정의를 행하는 것은 이 모든 악을 거스르는 것이다. 마틴 루서 킹이 자신의 연설에서 아름답게 설명했듯이 "정의는 사랑을 배반하는 것을 바로잡는 사랑이다." 믿음의 사람들에게 인종문제에 관한 정의를 행하는 것은, 살아계신 하나님을 믿는 깊은 신앙에서 특정한 이웃에 대한 사랑을 표현하는 것이다. 정의의 실천은 신앙의 본질이다. 왜냐하면 광야에서 샘물을 가리키는 하나님은 그곳을 유랑하는 자와 분리될 수 없기 때문이다. 사슬을 깨뜨리는 하나님은 약속의 땅을 향해 행진하는 이들과 영원한 연대 속에 계신다.

자녀들아 우리는 해방될 거란다.

예수님, 그분이 오실 때에.

더 읽을거리

노예들의 종교에 대한 잘 씌어진 연구서로는 Albert Raboteau, *Slave Religion: The "Invisible Institution" in the Antebellum South* (New York: Oxford, 1978, 2004)가 있다. 이 책은 흑인영가를 그들이 처한 상황에 맞춰 탐구한다. 이 노래들에 대한 신학적 평가에 관해서는 James Cone, *The Spirituals and the Blues: An Interpretation* (New York: Seabury, 1972; reprint, Maryknoll, N.Y.: Orbis, 1991)을 보라.

마틴 루서 킹의 성서적 해석과 더불어 주요연설과 설교, 글을 모은 책으로는 *A Testament of Hope: The Essential Writings and Speeches of Martin Luther King, Jr.* (New York: HarperCollins, 1991)가 있다. David Garrow, *Bearing the Cross: Martin Luther King Jr. and the Southern Christian Leadership Conference* (New York: Wm. Morrow, 1986)는 흑인 교회에서의 그의 뿌리를 포함한 킹의 이야기를 담고 있다.

신학에서 흑인들의 목소리가 발전해온 과정을 보려면 James Cone and Gayraud Wilmore, eds. *Black Theology: A Documentary History*, vol. 1, 1966~1979 (Orbis, 1979); vol. 2, 1980~1992 (Orbis, 1993)를 보라. James Cone은 흑인 해방신학의 선구적 사상가로 그의 가장 영향력있는 책은 *A Black Theology of Liberation* (Philadelphia: Lippincott, 1970; reprint, Orbis, 1986)과

God of the Oppressed (San Francisco: Harper & Row, 1975; reprint, Orbis, 1997)이다. J. Deotis Roberts의 책은 흑인 사회와 백인 간의 화해에 초점을 둔다. *Liberation and Reconciliation: A Black Theology* (Philadelphia: Westminster, 1971)를 보라. 이 두 저자의 책은 하나님과 흑인으로서의 그리스도에 대한 숙고를 넓혀준다. Diana Hayes, *And Still We Rise: An Introduction to Black Liberation Theology* (New York: Paulist, 1996)는 이 분야의 훌륭한 개관을 보여준다.

흑인 여성의 관점에 선 생존신학은 Delores Williams에 의해 처음 씌어졌다. *Sisters in the Wilderness: The Challenge of Womanist God-Talk* (Orbis, 1993)를 보라. 이 책은 흑인 남성과 백인 여성신학의 짧은 견해를 비판적으로 바라본다. 하나님에 관한 창조적인 흑인 여성신학자의 작업으로는 Karen Baker Fletcher, *Dancing with God: The Trinity from a Womanist Perspective* (St. Louis: Chalice Press, 2006)를 보라. Kelly Brown Douglas, *The Black Christ* (Orbis, 1994)는 흑인 여성의 존재와 체험을 탐구함으로써 예수 그리스도라는 상징을 확대시킨다. 예수학에 대한 페미니스트 그룹과 대조하여 우머니스트 그룹의 접근을 다룬 책으로는 Jacqueline Grant, *White Women's Christ and Black Women's Jesus: Feminist Christology and Womanist Response* (American Academy of Religion Academy series 64; Atlanta: Scholars Press, 1989)가 있다. 흑인 여성의 투쟁경험의 관점에서 노예 전통을 다룬 훌륭한 에세이들은 Emilie Townes, ed., *A Troubling in My Soul: Womanist Perspectives on Evil and Suffering* (Orbis, 1993)에 실려 있다. 특히 "Wading through Many Sorrows," pp. 109~29를 보라.

흑인신학에서 점증하는 가톨릭의 목소리를 다룬 책으로는 아래 책들이 있다. Diana Hayes and Cyprian Davis, eds., *Taking Down Our Harps: Black Catholics in the United States* (Orbis, 1998); Jamie Phelps, *Black and Catholic: The Challenge and Gift of Black Folk: Contributions of African American Experience and Thought to Catholic Theology* (Milwaukee, Wis.: Marquette University, 1997)(e-book도 있음); and Peter Phan and Diana Hayes, eds., *Many Faces, One Church: Cultural Diversity and the American Catholic Experience* (Lanham, Md.: Rowman & Littlefield, 2005).

7

종교에 너그러운 하나님

종교 다원주의

다른 종교의 전통에 비추어 자기 종교의 의미를 밝히려 씨름하는 곳마다 하나님에 대한 통찰은 더욱 뚜렷해진다. 전지구적 소통, 잘 발달된 교통, 널리 퍼진 이민, 수백만의 난민 시대에 종교적 전통은 이전의 그 어떤 때보다 서로 부딪히는 상황이다. 세계에는 항상 여러 종교가 있지만 특정한 장소에서는 특정한 종교적 세계관을 소유하는 강한 연관성이 있다. 그 연관성은 지금 일상생활에서 형성되는 종교적 신앙의 다원주의로 풍화되고 있다. 개인들이 아무리 자신의 믿음에 헌신한다 하더라도 그들은 다른 주장을 하는 사람들과 늘 마주친다.

미국을 예로 들어보자. 이 나라에는 세계의 거의 모든 종교가 들어와 있다. 토착 원주민들의 종교와 모르몬교에 더해 가톨릭, 정교회, 개신교가 있고 유대교, 무슬림, 힌두교, 불교 공동체도 있으며 조로아스터교, 자이나교, 시크교, 유교, 도교, 신도교, 바하이교 전통과 산테리아교나 부두교 같은 카리브해의 종교도 있다. 하버드 대학에서 다원주의 프로젝트를 이끄는 종교학자 다이애너 에크(Diana Eck) 교수는 미국 도시에 힌두교, 불교 사원과 무슬림 모스크를 볼 수 있으나 그들 중 대부분은 눈에 잘 띄지 않는데 그 이유는 집이나 사무실, 극장, 또는 옛 교회에 숨어 있기 때문이고 그럼에도 몇몇은 장엄하고 인상적인 건물을 갖고 있다고 한다. 기도의 장소뿐이 아니다. 이 종교들은 매년 기념축제를 열고 그들의 전통을 알리기 위한 자선, 교육, 문화 활동을 벌이기도 한다. 『신을 만나다』(Encountering God)라는 책에서 에크가 보여주듯이 미국의 힌두교도들은 외과의사, 엔지니어, 신문업자 등으로 일하고 있으며 불교도들은 은행가나 천문학자, 무슬림들은 교사, 변호사, 택시운전사 등으로 사회에서 활동하고 있다.

다원주의로 변화되는 사회적 양상의 상징적인 사건은 1991년 미국 하원이 처음으로 아침 기도를 인도하기 위해 무슬림 지도자를 초청한 일이다. 또 하나는 2001년 9·11사태 이후 많은 공중 추도식에서 가톨릭, 개신교, 유대교, 무슬림, 힌두교 등의 대표자들이 초빙돼 각기 고유한 전통대로 기도한 사건이다. 매년 추수감사절에는 종파를 초월한 많은 단체들이 음식이 필요한 이웃을 돕자는 취지의 행사를 벌인다. 전국 서점에는 성경, 코란, 바가바드 기타 같은 세계 종교의 경전이 차곡차곡 쌓여 있다. 이제 우리 모두는 사실상 이웃인 것이다.

변화된 종교적 풍경은 여러 반응을 이끌어낸다. 이 문제는 어떻게 차이를 인정하여 시민영역에서 공공선을 위해 협동할 수 있을까를 다룬다는 측면에서 정치적 문제이다. 또한 의심할 여지 없이 종교가 도화선이 되었고 부역했으며 또 촉진하기도 했던 폭력의 역사 속에서 이 문제는 치명적인 우려가 되기도 한다. 그러나 이와 관련해 시급한 신학적 질문은, 어떻게 다른 종교에 여지를 주면서도 나 자신의 믿음에 충실할 수 있느냐는 것이다. 그 하나의 대답은 근본주의자들의 것으로서, 다른 종교들을 단순히 잘못된 것이라고 주장하면서 자기 종교에 철옹성을 쌓는 것이다. 다른 대응은 상대주의적인 것으로, 모든 종교는 일반적인 정수를 변형시킨 것이기 때문에 어떤 종교를 택하든 문제될 것이 없다면서 차이를 무마시키는 것이다. 이와 같은 적대성과 상대주의를 피하기 위한 세번째 대응은 대화적 해법이다. 이 해법에서 우리들은 비판적인 관점과 애정으로 상대방을 대하며 다른 종교의 상이한 지혜를 습득하고 각각의 전통에서 비롯된 지혜를 나눈다. 그 만남은 그들이 발견한 것을 해명하려는 의지를 키워가는 가운데 자신의 믿음으로 돌아가는 결과를 낳을 것이다.

개인이나 교회에서 수행된 이런 선택은 계시의 하나님을 새로운 문맥에 위치시킨다. 세계 종교의 깊은 영적인 지혜, 선함의 실천, 신실한 헌신은 우리가 예수 그리스도 안에서 세계 속의 유일무이한 하나님과의 만남을 가지는 동시에—어떤 종교에서 성육신, 십자가, 구원을 믿겠는가!—어떤 진리나 도덕도 독점하지 않는다는 점을 분명히해준다. 여기서 떠오르는 질문은 우리 종교 밖에서 하나님은 무엇이었느냐는 것이다. 아브라함과 사라의 하나님이자 예수 그리스도의 하나님으로 더욱 밝게 빛나는 살아계신 하나님의 불가해한 신비는 알라, 브라만, 크리슈나, 칼리, 공(空), 관음, 붓다, 도(道)와 만난다.

교회의 가르침 속에서

로마 가톨릭 교회에서 이 문제에 대한 신학적 진보는 세가지의 거대한 질문으로 제기돼왔다. 크리스천이 아닌 사람, 즉 세례받지 않고 예수 그리스도를 믿지 않는 사람이 구원받을 수 있는가? 만약 그렇다면, 그들이 구원받는 것은 자신의 종교 덕분인가 아닌가? 만약 그들의 종교 덕분이라면 이 종교들은 세계 인류를 향한 하나님의 구원계획 가운데 긍정적 의미를 갖는가? 그 대답은 크리스천 신앙의 핵심인 예수 그리스도의 우주적인 중대함이라는 측면에서 종교적 다원주의를 신학적으로 평가하는 일을 함께 수행할 것이다.

첫번째 질문

개인의 구원 가능성에 대한 첫번째 질문은 긍정적인 방향으로 대답되었다고 생각할 수 있다. 이 문제에 대해 수세기 동안 신학은, 하나님의 자비를 확신하면서도 대부분 부정적인 관점을 갖고 있었다. 비록 '내재적 믿음'이란 생각이 교회 밖 사람들에게 약간 문을 열어놓고 있긴 했지만, 교회의 구성원조차 천국에 들어가기 쉽지 않은 마당에 진실한 믿음의 수혜를 입지 않은 사람이 천국에 들어간다고 인정하기는 어려웠다. 그런데 이 문제에 결정적 분수령이 된 것은 제2차 바티칸 공의회였다. 어떤 주저함 없이 공의회는 은총의 낙관주의를 지지했다. 「교회에 관한 교의 헌장」(Lumen Gentium, 인류의 빛)은 다음과 같이 가르친다.

> 비록 자기 의지에 반하여 예수의 복음과 교회를 알지 못했더라도, 신실하게 하나님을 구하고 은총에 영향을 받으며 양심의 명령에 따라 하나님의 계시를 알려고 노력한 사람들은 영원한 구원을 얻을 수 있다. 하나님의 섭리는 또한 아직 하나님에 대한 분명한 지식이 없지만, 은총 덕분에 선한 삶을 살려는 사람들을 구원하기 위한 도움이 필요하다는 것을 부인하지 않는다. (Lumen Gentium 16)

같은 방식으로, 크리스천에게 유익을 주는 구원의 신비를 설명한 후 「현대세계의 교회에 관한 사목헌장」(Gaudium et Spes, 기쁨과 희망)은 다음과 같이 선포한다.

> 이 모든 것은 크리스천뿐 아니라 그의 마음속에서 보이지 않게 일하는 성령 가운데 선한 의지를 갖는 모든 사람에게 진리로 통한다. 그리스도가 모든 이를 위해 죽었고, 인류의 궁극적 소명은 사실상 단 하나인 하나님이기 때문에 우리는 오로지 하나님만이 아는 성령이 부활의 신비와 관련된 가능성을 모든 이들에게 열어주었음을 믿어야 한다. (Gaudium et Spes 22)

"오직 하나님만이 아는 성령이…" 이렇듯 교회는 구원에 관한 전통적인 비관주의를 버리고 크리스천의 언어와 성찬을 뛰어넘는 살아계신 하나님의 자비를 언급한다.

두번째 질문

그렇다면 종교는 개인의 구원에서 어떤 역할을 하는 것일까? 긍정적인 통로일까, 중립적인 기구일까 아니면 완전한 장애물일까? 문서상의 가르침은 덜 명확하긴 하지만 적어도 암시적으로라도 긍정적인 평가를 내놓는다. "인류 구원을 위한 하나님의 우주적 계획은 비밀스러운 인간 영혼 속에서 배타적으로 수행되지 않는다."(「교회의 선교활동에 관한 교령 Ad Gentes, 만민에게」 3) 오히려 구원은 그 안에 '진리와 은총의 요소'가 발견되는 종교적 실천을 포함하는 노력으로 성취된다(같은 문서 9). 사실, 크리스천들이 그리스도의 영에 스며들어 있고 그 영과 함께 사는 사람들을 알고 있을 때, 그들은 스스로 다른 종교를 포함한 "많은 종교들이 지구의 민족들에게 어떤 보물을 선사했는지를 진지하고 끈기있게 배울 수 있을 것이다."(같은 문서 11) 이런 긍정적인 관점은 유명한 「비그리스도교와 교회의 관계에 대한 선언」(Nostra Aetate, 우리 시대)에서 최고조에 달한다. 힌두교, 불교, 무슬림, 유대교도들의 '심오한 종교적 감수성'에 주목하고, 그들 가르침의 역할, 삶의 규칙, 신성한 예식을 인정하면서 공의회는 다음과 같이 선포한다.

가톨릭 교회는 이 종교들이 지닌 진리와 신성 중 그 어느것도 부정하지 않는다. 그들의 행동과 생활방식, 규율과 가르침이 많은 측면에서 교회와 다를지라도 교회는 그런 측면을 신실한 존경심으로 바라본다. 그들 종교는 종종 모든 사람들을 밝히는 진리의 빛을 비추기 때문이다. (Nostra Aetate 2)

그 결과, 교인들은 일련의 행위를 촉구받는다.

> 사려깊게, 사랑을 담아 다른 종교의 구도자들과 대화하고 협력하며 크리스천의 믿음과 삶을 되돌아보며 구도자들 가운데 발견되는 영적이고 도덕적인 선뿐만 아니라 그들의 사회 문화적 가치까지도 인정하고 지키며 증진시켜야 한다. (Nostra Aetate 2)

한편으로 이는 다른 종교의 의식과 믿음에 내재한 은총을 긍정적으로 평가한 것이며 다른 한편으로는 비록 하나님의 섭리가 종교들을 하나님으로 이끈다 하더라도 그들 종교가 단지 부분적이고 일시적으로 그렇게 한다는 공의회의 시각을 드러낸 것이다. 공의회의 생각을 뒷받침한 성취 모델에 따르자면 모든 종교의 진실한 성취는 오직 예수 그리스도의 교회 안에서만 이뤄진다.

두번째 문제에 대한 가톨릭의 사고는 공의회 이후 여러 입장들의 지지를 받으며 빠르게 발전해갔다. 칼 라너에 의해 다듬어진 논증이 특히 많은 영향을 끼쳤다. 인류가 순전한 개인의 영혼으로 존재하는 것이 아니라 사회적 본성을 가진 세계 내의 영혼으로 존재한다면, 그들의 모든 관계는 어떤 역사적 순간에도 사회 안에 내재하는 구조에 따라 인도될 것이다. 하나님과의 관계도 마찬가지다. 구원이 인간들이 거주하는 환경 가운데 있는 종교적 실체 바깥에서 사적이고 내적인 현실로 성취된다고는 거의 생각할 수 없다. 하나님의 체험은 교리와 예배와 종교적 전통이 지닌 도덕적 요소 가운데 구현되기 때문에 이러한 구체적인 종교들은 반드시 다양한 문화 속에서 구원의 매개가 된다.

최근 교회의 가르침은 이런 시각을 계속 지지하고 있다. 「교회의 선교 사명」(*Redemptoris Missio*)이란 회칙에서 교황 요한 바오로 2세는 성령의 존재는 종교적 전통들 그 자체에 영향을 미친다고 분명히 밝혔다. "성령의 임재와 활동은 개인뿐 아니라 사회와 역사, 민중, 문화, 종교에 영향을 준다."(같은 문서 22). 아주 명쾌하게 이 회칙은 하나님이 "여러 방식으로 개인들뿐 아니라 그 영적인 부요함으로 전체 민중에게 스스로를 드러내는데, 여기서 그들의 종교는 주요하고 근본적인 표현"(같은 문서 55)이라고 말하면서 종교들 가운데 하나님의 임재를 확고히한다. 두 번째 질문에 대한 대답은, 확정적인 것은 아니더라도, 대체로 긍정으로 기우는 것처럼 보인다. 하나님의 영혼이 임재하는 덕분에 사람들은 종교적 실천을 통해 구원받는다.

세번째 질문

다른 종교인들도 과연 구원을 받느냐, 그렇다면 구체적으로 어떻게 구원받느냐의 문제를 뛰어넘어서 논쟁은 이제 그 질문을 적극적으로 뒤집어 인류를 구원하려는 하나님의 의지 속에서 종교들을 어떻게 이해할 것이냐는 문제로 나아간다. 서구에서는 이 문제에 대한 각각의 입장에 따라 다른 이름을 붙이곤 한다. 칼 바르트(Karl Barth)처럼 예수 때문에 타종교에 어떤 합법성도 허락하지 않는 사람들을 독점주의자(exclusivist)라고 하며, 라너처럼 예수의 은총이 모든 종교에서 작동한다고 보는 사람들은 포용주의자(inclusivist)라고 한다. 또한 존 힉(John Hick)처럼 교회와 예수를 떠나서 다양한 종교들을 하나의 선한 생활방식으로 보는 사람들은 다원주의자(pluralist)라고 한다. 하지만 급기야 이런 입장들조차 그 문제의 복잡성을 다루기에는 부족하다는 판결이 내려졌기에 여전히 대화 가운데 입장들의 차이를 추적해봐야 할 필요가 있다. 그중 하나의 훌륭한 제안이 폴 니터(Paul Knitter)에게서 나왔는데, 그는 명확한 사고를 위해 기독교와 다른 종교간의 관계를 대체모델, 충족모델, 상호모델, 수용모델의 네가지 용어로 생각해보자고 제안한다.

그러나 서구에서의 집중적인 신학적 토론에도 불구하고 이 문제에 대한 획기적인 생각은 용감한 중심 아시아에서 나왔다. 35억 아시아 인구 중 크리스천의 비율은 대략 3% 정도이다. 아시아 크리스천의 반이 넘는 사람들은 필리핀에 거주하므로 현재 아시아 인구의 1.5% 정도의 크리스천들은 넓은 대륙 여기저기에 분포하고 있는 셈이다. 고대로부터 내려온 힌두교, 불교, 유교, 도교, 신도, 이슬람, 토착종교로 가득 찬 가운데 얼마 안되는 크리스천 소수자들은 필연적으로 주변 종교와 어깨를 부비며 믿음을 유지해왔다. 이웃 종교의 명백한 선함을 목격하면서 그들은 일상생활에서 다른 종교와 대화하며 관계를 가져온 것이다. 이에 친교가 생기고 상호이해가 깊어졌다.

이런 상황에서 비롯된 획기적인 신학적인 업적은 아시아주교회의연합(FABC)이 공인한 문서들로 모아졌다. 1972년에 설립된 이 기구는 인도, 일본, 필리핀, 베트남, 한국 등을 포함한 14개국의 가톨릭 주교로 구성돼 있으며 중앙아시아 지역이 대부분인 10개 나라가 준회원국으로 가세하고 있다. 그곳에서 교회는, 가난으로 비인간적인 대접을 받고 있지만 품위있고 풍부한 문화와 종교를 지닌 엄청난 수의 사람들 가운데 작은 그룹으로 존재한다. 화급한 문제는 참담한 가난과 경쟁하는 종교 속에서 어떻게 예수 그리스도를 목격하느냐는 것이다. 크리스천 삶의 중심에 제도적인 교회를 세우고 개종을 통해 '교회를 심는' 대신, 주교들은 그리스도를 선포하는 교회의 임무가 하나님나라, 즉 하나님의 긍휼과 정의와 평화의 통치를 증진하는 것에서 가장 잘 수행될 수 있다고 제안한다. 이는 우선 가난한 사람들과 그들의 문화, 종교와의 대화를 끌어낸다. 한 인도 주교가 말하듯, "이런 대화모델은 상호간 이해와 조화, 협력을 증진시키는 아시아 교회의 새로운 존재방식이다." 그것은 교회로 하여금 가난한 자들과 함께하는 해방, 교회의 서구적 양식을 동양의 형식으로 전환하는 일, 모든 차원에서 종교 상호간의 대화 등에 헌신하게 한다.

열린 접근을 체험함으로써 아시아의 가톨릭교도들, 신학자들, 주교들은 하나님의 지속적인 구원계획 속에 있는 타종교들을 긍정적으로 평가하는 경향을 갖게 되었다. 인도의 주교회의는 수많은 사람들이 각자의 종교적 전통을 통해 구원의 길을 발견하기 때문에 하나님의 계획 가운데 이 종교들에 구원의 선험적인 역할이 있음을 부인할 수 없다고 주장했다. 한국의 주교회의는 자국의 위대한 전통 종교들에서 수행되는 일들을 하나님의 구원 가운데 인식할 것을 요청했다. 필리핀 주교들 역시 아시아의 빼어난 고대 종교의 본성을 습득하는 겸손한 탐색이 필요하다고 주장했다. '교회 되기의 새로운 방식'은 교회 담장을 넘어서 하나님의 존재를 새롭게 발견하는 일로 거듭나고 있다.

제동

그런데 숙성의 와중에 '신앙규율을 위한 바티칸 회의'는 「주님이신 예수님」(Dominus Iesus, 2000)이란 선언에서 경고의 붉은 깃발을 들었다. 종교 다원주의를 옹호하는 일이 상대주의로 빠지는 것을 우려하면서 반드시 수호돼야 할 지점을 제시했다. 가장 핵심적인 것은 크리스천은 예수 그리스도의 구원사역, 즉 "단일하고 유일하며 오직 그분에게만 합당하며 독점적이고 보편적이며 절대적인(15절)" 역할을 주장할 필요가 있다는 것이다. 예수 안에서 계시의 절대성은 가톨릭 교회만이 그 비밀의 우주적 성체임을 증거하며 전인류의 구원과 필수적인 관계를 가진다.

이와 같은 관점에서 「주님이신 예수님」은 타종교에 관한 결론을 내린다. 그들 종교는 가톨릭 신앙의 보완물이 아니다. 그들의 신성한 경전들이 성령으로 씌어졌다고는 말할 수 없다. 성령은 예수를 떠나서는 그들 가운데 구원의 권능을 발휘하지 못한다. 그러나 무엇을 우선시하건간에 이것이 세상 종교에 대한 교회의 신실한 존경을 폄훼하지는 못할 것이다. 그들 종교의 신성함과 진실을 가르친 바티칸 2차 공의회를 언급하면서 이 문서는 다양한 종교 전통들이 "하나님에게서 비롯된 종교적 요소들을 제공한다"(21절)고 인정한다. 그들의 많은 기도와 예배는 인간의 마음을 하나님의 행위로 열어준다. 그들 경전은 "수많은 사람들이 수세기에 걸쳐 가져온 교훈이며 오늘날에도 하나님과 생명의 관계를 유지하고 풍부하게 한다."(8절) 그러나 이 문서는 종교 그 자체에 관해서는 부정적인 판결을 내렸다. "객관적으로 말해서, 그들 종교는 중대한 결함 속에 있다."(22절, 강조는 원문)

이 선언은 확실히 여러 반응과 마주쳤다. 많은 평론가들은 선언이 구원에 있어서 예수의 중심을 강조한 점, 그리고 크리스천 신앙을 흐리게 할지 모르는 종교 다원주의에 응하지 말라고 요구한 점에 환호를 보냈다. 그러나 폭넓은 관점에서 종교지도자들과 학자들에게서 빗발친 비판은 뭔가 본질적인 것이 심각하게 빠져 있음을 보여주었다. 그런 고뇌의 원인은 선언이 유대-기독교 축을 벗어난 다른 종교전통을 폄하하는 데서 비롯되었다. 물론 선언은 유대교나 개신교 종교집단에 대해서도 정당한 대우를 하지 않았다. 사실상 모든 비판들은 이 선언이 자신들의 판단을 정화할 수도 있었을 종교 상호간의 대화에서 아무것도 얻지 못함으로써 공허한 느낌을 주었다는 데 인식을 같이한다. 어떤 이들은 확실한 비논리를 지적한다. 신성한 책들 속의 은총이 그리스도에서 비롯되었다는 「주님이신 예수님」의 주장을 따른다면, 경전이나 우파니샤드, 코란, 도덕경 속의 은총 역시 그리스도에게서 나온 것이라야 하며, 선언이 주장하듯이 이 텍스트들은 인간의 창조물일 수 없는 것이다. 그 종교들이 '하나님에게서 비롯된' 요소들을 지닌다면 그들이 '중대한 결함'을 가진다는 주장은 오히려 세계 속에서 행동하는 하나님의 방식을 모욕하는 것이 아닌가? 다른 종교에 성령이 있다는 긍정적인 발언에도 불구하고 이 선언이 하나님 앞에서 타종교의 정체성을 부정적으로 평가한 것은 그들에게 매우 깊은 상처를 주었고, 폭력의 가능성으로 가득 차 있으며, 그래서 수정될 필요가 있다.

「주님이신 예수님」 논쟁이 보여주듯이 다양한 종교적 수행이 존재하는 가운데 과연 하나님의 의도는 무엇이냐는 치명적인 문제에 대해서는 아무런 합의도 없는 것이 사실이다. 「주님이신 예수님」이 예수 그리스도 안의 믿음에서 종교들을 해석하는 한 방법이지만, 그들 스스로 예수를 길이라고 고백하는 이들은 더 넓고 깊고 광대한 하나님의 자비로운 길을 드러내는 다른 종교들에 대한 숭배를 그들과의 대화 속에서 체험해왔다. 세번째 질문은 그 모든 복잡성을 드러낸다. 신실하게 예수 그리스도를 붙잡으면서 어떻게 우리는 다른 종교들에 숨겨진 하나님의 솜씨에도 신학적으로 여지를 남길 수 있을까? 다른 종교를 통해 살아계신 하나님을 향한 어떤 깨달음을 얻을 수 있을까?

대화로 하나님을 통찰하기

이 장의 목적은 이런 모순을 해결하는 것도, 완전한 입장을 제시하는 것도 아니다. 그보다는 다른 종교와의 만남에서 발견된 하나님에 대한 통찰을 구하는 것이다. 따라서 여기서는 대화를 직접 수행한 사람들에 의해 채택된 생각의 한폭을 펼쳐 보이도록 하겠다. 왜냐하면 이것이야말로 새로운 통찰이 드러나는 개척점이기 때문이다. 우선 하나님의 불가해한 신비가 모든 인간의 통제와 이해에서 벗어나 있다는 오래된 진실을 떠올려보자. 이것은 하나님의 부재를 드러내는 것이 아니라 세상을 깊숙이 채우고도 넘쳐나는 하나님의 풍족함을 가리킨다. 하늘과 땅을 창조하고 끊임없이 현존하면서 모든 세대와 문화를 걸쳐 활동하는 하나님의 완전함에는 끝이 없다. 역사를 통틀어 은총의 신비는 현현이라든가 상징, 계시 같은 것들과 거의 관계없이 우리에게 다가왔다. 지닌 플레처가 주장하듯이, 바로 이 점이 종교적 다양성에 반응하는 크리스천의 출발점이다. 애초부터 그것은 타인들이 하나님과 분명히 만나왔다는 가능성을 열어놓는다. 간단히 말해서, 살아계신 하나님은 크리스천만의 하나님이 아니다. 오히려 성경이 감히 사랑이라고 부르는 (요한일서 4:8, 16) 알 수 없는 신비는 사랑에 강제된 것이 아니라 자유롭게 모든 이에게 애정을 쏟아붓는 것이다.

    출발점을 삼위일체의 구조 속에 명시하면서, 대화에 나선 수많은 신학자들은 이 문제를 숙고하는 신학적 방법이 성령신학이 되어야 한다고 판단한다. 전체 세계를 걸쳐 다가오고 스쳐 지나가는 하나님의 임재인 성령은 모든 인류를 향한 가장 깊고 신성에 가득 찬 은총의 선물을 주는 영혼이다. 인류와 하나님이 만나는 모든 사적인 만남은 성령에서 일어나며 사람들의 응답도 성령 가운데서 일어난다. 이런 성령의 임재는 능력이자 기쁨이며 분출이자 선물이다. 이것은 어떤 기구나 단체도 통제 불가능하며 교회의 한계를 뛰어넘어 크리스천의 말이나 성체를 취하지 않는 사람들에게 신성의 열매를 선사한다. 아시아의 위대한 종교 전통이 지닌 능력을 묘사하면서 아시아 가톨릭 주교들은 그들의 길을 따르는 사람들 가운데 명확한 성령의 열매에 공감을 표시했다. 그런 열매들은 가령 신성의 느낌, 완전함을 향한 갈망, 금욕에의 개방, 고통에 대한 연민, 선함의 요구, 헌신의 명령, 자아의 완전한 포기, 상징과 예식 속에 존재하는 초월에 대한 믿음 같은 것들이다.

신학자들이 다른 종교에 작용하는 영혼을 목격한다면 그들은 다른 종교의 관점에서 새롭게 이해된 크리스천 신앙으로 돌아오게 될 것이다. 아주 문제적인 방식으로 신학은 종종 성령의 임무를 그리스도보다 경시하는데 그럼으로써 구원을 교회에만 묶어두려고 시도한다. 교회는 사실 그리스도의 사명을 전세계에 걸쳐 수행하는 곳인데도 말이다. 예수 그리스도 안에서 하나님의 구원 행위는 역사의 가장 강렬한 지점에 구체적으로 도달한다. 그러나 하나님의 임재와 행위를 드러낸 일들이 예수 그리스도에서 나타난 것이나 교회에서 주장된 것에 한정될 수는 없다. 비록 하나님의 드러냄이 기독교의 계시와 결코 모순되지 않는다 하더라도―하나님은 신실하시고 위선이 없으시므로―성령의 임무가 여럿일 가능성은 충분하다. 인도의 마이클 아말라도스(Michael Amaladoss)는 그것을 이렇게 설명했다. "성령은 예수의 성령이다. 그러나 성령은 예수가 크리스천 공동체에서 한 일을 반복하지는 않는다. 그렇지 않다면 다른 종교들은 기독교와 달라지지 못했을 것이다."

수세기 동안 신학은 다른 종교를 이교도의 발명품으로 치부하거나 하나님을 향해 과오를 저지른 사람들의 졸렬한 대처 정도로 대했다. 다른 종교와의 실제적인 대화는 다른 시각으로 우리를 이끈다. 진실한 은총과 진리의 임재가 오로지 하나님에게서만 기원한다면, 우리는 종교를 하나님의 작품으로 보아야 한다. 그 종교들 가운데 우리는 살아계신 하나님이 넘치게 주시는 자비를 엿본다. 하나님은 아무도 포기하지 않으며 그의 사랑을 모든 문화에 부어주신 것이다. 이렇게 우리는 신비에 더욱 깊숙이 다가갈 수 있다. 자크 뒤퓌(Jacques Dupuis)의 말처럼 "하나님의 진리와 은총은 크리스천의 전통을 넘어서 인류를 다루는 하나님의 전역사에서 더욱 영향력있게 발견된다."

대화의 체험은 이런 사고방식에 열린 마음을 갖게 해준다. 대화는 누군가 지적으로 새로운 생각에 접하게 해주기 때문만이 아니라 요한 바오로 2세의 말처럼 "대화를 통해 하나님이 우리 가운데 임하시며 우리가 다른 사람에게 마음을 열 때 하나님에게도 마음을 여는 것"이기 때문에 영적으로도 막강한 영향력을 갖는 것이다. 종교상호간의 대화를 위한 교황청 위원회(前 비크리스천을 위한 사무국—이름이 바뀐 것은 깊은 신학적 도약을 의미한다)의 아이디어를 빌려 아시아 주교단은 네가지 대화의 유형을 가르치는데 각각은 교회의 본질적인 사명이 되고 있다. 이 유형들을 살펴봄으로써 우리는 좀더 확실하게 하나님과 마주하게 될 것이다.

생명의 대화

생명의 대화는 상이한 신앙을 가진 사람들이 우호적인 관계에서 협력하며 살아가는 곳마다 이뤄진다. 편견을 교정하고 마음과 영혼을 여는 효과적인 수단으로서 이 대화는 가족이나 이웃에서, 다른 신앙인과의 결혼과 사회적 모임에서 그리고 직장과 시장에서 자유롭게 나눠진다. 때때로 서로를 이해하고 상호관심을 증진시키며 충돌을 해결하려는 욕망에 자극받아 사람들은 종교적 중요성을 명쾌하게 이야기할지도 모른다. 그럼에도 이 대화는 다른 종교인들과 친분을 나누고 문제와 관심사를 나누며 도움을 주고받고 기쁨과 슬픔을 나누며 결혼과 장례 같은 예식에 참석하는 등 서로의 전반적인 상호이해 가운데 진행된다. 이 과정에서 사람들은 전혀 알지 못했던 신성 안의 다양성을 접하게 된다.

다이애너 에크는 친구 란지니(Ranjini)와의 관계에서 이런 생명의 대화를 깊이있게 체험한다. 매주 토요일 아침 란지니는 매사추세츠 애시랜드의 사원에서 힌두교 예배에 참석하며 비슈누를 찬양하는 노래를 부르고 화강암 신상의 하단에 이마를 댄다. 그녀는 당연히 이 신상을 우상이라고 여기지 않으며 신상 안의 영혼을 일깨우는 사제의 예식 덕분에 신성이 찾아온다고 생각한다. 그 신상의 이미지는 신에 대한 그녀의 비전이 통과하는 렌즈이며 그것을 통해 신께 헌신이 드려진다. 그녀의 부엌에는 성지를 재현한 컵 크기의 작은 모형물이 있다. 삶 속에 살아있는 비슈누의 은총이 란지니의 마음속에 타인을 향한 선을 일깨운다. 종교학자로서 에크는 다음과 같은 학술적인 질문을 던진다. 힌두교는 인도의 다른 신들과 비슈누의 관계를 어떻게 생각하고 있을까? 크리스천으로서 그녀는 또한 자신의 믿음이 친구의 풍부한 종교적 삶과 만남으로써 어떤 의미를 갖게 되는지 역시 궁금해한다.

행동의 대화

　행동의 대화는 더 나은 삶을 위한 일상의 투쟁 가운데 일어난다. 자연자원의 착취와 얽힌 혹독한 가난의 현실은 상황을 바꿔보려는 욕망을 끌어낸다. 하나 이상의 종교가 있는 곳이면 어디든, 이것은 다종교적인 추구가 된다. 아시아 가톨릭 주교들은 이런 협동을 다음과 같이 기술한다. "교회와 마찬가지로, 종교는 세계에 대한 봉사이기 때문에 종교간의 대화는 단순히 종교영역에 머물 수는 없고 경제, 사회, 정치, 문화 같은 삶의 전영역을 아울러야 한다. 그들이 전영역에 걸쳐서 대화의 상호보완성, 긴급성, 타당성을 발견하는 것은 각 종교가 인간 공동체의 좀더 충만한 삶을 향한 공통된 헌신 가운데 있기 때문이다." 주어진 사업에서 함께 구체적으로 일하면서 종교인들은 서로를 발견하는 과정에 들어선다.

　우선 이들은 상황을 분석하고 고통의 원인을 제거할 실제적인 노력을 계획한다. 행동이 진행되면서 함께한다는 느낌이 커진다. 그들이 특권층 및 권력층의 반대에 부딪힐 때, 종교적 유산에서 비롯된 예언자적인 면모가 길을 뚫어준다. 함께하는 행동은 그들에게 생기를 불어넣는 말로써 이내 지속적인 대화와 이해증진의 도약대가 된다. 사무엘 라얀(Samuel Rayan)은 인도에서의 체험을 다음과 같이 증언한다. "하나님과 이웃이 함께하는 완전한 협력과 해방의 과정에서 서로 다른 영성들은 점진적으로 서로의 강점과 약점을 발견하고 그들이 지닌 신비와 더욱 친근하게 마주한다." 스리랑카에서 고집멸도의 불교적 진리가 어떻게 마을의 삶을 변화시키는 데 기여하는지를 실제로 듣고 목격하면서 크리스천들은 새롭고 풍성한 방법을 이해하게 된다. 마찬가지로 불교도들은 명백히 희망이 없는 상황에서도 예수 그리스도의 죽음과 부활의 신앙으로 사회를 바꾸려는 노력을 포기하지 않는 크리스천들을 보고 그 신앙을 더 잘 이해하게 되는 것이다.

어떤 현장에서 사람들은 정의를 위해 싸우는 사람들의 모임을 구축한다. 이 모임은 라틴아메리카에서 개척된 교회공동체와 유사하면서도 여러 종교가 함께하는 '인간의 기초공동체'를 형성한다. 여기서는 가난한 사람 스스로가 대화의 실체적인 주체가 된다. 공통된 어려움과 과제를 나누는 것은 실용적이고 영적인 교감을 불러일으킨다. 불교도와 크리스천이 어울린 스리랑카의 기초공동체를 언급하면서 알로이시우스 피에리스(Aloysius Pieris)는 "여기 협동 순례자들은 예수와 석가의 스토리를 심금을 울리는 대화로 재구성하여 자신들의 경전을 설명한다"고 말한다. 믿음이 정의를 증진시키기 위해 연대할 때 투쟁을 위한 더 큰 힘을 얻으며 상호간의 깊은 우정과 그들 모두를 뒷받침하는 하나님의 폭넓은 신비를 향한 새로운 통찰을 얻는다.

신학적 교환의 대화

이 대화는 신학자, 수도승, 수녀처럼 수도자의 사명을 따르는 전문가들이나 목회자들이 서로의 혜안과 가치를 나누고 탐험할 때 일어나는 대화다. 종교단체들은 지원자를 받아 여행경비를 보조하고 보고서를 받음으로써 이들을 후원할 수 있을 것이다. 이런 교환들은 더 나은 이해에의 희망으로 가득 찬 존경의 분위기에서 진행된다.

우리를 일깨우는 하나의 예는 불교와 기독교 학자들 사이에서 진행된 궁극적 현실의 본성에 대한 대화이다. 하나님을 창조자로 인식하고 그래서 하나님을 개인의 존재 및 현실과 연결시키는 기독교 사상과 달리, 불교는 궁극적 진리를 절대적 공(空)으로 이해한다. 불교의 기초는 우리와 마주하여 '당신'이라고 불릴 수 있는 하나님에 대한 믿음이 아니다. 오히려 그 기초는 공이 무(無)이자 비어 있음이며 헛됨이라는 진리(다르마)를 일깨우는 것이다. 이 단어들이 정체, 지루함, 큰 결핍 등을 떠올리게 한다면 좋은 번역이 아닐 것이다. 그 말은 궁극적 진리가 완전히 객관화가 불가능하고 설명할 수 없으며 의지나 이성으로는 획득될 수 없다는 말과 같다. 그것은 반이원론적인 철학의 프레임 속에 있으며 어떤 실체, 그러니까 '어떤 무엇'에도 속하지 않는다. 사실상 그것은 충만함에 대비되는 공허함조차 아닌 것이다. 그러므로 그것은 자아의 내부나 외부, 어느 곳에 있다고도 생각될 수 없다. 아마도 그것은 명사가 아니라 동사라고 생각하는 것이 도움이 될 것이다. 그것은 그 자신 안에 모든 반대되는 것들을 자발적으로 포함하며 고정된 중심 없이 엄청나게 역동적으로 움직이는 것이다. 긍정적인 면에서 공의 비어 있음은 '본질'이라고 불려도 좋을 것이다. 이런 진리로 사는 것은 근본적으로 덧없고 순간적인 모든 일시성을 일깨우는 영을 요구한다. 인간은 너그러운 마음으로 어떤 애착으로부터도 스스로를 비우며 거리를 두고 살아가야 한다는 것이다.

일본 학자 아베 마사오(阿部正雄)에 의해 수행된 대화는 흥미로운 연결점을 찾아낸다. 불교도로서 그는 예수 그리스도의 이야기가 케노시스(Kenōsis), 즉 자기를 비운 하나님을 수반한다는 기독교의 핵심적 믿음에서 공의 흔적을 발견한다.

> 그는 하나님의 모습을 지니셨으나, 하나님과 동등함을 당연하게 생각하지 않으시고, 오히려 자기를 비워서 종의 모습을 취하시고, 사람과 같이 되셨습니다. 그는 사람의 모양으로 나타나셔서, 자기를 낮추시고, 죽기까지 순종하셨으니, 곧 십자가에 죽기까지 하셨습니다. (빌립보서 2:6~8)

아베는 이것이 단지 역사적 증언이 아니라 바로 궁극적 진실의 본성을 가리킨다고 주장한다. 메시아는 자기를 비우고 자기를 버렸으며 이는 바로 사랑이신 하나님의 본성에 속한다. 불교의 궁극적 진리로서의 공이 그리스도에 의해 알려진 '자기비움'과 만날 때 하나님을 존재 그 자체, 모든 것의 창조자로 보는 서구의 인식을 뛰어넘게 된다. 그래서 아베는 하나님을 '셋'에서도, '하나'에서도 자유로운 위대한 '제로'라고 주장한다. 이는 스스로의 삶을 버리는 것이 곧 그것을 찾는 길이라는 예수의 핵심적 지혜에 대한 깊은 영성을 요청한다.

이 대화에 참여한 가톨릭 신학자인 데이비드 트레이시(David Tracy)는 "아베 마사오는 하나님에 대한 내 생각 중 변화가 필요한 부분들을 수정하는 데 도움을 주었다"고 인정한다. 불교의 시각은 인간 영혼을 신에 굴복시키는 딱딱한 이미지들을 느슨하게 풀어준다. 그것은 트레이시의 마음에 중세의 거장 에크하르트(Eckhart)의 "나는 하나님에게서 자유롭기 위해 하나님께 기도한다"는 급진적인 부정신학의 전통 —기독교 전통에선 종종 무시돼온—을 떠올리게 한다. 서구 신학은 매우 장황한 확정들을 좋아하는 경향이 있다. 공을 논한 대화는 우리를 겸손하게 신성의 신비로 이끌어주는 사로잡음과 놓아줌, 긍정과 부정, 말과 침묵을 알고 있으면 그것으로 충분하다는 점을 상기시킨다.

트레이시는 기독교의 하나님 개념은 비어 있음이 아니라 충만함임을 강력하게 옹호한다. 급진적인 부정은, 중요하긴 하지만 많은 확정의 언어 중 하나일 뿐이다. 왜냐하면 크리스천에게 핵심적인 종교 체험은 예수 그리스도 안에서 하나님이 자신을 드러낸 사건에 의해 형성되었고 그것이 역사를 통틀어 언어와 영혼 가운데 임하는 하나님의 활동을 인식하게 해주었기 때문이다. 바로 여기서 크리스천들은 필연적으로 부분적일 수밖에 없는 하나님 이해의 핵심적 단서를 발견한다. 어떤 훌륭한 기독교 신학도 삼위일체에 근거한다. 그것은 본질적으로 역동적이고 상호연관적이며 변증법적인 방식으로 부정 가운데 긍정인 하나님의 불가해한 사랑으로 향하기 때문이다. 따라서 공은 사랑이신 신비한 존재에 포함되는 것이다.

워낙 관련 문서가 많기 때문에 쉽게 접할 수 있는 학자들간의 이런 대화는 하나의 전형적인 사례다. 그 목적은 각자 서로의 입장을 수정하거나 어떤 공통분모를 찾기 위함이 아니다. 그것은 오히려 다른 전통의 필터를 통해 각각의 이해를 추구하고자 한다. 이 실천에 참여한 크리스천 신학자들에게는 흥미로운 역동성이 연달아 일어난다. 대화의 파트너가 이해할 만한 방식으로 기독교 신앙을 설명함으로써 그들은 예수 그리스도 안에서 이해된 하나님의 진리를 목격하고자 노력한다. 그와 동시에 그들은 세계를 색다른 시각에서 바라보려는 노력을 통해 무시하고 지나쳤던 것을 깊게 청취하며, 다른 전통의 지적이고 도덕적이며 신학적이고 심오하게 영적인 차원들을 발견함에 따라 진실한 이해가 형성된다. 다른 종교의 지혜를 배움으로써 그들은 그 체험이 두가지 방식으로 기독교의 이해에 영향을 미친다는 사실을 발견한다. 하나는 믿음의 의미를 풍부하고 깊게 하는 것이며, 다른 하나는 오만하며 편협하고 무지한 것들을 정화시키는 것이다.

학자들이 직접적인 대화를 넘어 본격적으로 다른 종교의 경전을 연구할 때 또다른 대화가 일어난다. 경전과 주석을 다른 종교의 언어로 다루는 작업은 위대한 전통의 구체적인 메시지를 파악하고 그것으로 기독교와의 대화를 모색한다. 이 과정에서 학자들은 '비교신학'이라고 불리는 학문을 구축했는데 이는 프랜시스 클루니(Francis Clooney)가 "종교상호간 비교학문이자 변증법적인지만 여전히 고백적인 신학"이라고 성격지은 것으로서 폭넓은 경계에 서서 기독교 신앙을 새롭게 해석해 보는 것이다.

남부 인도의 유명한 여성 성자인 안탈(Antal)에 대한 클루니의 연구 작업은 좋은 본보기이다. 9세기에 살았던 이 젊은 여성 시인은 나라야나 신을 각별히 사랑한 것으로 유명하다. 나라야나는 그녀를 신부로 택한다. 슈리랑감 사원의 큰 사원으로 결혼식을 하러 가던 중에 그녀의 친구들은 신이 인간에게 접근해 결혼하려 한다는 사실을 믿지 않는다. 그러자 안탈은 다음과 같이 노래한다.

> 그의 백성을 기쁘게 하는 것은 무엇이든 그의 것이며
> 그의 백성을 기쁘게 하는 이름은 무엇이든 그의 이름이다.
> 끊임없이 묵상하는 백성을 기쁘게 하는 길은
> 무엇이든 그의 길이며,
> 그가 바로 원반을 든 자이다.

이 경전과 주석들을 번역하고 가르치고 사유하면서 클루니는 그것을 성 이그나티우스 로욜라(St. Ignatius Loyola)의 '영의 훈련'과 연결시켰다. 이 훈련에 의하면 묵상하고자 하는 사람들은 복음의 한 장면으로 초대받아 자신을 그곳에 두고 삶 속에서 갈급한 문제들에 대해 예수와 이야기한다. 그때 창조적인 상상과 사랑이 일어나면서 하나님의 더 큰 사랑과 헌신에 열중한다. 이그나티우스가 직관하듯, 이는 하나님이 다양한 상상들을 은총의 매개로 이용함으로써 그것들을 수용하기 때문이다. 묵상에서의 상상의 역할은 그러므로 단지 옛 복음을 연결시켜주는 것이 아니라 하나님과의 내밀한 개인적인 만남을 의미하며 이는 묵상하는 각 사람마다 다르게 나타난다. 힌두교의 안탈과 가톨릭의 이그나티우스를 비교하면서 클루니는 아름다운 주제 하나를 만들어낸다. 상상의 명상 속에서 우리는 우리의 영적인 필요를 채워주는 하나님을 향한

길을 걷는다는 것이다. 놀랍게도 하나님은 우리를 그곳에서 만나도록 허락하신다. "우리가 하나님을 사랑하는 만큼 하나님은 우리에게 와서 함께한다. 누군가 신부처럼 하나님을 사랑하면 하나님은 신랑이 되어 준다."

제임스 프레데릭스(James Fredericks)는 크리슈나와 고피(gopis, 목장 처녀들) 이야기로 수행한 그의 비교신학에서 훌륭한 예를 제공한다. 이 유명한 힌두 이야기에서 다정함과 신적 사랑의 열정을 대변하는 신인 크리슈나는 어느날 밤 늦게 마을에 도착해 피리로 매혹적인 음악을 연주한다. 모든 목장 처녀들은 깨어나 그와 함께 춤을 춘다. 처녀들마다 그를 홀로 차지하려는 마음에 질투가 일어나자 크리슈나는 사라져버린다. 그러나 처녀들의 슬픔에 감동한 크리슈나는 다시 음악과 함께 나타나고 이번에는 그곳의 모든 처녀들에게 눈을 맞출 수 있도록 자신을 여러 분신으로 만든다. 크리슈나의 사랑은 그토록 커서 처녀들이 아무리 많아도 다 감당할 수 있다.

프레데릭스의 분석에 따르면 크리스천 역시 목장 처녀들과 마찬가지로 유대인이나 이교도 같은 '타자'들을 배제한 채 하나님의 사랑을 독차지하려는 잘못을 저지른다. 확실한 것은 자신들만 하나님의 사랑을 독차지하려는 자들은 하나님을 삶에서 사라지게 할 뿐이라는 점이다. 우리는 하나님을 소유할 수 없다. 오직 하나님과 춤출 수 있을 뿐이다. 목장 처녀 이야기는 예수의 잘 알려진 탕자 이야기와 함께 읽을 때 그 지혜가 더욱 깊어진다. 여기서 아버지는 한없이 자애로운 반면 탕자의 형은 사랑이 동생에게 가는 것을 분하게 여기며 자기 자신의 우월한 권리를 주장한다. 예수의 이 우화는 자비로운 하나님의 사랑이 어디든 넘쳐난다는 것을 보여준다. 예수는 세리와 춤추며 죄인들을 위해 피리를 분다. 마지막에 우리는 그 형과 함께 남겨져 결정에 직면한다. 선과 악에 똑같이 부어진 사랑을 나누며 만찬에 참석할 것인가, 아니면 분함을 간직한 채 차가운 바깥에 머물 것인가.

때로는 서로의 주장이 충돌하여 신학적 교환의 대화가 자신의 전통을 절대 팔아넘길 수 없다는 데 이르기도 한다. 그러나 종교적 차이가 완고한 대척점을 형성하는 곳에서조차 심장이 들을 수 있으며 머리가 사고할 수 있는 여지는 남는다. 그런 노력은 기독교 신앙에 새로운 생명력과 통찰을 불어넣으며 사랑의 하나님에 대한 더 깊고 더 감탄어린 광대한 지식으로 이끈다.

종교적 체험의 대화

기도, 단식, 공동예배, 순례, 모든 종류의 예배 형식들이 종교적 전통을 특징짓는다. 종교적 체험의 대화는 서로의 기도, 그리고 하나님 또는 절대적 존재와 이야기하는 방식을 체험하면서 영적인 실천을 나눌 때 일어난다.

1986년 10월 27일 교황 요한 바오로 2세가 평화를 위한 세계 기도의 날에 각 종교지도자들을 이탈리아 아시시로 초대했을 때 화려한 풍경이 펼쳐졌다. 날개 달린 머리장식에 평화의 담뱃대를 든 아메리카 인디언, 그리스 정교회원, 불교 수도사, 무슬림 성직자, 유대교 랍비, 힌두 사제 등 각양각색의 복장을 걸친 이들이 열을 지어 기도를 드렸다. 그들은 그러나 똑같은 기도자들은 아니었다. 전통에 따라 그들은 절대자라고 여기는 누군가 혹은 무엇인가를 향해 돌아서서 세계가 폭력과 파괴와 대립과 전쟁을 중지하고 평화의 선물을 향유하기를 기도했다. 그렇게 극적으로 인류 종교의 다양성을 진열해 보인 기도 축제를 바라보면서 누군가는 세상에는 많은 신과 그 신을 섬기는 다양한 사람들이 있어서 종교가 끝없는 분열과 충돌의 기원이 된다고 결론지었을지도 모른다. 사실 종교의 역사에서 이는 유감스러운 특징이기도 했다. 그러나 행사에 참여한 많은 사람들과 관객들에게는 또다른 해석이 가능했을 것이다. 즉 살아계신 하나님의 신비가 서로 다른 종교적 방식을 뛰어넘어 그들을 공공선을 향한 심오한 차원으로 향하게 한다는 것이다. 후자의 입장이 바로 요한 바오로 2세의 것으로서, 비판에 맞서서 그는 로마 교황청 멤버들에게 자신의 근거를 설명했다. '연합의 신비'는 기독교 교리의 관점에서 창조와 구원과 영원한 운명 가운데 하나인 모든 사람들을 모은다. 이 연합은 그들 삶의 서로 다른 환경에도 불구하고 존재한다. 실로 연합은 "급진적이고 근본적이며, 결정적인 것이다." 아시시에 모인 모든 참여자들이 그들 각자의 종교적 정체성에 맞게 평화를 위해 기도하는 모습을 보고 교황은 그 모임이 "우리에게 잘 알려진 분열과 차이를 넘어서 우리를 묶어주는 놀라운 연합의 선언"이었다고 말을 이었다. 이런 생각은 매우 신학적인 것으로 바로 하나님의 존재를 언급한 것이다. "진실로 모든 순전한 기도자는 성령에 의해 부름받았다고 주장할 수 있다. 그 성령은 신비한 방식으로 모든 이의 마음속에 있다."
시간이 지나면서 교황의 이런 해석은 세계 종교에 나타난 극적인 현현으로 받아들여졌다. 아시시 모임에서 살아계신 하나님은 평화의 너그러움으로 죽음에 맞서 모두를 불러세웠다는 것이다. 그렇게 이 모임은 종교적 협력의 강력한 상징이 되었다.

 종교적 체험의 대화는 아시시에서처럼 서로 기도하는 것뿐 아니라 다른 종교의 영적 체험으로 들어가는 것 역시 포함한다. 가령, 강한 스트레스 속에 사는 어떤 크리스천들은 불교의 선(禪) 수행에서 영혼이 깨끗해짐을 발견한다. 힌두 예배에 참석한 다이애너 에크의 설명은 그런 체험이 가져올 법한 영적 깊이를 전해준다.

 몬타나에서 태어난 에크는 감리교 신자로 세상을 섬기는 교회에 헌신했다. 한번은 남부 인도에서 2달간의 연구를 마쳤을 때 그녀는 비슈누 사원에 와도 좋다는 허락을 받았는데, 그때는 마침 램프를 전달하는 의식이 있었던 때였다. 수백명의 여자들과 함께 그녀는 내부 성소를 향해 동심원을 그리며 안으로 들어갔다. 벽은 온통 깜빡이는 불빛과 램프의 그림자로 흔들리고 있었다. 그들이 마침내 중앙에 도착했을 때 북소리, 종소리가 고음을 내며 울렸고 비슈누의 방으로 통하는 문이 갑자기 열리더니 비스듬히 누운 18피트의 거대한 신상 몸통 부분이 드러났다. 곧이어 왼쪽 문이 열리면서 신상의 얼굴이, 왼쪽이 열리면서 발이 드러났다. 서로의 몸이 밀착되고 부드러운 불빛이 넘실거리는 가운데 음악이 점점 빨라져가자 에크는 희미하게 다가오는 엄청난 존재를 느꼈다. 사제가 비슈누에게 바치는 마지막 램프를 들고 나와 그것을 사람들에게 내밀자 "4백쌍의 팔이 그 불꽃을 향해 뻗어나왔고 이마에 손을 얹어 축복을 빌었다. 그중 하나가 나의 손이었다."

과연 이것이 우상일까? 에크는 십자가가 크리스천들에게 우상이 아닌 것처럼 이 독실한 예식에 참석하는 힌두교들에게 비슈누의 신상은 우상이 아니라고 주장한다. 힌두교 형상은 예배 전에 축복을 받을 필요가 있고 그렇게 축복받은 후에는 신으로 향하는 창이 되는 것이다. 신자들은 그 형상을 숭배하는 것이 아니라, 그 신상이 가리키는 신성을 숭배하는 것이다. 숙고 끝에 에크는 이 예배에서의 체험이 오직 숭배로 표현될 수밖에 없음을 고백했다. 크리스천으로서 힌두교와 다른 기반을 가진 그녀가 하나님의 신비와 주권 앞에서 경외감을 느끼며 상상하기 힘든 규모의 신을 마주하고 그들과 함께 기쁨을 나눈 것이다. "나는 그때 아무것도 생각하지 않았다. 그 순간은 숙고가 아니라 완전한 현존의 순간이었다." 그러나 나중에 그녀는 창조자이자 구원자이며 성령인 하나님에 대한 크리스천의 세가지 고백인 삼위일체로 이끌렸다. 스스로를 드러내는 하나님은 여전히 우리를 압도해 어떤 하나의 관점으로 그 전체를 다 볼 수 없다. 그녀가 힌두 사원에서 하나님의 현존을 인식한 것은 이러한 하나님, 예수 그리스도, 성령이라는 그녀가 이미 하나님의 현존이라고 느낀 세가지 형식 덕분이었음을 깨달은 것이다. "인식은 우리가 그것을 어딘가에서 이미 보았다는 것을 의미한다." 모든 예배나 장소, 집회가 이런 인식의 체험을 제공하는 것은 아니다. 거기에는 비판적이고 종교적이며 윤리적인 기준이 요구된다. 또한 이런 신의 비전들이 다 똑같은 것은 절대 아니다. 하지만 만남에 열려 있다는 것,

세계 속 영혼의 발자취 위에 서 있다는 것은 이른바 심오한 결과를 가져온다. "파드마나바스와미 사원에서 본 비슈뉴 신상은 하나님에 대한 내 관념을 확장시켰고 자극했다."

개인적으로 이런 대화가 가능한 또다른 삽화 하나가 있는데 그것은 기독교를 비유럽 전통의 문화적이고 종교적인 상징으로 전환한 나의 체험에서 비롯된다. 1990년대 중반에 나는 바티칸의 후원으로 세계 종교의 구원자 가운데 예수 그리스도를 다루는 회의에 참석하려고 인도를 여행했다. 회의가 진행되던 어느날 가톨릭 참석자들은 최근 로마 교황청에서 허용된 새로운 방식으로 성체 의식을 거행했다. 힌두교에서 유래된 도구들을 사용한 이 예배는 매우 동양적인 격식을 취했다. 사제들은 짙은 노란색 숄을 걸쳤고 그들을 비롯한 신자들은 연꽃 모양으로 베개에 기대앉았다. 참회식은 우리 모두가 지혜를 구하는 세번째 눈의 상징인 빈디(힌두교에서 이마에 붙이는 붉은 점—옮긴이)를 받는 것에서 시작해 용서를 구하는 것으로 끝났다. 복음이 낭송되기 전에 우리는 한숟갈의 장미향 물을 삼켜 하나님의 말씀이 들어가 거주하는 우리 안의 쿠션이 되게 했다. 빵과 포도주를 봉헌한 뒤에 우리는 산스크리트어로 성가를 반복해서 불렀다. "옴 시리 예슈 크리스타야 나마하…옴" 그러고는 아주 고요하고 평화로우며 명상적인 침묵에 빠져들었다. 평화의 키스를 나누면서 우리는 인도의 관습대로 손을 포개고 서로에게 몸을 숙였다. 미사 내내 힌두 사원 예식에서 볼 수 있는 수많은 인도 악기와 노래, 향, 천수국 등이 사용되었다.

나는 그런 예배를 본 적이 없었다. 그 예배는 완전히 정숙하고 신비로운 영적 각성을 불러일으켰다. 분명히 가톨릭 미사였으나 힌두 양식의 힘은 새로운 효과를 가져왔다. 거듭 숙고한 끝에 나는 예수의 죽음과 부활을 기념하기 위해 동원된 이 양식들이 이미 천년의 종교적 감성과 의미망에 흠뻑 젖어들었음을 깨달았다. 그것들은 기독교 예식에 풍부한 신적 감각, 즉 심오하면서도 모든 상상을 넘어선 하나님을 전달했던 것이다. 그 체험은 신비로서의 하나님에 대한 모든 말에도 불구하고 여전히 근본적으로는 의인화된 나의 고질적인 서구적 상상력을 벗어나게 해주었다. 이제 전통적인 서구 신학에서의 하나님, 해방을 이루는 연민의 하나님이자 페미니즘 신학에서의 관계의 신은 힌두교적 감성에서의 절대적인 존재이자 비인격적인 본성의 일깨움에 의해 모든 말을 뛰어넘는 신비의 하나님인 동시에 더 완전하게 가까이 있는 하나님으로 해방된다.

삶, 행동, 신학적 교환, 종교적 체험의 대화는 크리스천들에게 다른 믿음의 창을 통하여 하나님을 엿보게 해주며 우리의 유산을 나눌 수 있게 한다. 그 사회적 영향력은 지대하다. 우정이 자라남에 따라 상호이해가 생기고 종교들 사이에 새로운 관계의 가능성을 형성한다. 개인적 영향 또한 중요하다. 다른 신앙을 체험하고 그 가운데 성령을 목격하면서 크리스천들은 살아계신 하나님의 위대한 신비의 사랑과 지혜를 키워간다. 거의 46년이 넘는 인도에서의 대화를 반추하면서 자크 뒤피는 "자신의 믿음에 헌신하는 것과 다른 신앙에 문을 열어두는 것은 서로 배타적일 필요가 없으며 오히려 그 둘은 정비례하여 자라난다"고 말한다. 성령의 현존에 귀기울이는 귀가 있다면, 그것이 다른 키로 연주된다 하더라도 들을 수 있는 것이다. 또한 그 연주 목록은 점점 확장돼야 하는 것이다.

자비로운 하나님

옛 찬송은 "하나님의 자비는 광대하시고"라고 노래한다. 종교상호 간 대화는 넓고 깊어서 인류를 향한 하나님의 무한한 관대함에 이르는 장관에까지 열려 있다. 이것을 더 탐험하기 위해 뒤피는 그의 책 『종교적 다원주의의 기독교 신학을 찾아서』(Toward a Christian Theology of Religious Pluralism)에서 하나의 실험적 사고를 제안한다. 즉 하나님의 관점에서 역사를 바라보는 것이다. 말할 것도 없이 이는 불가능하고 주제넘은 짓이다. 그러나 만약 우리가 하나님의 관점에서 역사를 훑어볼 수 있다면, 크리스천을 둘러싼 다양한 신앙은 과연 어떤 의미를 가질까? 만약 단지 하나의 하나님이 있다면, 아마도 모든 사람을 구원으로 이끌려는 하나의 섭리가 있을 것이다. 또한 하나님의 머리가 여러 개로 흩어져 있지 않은 한 이 계획은 아마도 내적인 일관성을 가질 것이다. 이런 생각을 이어가다보면 우리는 세계 구원을 향한 하나님의 디자인이 다면적이라는 깨달음에 도달한다. 이 디자인은 무엇보다 예수 그리스도에 와서 최고조의 밀도에 도달한다. 그러나 하나님의 영원한 언어는 하나의 특정한 역사 속에 제한되거나 소진되거나 말소되지 않으며 하나님의 영혼 또한 세상으로의 분출을 멈추지 않는다. 오히려 하나님의 은혜로운 계획 덕분에 우리를 신적 생명의 나눔으로 초대하는 서로 다른 문화와 시간, 공간으로 향하는 여러 길들이 마련돼왔다. 그리하여 구원의 형상과 경전, 교리, 도덕적 규정, 예배를 가진 종교들은 하나님의 섭리에 의해 성립된 언어와 은총의 통로로 인식된다. 간명하게 말한다면, 종교들은 언어와 성령을 통해 세계에 임하는 하나님의 작업에 다름 아니다. "다른 종교 전통들은 인간의 역사에서 하나님의 진실한 개입과 순전한 현현을 대변한다." 그 종교들의 존재는 예수가 이 땅에 오신 순간과 그 이전, 이후에도 하나님의 생명에 모든 사람들을 초대하며 넘치는 자비를 드러내는 것이다. 그 다양함은 다함이 없는 살아계신 하나님의 너그러운 깊이를 보여준다. 역사를 통해 참여하는 하나님의 다양한 패턴들을 눈부시게 발견하는 일은 우리의 상상을 초월하는 불가해한 신비를 엿보게 해준다.

예수 그리스도

기독교를 이렇듯 폭넓은 하나님 중심의 프레임에 위치시키는 것은 하나님에 대한 인식을 확장하는 동시에 예수 그리스도에 대한 새로운 시각을 요구한다. 예수 그리스도의 구원의 역할에 대한 확신과 다른 종교들의 타당성을 화해시키는 방법에는 수많은 논쟁이 있다. 그중 하나의 좋은 방법은 기독론의 표준적인 세 요소들을 한데 묶는 것으로 세워질 수 있다. 즉 예수를 인간의 모습으로 온 말씀으로 보는 것이다. 십자가에 달리고 부활한 예수는 하나님의 다른 현현들 위에 말씀으로 군림한 분이 아니라 발을 씻긴 분이라는 것이다.

† 케노시스(Kenōsis). 그리스어로 자기비움을 뜻하는 이 단어는 성경에서 이 세계에 오는 그리스도의 방법을 묘사하는 단어로 쓰인다. 인간의 모습으로 온 것은 겸손의 행위다. 하나님의 영광에 집착하길 거부함으로써 그리스도는 스스로의 권리를 빼앗았으며 비천한 종처럼 되었다(빌립보서 2:5~11). 구원자로서의 예수의 역할이 이런 자기비움의 행위와 밀접하게 연결되었다는 바울의 주장은 복음에서 예수의 자기비움 태도를 뒷받침한다. 그것은 하나님의 사랑에 특별한 형상을 부여한다.

† 하나님의 통치. 이는 예수의 설교에서 핵심을 차지하는 풍부한 상징으로 하나님의 뜻이 세상에 이뤄질 때 천국처럼 도래할 상황을 가리킨다. 사자가 양과 함께 뛰어놀고 칼을 쳐서 보습을 만들며, 여인들이 동전을 찾고, 목동은 양을 되찾으며, 눈먼 자가 보고 보행장애인이 걷는다. 매일의 양식이 주어지고 억눌린 자가 풀려나며 어떤 눈물과 슬픔도 사라진다. 한마디로 생명의 축복이 땅과 거주자들에게 가득한 것이다. 예수의 말과 행위 덕분에 복음은 이 약속이 어떻게 구체적으로 수행되는지를 보여주며 구원을 헌신의 실천과 연결시킨다. 그것은 먹이고 치유하고 모든 듣는 자를 가르치며 파렴치하고 무례한 권력에 도전하는 것이다. 사도들은 그 일을 위해 부름받는다. 이런 식으로 하나님의 통치는 신을 사랑하고 신의 말씀을 들었던 자들의 삶 속에 이미 뿌리내리기 시작했다.

† 성체. 구원의 길에서 사람들과 소통하려는 하나님의 사랑 덕분에 개인, 사건, 문서, 예배 등은 그 사랑의 열망을 간직하는 것들이 되었다. 그것들을 통해 하나님은 다가오고 그것들을 통해 사람들은 하나님의 임재를 알고 응답한다. 기독교에서 예수 그리스도는 이 양방향 만남의 성체이다. 기쁨과 죄, 그리고 끔찍한 고통 속에 있는 인류를 구원하려는 열망으로 말씀은 육신이 되어 우리 가운데 거한다. 그의 삶, 죽음, 부활을 통해 하나님은 인류와 절대 깨질 수 없는 구원의 연합을 세웠다. 십자가는 하나님의 사랑을 죽음 깊숙이 가져온다. 부활한 그리스도의 인간애는 모두에게 영원한 미래를 약속한다. 그래서 하나님은 인간의 모습으로 찾아온 말씀을 역사적 사실로 만들어 하나님의 구원이 인류의 역사와 함께하는 더 큰 나라를 선포한다.

† 이 세가지의 배치. 수세기 동안 기독교 신앙이 다른 종교에서 하나님의 역할을 더 잘 이해하게 하지 못하고 오히려 모호하게 만들었다는 것은 이상한 일이다. 기독론을 향한 제국주의자의 틀은 말씀이 예수 안에 나타난 이후 하나님은 어디에서도 그렇게 진실하고 사랑 넘치는 모습을 보여주지 않았다는 점을 부각했다. 그렇게 서열화된 사고방식은 예수가 최고이기 때문에 다른 어떤 종교도 주목할 가치가 없다고 결론지었다. 하나님의 현존은 어디서나 부정되고 길이요 진리요 생명인 예수는 다른 종교가 저급함을 알리는 막대기처럼 승승장구하며 휘둘러졌다. 하나님으로서 예수 그리스도는 개방이 아니라 폐쇄의 상징이 된 것이다.

역사 속에서 케노시스라는 상징으로 구현된 하나님의 구원의지를 보여주는 성체로 예수 그리스도를 이해하는 것, 그리고 예수의 우주적 중요성을 그가 설교한 하나님나라의 빛 가운데 인식하는 것은 좀더 관대한 관점을 가능케 한다. 크리스천들은 예수가 사람의 육신으로 온 지혜자이며, 그의 도래가 전인류를 위한 구원의 의미를 가진다는 사실을 포기하지 말아야 하며, 또 포기할 필요도 없다. 또한 복음의 아름다움과 그것이 삶에 미치는 영향을 끊임없이 전해야 마땅하다. 이것이 기독교의 살아있는 전통 가운데 우리에게 전수된 보물이다. 그러나 하나님의 현현과 인간의 시각을 제한하는 지구의 역사 속에서 이런 선언은 우리가 이야기한 겸손한 자기비움의 정신으로 수행돼야 한다. 조셉 휴(Joseph Hough)가 지적하듯, "우리가 예수의 얼굴에서 하나님의 얼굴을 알아보는 것은 기독교 신앙에서 본질적이다. 그러나 여기와 다른 시간과 장소에서 누구도 하나님을 보지 못했고 구원을 체험하지 못했다는 믿음은 본질적이지 않다." 성령이 의미하는 바를 확장된 인식에서 바라볼 때, 예수 그리스도가 "독특하고 유일한, 그 자신에게만 적용되는, 배타적이고 보편적이며 절대적인"— '주님이신 예수님'이라는 말이 의미하듯—구원의 역할을 맡는다는 교리조차도 다른 종교들은 하나님의 은혜로운 현존과 행동에서 제외된다는 의미일 수 없고, 또 그럴 필요도 없다. 우리의 진리를 절대적으로 옳게 여긴다는 것이 우리만이 소유할 가치가 있는 모든 진리를 가진다는 뜻은 결코 아니다. 왜냐하면 하나님은 "우리의 마음보다 크시며"(요한일서 3:20) 모든 생명과 전통 가운데 사랑이 임할 자유를 주시기 때문이다. 이런 사고의 연장선상에서 우리는 하나님의 목적을 체험하며 스스로를 그 신비에 맡긴 사람들을 배제해서는 안되고 또 그럴 필요도 없다는 점을 이해해야 한다. 예수 그리스도의 육신 안에 말씀으로 오신 하나님은 그런 현존을 취소하는 게 아니라 신비를 모든 곳에 적용시키며 또한 모든 종교들에도 명백히 그러하다.

하나의 다면적인 계획

이런 숙고를 거쳐 대화의 신학은 종교의 의미에 대한 세번째 거대한 질문으로 돌아온다. 뒤피는 그 문제를 날카롭게 짚어낸다. 종교 다양성은 오늘날 세계에 주어진 사실로 존재하는가? 다시 말해 종교 다양성은 궁극적인 개종을 통해 모두가 그리스도로 회귀함으로써 극복되는 유감스러운 것을 의미하는가? 아니면 하나님에 의해 의도된 선한 규칙으로 존재하는가? 하나님의 관점에서 다시 말하자면 그것은 단지 허용된 것인가 아니면 적극적으로 의도된 것인가? 종교 상호간 대화에서 체험된바, 그것은 수많은 신학자들에 의해 선한 규칙으로 해석되는 것이 더 마땅하다고 주장된다. 바티칸 2차 공의회 이후 '주님이신 예수님'을 비롯한 모든 교회의 선포는 성령이 종교들 자체에 임하고 행동한다는 점을 인정한다. 이것은 무계획적인 것인가? 즉 사람들의 영적 간구에 아무렇게나 관여하는 것인가? 그런 피상적인 접근은 생각할 수 없다. 하나님의 영혼이 관여한다면, 하나님은 '규칙' 가운데 행동한다. 종교들은, 그러므로 "인류를 향한 하나님의 계획" 가운데 일부다. 종교적 다양성은 인류 구원을 향한 하나님의 고유하고 풍부하며 복잡한 디자인이며, 단 하나인 하나님의 사랑은 다면적인 계획 가운데 일한다.

다원성에 대한 이런 긍정적인 평가는 심오한 신학을 담고 있다. 이것은 생물이나 문화에서 보이는 보편적 다양성의 가치에 의지하지 않고, 하나님의 넘치는 다면성에 대한 깨달음에 의지한다. 뒤피의 말은 변증법적 체험을 가진 사람들의 깨달음을 포착한다. "하나님의 내적 생명이 신격을 넘쳐흘러 확정됨은 고유한 보편적 목적, 절대적인 하나님의 신비로 이끄는 여러 길들의 역사가 존재하는 근본적인 이유가 된다." 구원에 이르는 여러 갈래 길로서의 종교는 삼위일체인 하나님이 행하는 넘치는 대화에 포함된다. 그 대화 속에서 하나님은 히브리서에 나온 대로 "여러 가지 방법으로 수없이"(히브리서 1:1) 국가와 민족들에게 말한다. 기독교를 포함한 우리의 부서진 세상 속 모든 것이 그러하듯이 종교들은 선과 악, 은총과 죄가 뒤섞인 모호함의 형상 아래 존재한다. 그러나 성령에 의해 촉발된 그들의 긍정적인 지혜와 은총은 종교의 다양성이 하나님의 선물이라는 판단을 가능케 한다. 근본적으로 그것은 사랑이신 하나님의 웅대하고 넘치는 자비에서 나온다.

차이의 존엄성

종교 상호간 만남은 진지한 존중, 주의깊은 대화, 상호학습과 이해, 지역과 지구적 차원에서 하나님의 통치를 성공시키기 위한 협력 등을 가능케 한다. 랍비 조나단 삭스(Jonathan Sacks)는 이 실천이 가져올 풍요로움을 보여주는 매력적인 가정을 제안한다. 만약 우리가 우리의 진실과는 다른 진실을 가진 종교 속에서 하나님의 형상을 인정한다면 우리의 믿음은 어떻게 될까? 그것은 낯선 장소의 아름다움에 감동되면서도 내 집에 있는 듯한 안정감을 가지는 것과 비슷할 것이다. 그곳이 내 집이 아니라 다른 누군가의 집이지만 세계의 영광을 지닌 한 부분으로서는 여전히 우리의 집인 줄 알기 때문이다. 그것은 영어가 모국어이지만 이탈리아 소네트의 리듬에 전율하는 것과 비슷하다. 그것은 당신의 삶이 당신 자신의 믿음의 스토리로 씌어진 문장임을 알지만 다른 믿음의 스토리로 씌어진 삶도 있으며 그 모든 것이 하나님의 부르심과 인류의 응답으로 된 거대한 서사의 한 부분임을 알고 기뻐하는 것과 비슷하다. 자신들의 믿음에 충실한 사람들은 다른 믿음의 방식에 의해 위협받는 게 아니라 더 확장됨을 경험한다. 또한 우리가 하나의 신앙을 고집하며 생각했던 것보다 더 깊은 진리를 발견함에 따라 차이의 존엄은 축복의 근원이 된다.

더 읽을거리

이 장의 전체 영역과 여러 사유방식에 관한 훌륭한 개관은 Paul Knitter, *Theologies of Religions* (Maryknoll, N.Y.: Orbis, 2002)를 보라. 도움이 되는 입문서로는 Diana Eck, *Encountering God: A Spiritual Journey from Bozeman to Banares* (Boston: Beacon, 1993/2003)를 보라. 이 책은 학문적인 통찰을 개인적 체험과 연결시키고 있다. Terrence Tilley, *Religious Diversity and the American Experience: A Theological Approach* (New York: Continuum, 2007)는 미국의 다원주의사회 관점에서 종교들에 대한 신학적 입장을 분석한 책으로 엄청난 논쟁을 일으켰다. 여러 종교 전통 가운데 여성의 체험을 자세히 기술한 저서로는 Leona Anderson and Pamela Dickey Young, *Women and Religious Traditions* (New York: Oxford University Press, 2004)를 보라. 대화의 실천에 나선 아시아의 중심에 대해서는 Peter Phan, *Being Religious Interreligiously: Asian Perspectives on Interfaith Dialogue* (Orbis, 2004)를 보라. 종교 상호간의 대화의 실천은 John Hick and Edmund S. Meltzer, eds., *Three Faiths, One God: A Jewish, Christian, Muslim Encounter* (Albany: State University of New York Press, 1989); and John B. Cobb and Christopher Ives, eds., *The Emptying God: A Buddhist-Jewish-Christian Conversation* (Orbis, 1990)과 같은 책들에 잘 묘사돼 있다. Michael Fitzgerald 대주교는 교황청 종교 상호대화회의의 수장으로 있었던 경험을 바탕으로 현명한 통찰들을 보여준다. 그의 책 *Interfaith Dialogue: A Catholic View* (with John Borelli; Orbis, 2006)를 보라. Jacques Dupuis의 주요 저작 *Toward a Christian Theology of Religious Pluralism* (Orbis, 1997)에서는 대화를 통해 엿본 하나님에 각별한 강조점이 놓여 있다. 하나님에 대한 질문은 Mary Boys, *Has God Only One Blessing: Judaism as a Source of Christian Self-Understanding* (New York: Paulist, 2000); Jeannine Hill Fletcher, *Monopoly on Salvation? A Feminist Approach to Religious Pluralism* (New York: Continuum, 2005); Werner

Jeanrond and Aasulv Lande, eds., *The Concept of God in Global Dialogue* (Orbis, 2005) 같은 책에도 나와 있다.

비교신학의 실천에 관해서는 다음 책들을 참조하라. Francis X. Clooney, *Hindu God, Christian God: How Reason Helps Break Down the Boundaries between Religions* (New York: Oxford, 2001); James Fredericks, *Faith among Faiths: Christian Theology and Non-Christian Religions* (New York: Paulist, 1999); and Leo Lefebure, *The Buddha and the Christ: Explorations in Buddhist and Christian Dialogue* (Orbis, 1993). 다음의 개인적인 에세이들은 빛과 따듯함, 결정적인 통찰들을 제공한다. Gavin D'Costa, ed., *Christian Uniqueness Reconsidered* (Orbis, 1990); Catherine Cornille, ed., *Many Mansions? Multiple Religious Belonging and Christian Identity* (Orbis, 2002).

Dominus Iesus 텍스트는 *Origins 30* (Sept. 14, 2000) 209~19에 수록돼 있다. 여러 차원에서 이 문제를 논의한 한권짜리 책으로는 Stephen Pope and Charles Hefling, eds., *Sic et Non: Encountering Dominus Iesus* (Orbis, 2002)가 있다. Jonathan Sacks의 생각은 *The Dignity of Difference: How to Avoid the Clash of Civilizations* (New York: Continuum, 2002)에 담겨 있다.

8

진화하는 세상 속의 창조주 성령

생기를 주는 자

우리 시대에 인간이 자연과 관계하면서 생겨난 하나님의 개념을 살펴보자. 우주에서 찍은 사진을 보면 지구는 흰 구름이 감돌며 밝게 빛나는 푸른 구슬처럼 보인다. 끝없이 펼쳐진 검은 우주를 배경으로 떠 있는 지구는, 우리가 현재까지 탐사한 모든 행성과 위성과 소행성 중 무수한 생명으로 가득 찬 소중한 작은 별이다. 자신의 육안으로 지구를 본 우주 비행사들은 그 경험이 어떻게 자신의 지각을 바꾸어놓았는지 말한다. 다국적 우주승무원 중 하나였던 사우디아라비아의 술탄 빈 살만 알사우드(Sultan bin Salman al-Saud)는 다음과 같이 회상한다. "첫날 우리는 모두 자신의 나라를 가리켰다. 셋째날 우리는 자신이 속한 대륙을 가리켰다. 다섯째날이 되자 우리는 모두 오직 지구만을 의식했다." 달위를 거닐었던 우주비행사 러스티 슈바익카트(Rusty Schweickart)는 지구는 너무 작아서 엄지손가락으로 가릴 수 있다고 했다. 그는 "당신에게 중요한 의미를 갖는 모든 것," 즉 모든 자연과 역사, 탄생과 사랑이 "이 아름답고 따뜻하며 푸르고 하얀 원(圓) 위에 놓여 있음을 깨닫게 될 것"이라고 회상에 젖어 말했다. 그후 당신은 영원히 변화할 것이다.

우주에서 본 지구 사진은 1960년대 이후 모든 지구인들의 공동 재산이 되었다. 이는 사람들 사이에 지구라는 행성에 대한 새로운 자각이 자라고 있음을 상징한다. 이러한 이해는 다음과 같은 독특한 변증법에 의해 형성되었다. 한편으로 우리는 현대 과학이 지구의 복잡한 작동방식을 밝혀내고 대중화시킴에 따라 이에 대한 경외감을 갖고 있다. 다른 한편으로 우리는 인간의 탐욕이 얼마나 급속히 자연계를 망가뜨리고 있는지에 대해 슬피 탄식한다. 경외와 파괴라는 이중의 생태적 맥락 속에서 믿음의 사람들은 고대로부터 내려온 주제를 재발견하고 있다. 그것은 다름 아닌 자연계를 통해 하나님의 창조의 영이 현존하고 활동한다는 것이다.

이러한 주제를 추구하는 데 있어 우리는 근래의 신학에서 별다른 도움을 받지 못했다. 그리스와 러시아의 정교회 신학과는 달리 서구의 현대 신학은 성령에 대한 연구인 성령론(pneumatology)을 부당하게 대우했다. 독일의 로마 가톨릭 교회 추기경인 발터 카스퍼(Walter Kasper)의 말에 의하면 서구 현대 신학은 성령을 신학의 신데렐라로 취급했다. 성부와 성자가 무도회에 간 동안 성령은 집에 남아 재투성이로 일을 한다는 것이다. 현대 신학은 또한 종교적 관심사로서의 자연계를 무시했는데 이는 종교개혁 시대부터 비롯됐다. 그 이전에는 하나님과 인간과 자연세계가 신학의 세 기둥을 형성했는데 이는 기독교는 물론 유대교와 이슬람교의 철학 및 신학을 구성했던 다리 셋 달린 의자였다. 하지만 우리가 어떻게 죄로부터 구원을 얻는가에 대한 격렬한 논쟁이 벌어지면서, 개신교는 오직 믿음에 의해서만 그리스도의 구속사역이 효력을 갖는다고 강조하고, 가톨릭은 믿음과 더불어 선행을 고수했는데, 이 싸움은 인간의 곤경에만 초점을 맞출 뿐 창조의 다른 영역에는 무관심을 낳는 결과를 초래했다. 싸움이 벌어질 때마다 일어나는 일이지만, 사람들은 더 큰 현실을 보지 못했다. 그 이후로 가톨릭은 성령을 교회의 성무일도(聖務日禱, 성직자와 수도자가 매일 시간을 맞추어 바치는 예배—옮긴이)와 교도권(教導權)의 가르침에 매우 강하게 묶어두었고, 개신교는 개인의 의롭게 됨과 이후의 성화(聖化)에 성령의 사역을 고착시켰다. 이렇게 인간에만 초점을 맞춘 결과 가톨릭과 개신교 양측은 태초부터 역사를 지나 영원까지 이르는 성령의 우주적 현존과 활동에 대한 성서와 교부들과 중세신학의 증언을 망각하고 말았다.

오늘날 이 오래된 주제를 되찾기 위해 생태신학은 성령과 자연세계 두가지 측면을 동시에 연구할 필요가 있다. 니케아 신조(Nicene Creed)는 성령을 "주님이시며 생명의 수여자"(the Lord and Giver of Life)로, 라틴어로는 생기를 주는 자(the Vivifier)로 간주함으로써 영민한 단서를 제공한다. 세상 속에서 성령의 사역을 보여주는 이 단서는 3세기 북아프리카 신학자 테르툴리아누스(Tertullianus)가 고안한 세가지 비유에 의해 더욱 정교해진다. 첫째, 성부가 태양과 연결될 수 있다면, 그리스도는 태양과 같은 본질을 가지면서도 지구로 내려온 햇살이다. 그러면 성령은? 성령은 선탠(suntan), 즉 태양이 와서 실제 영향을 끼친 빛과 열의 지점이다. 이러한 패턴은 물을 예로 드는 데에서도 반복된다. 언덕에 솟아나는 샘물이 있는가 하면, 같은 물이 계곡을 타고 강으로 흐르기도 하고, 관개수로로 들어간 물(성령)은 식물에 도달해 실제로 자랄 수 있게도 한다. 테르툴리아누스는 삼위 하나님을 나무의 뿌리, 싹, 열매에 비유했다. 즉, 도달할 수 없는 나무의 가장 깊은 근원인 뿌리와, 눈에 보일 수 있도록 세상으로 나온 싹, 그리고 꽃, 향기, 과실과 씨앗처럼 세상을 아름답게 하고 살지게 하는 열매(성령)가 그것이다. 이것은 모두 역사 속에 성육신하여 오시고, 세상을 뛰어넘는 불가해한 신비로 존재하시며, 물질세계에 은혜로운 활력을 구석구석 배이게 하는—여기에서의 핵심은 이것이다—한분 하나님에 대한 비유이다.

성령은 결코 하나님보다 낮지 않음을 처음부터 기억하는 것이 중요하다. 창조자 성령은 항상 **하나님**이시고, 매순간 오셔서 가까이 계시고 생명의 힘으로 활동하신다. 한편으론 빅뱅이론과 진화생물학에 의해서, 다른 한편으로는 보호를 요하는 지구 위 생명들의 연약함(vulnerability)에 의해 놀라운 세상이 열렸다. 이로 인해 생태신학은 새로운 정세 속에서, 만물의 근원이자 부양자이며 목적이 되는 살아계신 하나님이신 성령의 현존과 활동을 깨닫게 되었다.

자연 세계

경외

우주에서 본 지구의 이미지를 염두에 두고, 지구와 우주에서 차지하는 이 행성의 위치에 대해 네가지 점을 숙고해보자.

† 첫째로, 우주는 매우 오래됐다. 핵심 숫자는 14, 5, 4이다. 우주는 약 140억년 전(최근의 과학적 합의를 따르자면 정확히는 137억년 전) 우아하지 않게도 빅뱅이라 불리는 태초의 폭발에서 유래되었다. 그 폭발로부터 지금까지 우주는, 은하계와 별들이 생겨났다가 소멸하면서 계속 팽창하고 있다. 태양계의 태양과 행성들은 약 50억년 전에 출현했다. 이전 세대의 별들이 소멸할 때 폭발하면서 남긴 먼지와 가스가 뭉쳐져서 생겨난 것이다. 약 40억년 전 지구에는 **생명**이 새롭게 발생했다. 이 생명은 원시바다 깊은 곳에서 단세포 생물의 군집으로부터 생겨나서 오늘날 백만 종 이상으로 진화했다.

칼 세이건(Carl Sagan)은 『에덴의 용』(The Dragons of Eden)에서 이를 극적으로 표현하기 위해 우주의 시간을 1년으로 압축한 시간표를 사용한다. 만약 빅뱅이 1월 1일에 발생했다면, 태양계는 9월 9일에 출현했고, 지구상의 생명체는 9월 25일 생겨났으며, 첫번째 인류는 12월 31일 밤 10시 30분에 등장했다. 이 시간표를 생생한 물리적 구조로 보여주기 위해 뉴욕의 미국자연사박물관은 우주 역사의 자취를 밟는 나선 모양의 우주 산책길(cosmic walk)을 세웠다. 옥상에서 빅뱅으로 시작하여, 내려가는 통로의 한걸음이 수백만년에 해당한다. 맨 아래에 이르면, 인류의 모든 역사가 사람의 머리카락만큼 가는 선에 해당하는 것을 본다. 우리 인류는 우주에 갓 도착한 신생아다.

✝ 둘째로, 우주는 가늠할 수 없을 정도로 크다. 천억 개가 넘는 은하가 있고, 각 은하계는 수십억 개의 별로 이루어져 있으며 얼마나 많은 달과 행성이 있는지는 아무도 모른다. 눈에 보이고 귀에 들리는 이 모든 물질은 우주 안에 있는 물질의 한조각에 지나지 않는다. 우주는 이렇듯 헤아릴 수 없기 때문에 '어둡다'(dark)고 불린다. 지구는 한 나선은하의 가장자리에 놓인 중간 크기의 별 주위를 도는 작은 행성이다. 우리는 작은 점에 지나지 않는다.

✝ 셋째로, 우주는 복잡하게 연결되어 있다. 모든 것들은 서로 어느 정도 관계하고 있다. 예를 들어 영국의 과학자이며 신학자인 아서 피콕(Arthur Peacocke)은 인간의 피가 붉은 것에 대해 이렇게 말한다. "만약 수십억년 전 대폭발 당시 철(iron) 원자가 생겨나서 나중에 인류가 출현한 지구의 지각에 철을 형성하며 응축되지 않았다면 우리 몸속 혈액의 헤모글로빈 안에 있는 모든 철분의 원자는 존재하지 않았을 것이다." 지극히 순진하게 말하자면, 지구 위의 인간과 모든 피조물은 우주먼지(stardust)에서 만들어진 것이다. 더구나, 생물이 진화한 이야기는 우리 인간이, 원시바다에 살던 단세포 생물까지 거슬러 올라가는 동일한 유전자적 뿌리를, 다른 모든 생명체와 공유하고 있음을 명백하게 보여준

다. 박테리아, 소나무, 블루베리, 말, 대왕귀신고래(the great gray whale) 등과 우리는 생명 공동체 안에서 모두 친족이다. 아브라함 헤셸(Abraham Heschel)의 아름다운 비유에 의하면 이 사실은 인간을 우주의 합창지휘자가 되게 하여, 우리가 속한 전 우주공동체의 이름으로 찬양과 감사의 노래를 부를 수 있게 한다.

✝ 넷째로, 우주는 근원적으로 역동적이다. 당신이 이 글을 읽는 순간에도 우주가 계속 팽창하면서 새로운 공간이 생겨난다. 은하계는 블랙홀을 중심으로 돈다. 우리의 행성은 매년 태양을 공전하고 매일 자전한다. 개개의 생명이 출생에서 죽음까지의 여정을 거치듯 전체 종(種)이 나타나고 번성하고 멸종한다. 따라서 신학은 더이상 자연의 정적인 질서를 인간의 역사와 대조시킬 수 없고, 움직이지 못하는 자연의 이방 신을 역사 속에 활동하는 이스라엘의 하나님과 대립시킬 수 없다. 자연 자체는 역사적이다.

이러한 역동성이 인류의 출현을 설명해준다. 생명 진보의 물결은 단세포 생물의 죽음과 진화에서 비롯됐다. 즉, 조개, 물고기, 양서류, 파충류, 곤충, 꽃, 조류, 포유류 등 살아있는 생명에서 인간이 출현했고, 우리 영장류의 두뇌가 매우 치밀하게 짜여서 우리는 자기성찰의 의식과 자유를, 고전적인 용어로는 지성과 의지를 경험할 수 있게 됐다. 에너지가 함께한 물질이 생명으로, 의식으로, 영으로 진화한다(조약돌에서 복숭아, 푸들, 사람으로). 인간의 사고와 사랑은 무에서 우주로 투사된 어떤 것이 아니라 깊은 우주의 에너지가 우리 안에서 피어난 것이다. 이는 우주의 물질적인 역동성에서 일어난 것이고, 이미 스스로 잘 조직되어 있는 창조적인 힘이다. 이렇게 보면 인간은 낯선 물질세계에 뚝 떨어진 이방인이 아니라 진화의 고유한 한 부분이다. 샐리 맥페이그의 영감어린 호칭에 의하면, 우리는 '속인'(earthlings), 즉 여기에 속한 피조물이다. 우리의 개인적인 열망과 문화적 창조성은 우주 그 자체가 지닌 왕성한 활력을 요약해주는 것이다. 작은 덩어리(nugget)에 해당하는 우리의 역사는, 자연 그 자체 안에서 계속되는 열정적이고 흥분되는 창조의 과업에 집중한다. 이러한 사실은 우리를 구별되지만 분리되지는 않은 우주 안의 독특한 한가닥으로 만들고, 여전히 우주'의' 한가닥이 되게 한다.

이 이야기는 한편으로 경이, 다른 한편으로 고통이다. 왜냐하면 이야기는 우리의 행성을 향한 새로운 위협의 시기로 접어들기 때문이다.

낭비

인간은 점점 빠른 속도로 우리의 행성에 치명적인 손상을 가했다. 생명이 거하는 지구의 정체성을 인간은 스스로 망가뜨렸다. 과소비, 재갈을 물리지 않은 재생산, 자원의 착취, 창궐하는 오염은 대지, 해양, 대기가 갖고 있는 생명부양 체계를 급속히 고갈시켰다. 예를 들어 매년 지구 인구의 20%에 불과한 부유한 국가가 전지구 자원의 75%를 탕진하고 80%의 쓰레기를 배출한다. 시카고에 거주하는 3백만 명이 매년 방글라데시의 9천7백만 명이 쓰는 것만큼의 비가공 생산물(raw produce)

을 소비한다. 그러한 과소비는, 항상 성장해야만 지속되는 경제에 의해 촉발된다. 이 경제의 가장 큰 목표는 생태적 비용을 계산하지 않고 결산표에서 흑자를 내는 것이다. 다른 예를 들어보자. 1950년대에 세계 인구는 20억이었다. 새천년에 접어들자 60억이 되었다. 예상이 들어맞는다면, 2030년에는 100억 명의 사람이 지구에 살 것이다. 만약 1950년에 태어난 사람이 80살까지 산다면, 지구의 인구는 그 사람이 사는 동안 5배나 증가한다. 실감나게 말하자면, 매 6일마다 멕시코시티가 새로 생겨나고, 매년 브라질이 하나씩 더 생기는 것이다.

  생명을 품는 지구의 수용능력이 인간에 의해 다 고갈되고 있다. 우리 인류 종은 지구가 다시 채워주는 속도보다 더 빠르게 자원을 소모하고 있다. 의도했건 아니건 이러한 폭행은 지구에 엄청난 생태적 상해를 가했다. 지구온난화, 오존층의 구멍, 숲의 남벌, 습지의 고갈, 벌거벗은 토양, 오염된 공기, 유독한 강물, 남획되는 바다, 그리고 무엇보다 핵의 위협 등 불경한 말들이 널리 퍼져 있다. 광범위한 생태계 파괴는 더 끔찍하게도 이들 서식지에 번성하는 식물과 동물의 멸종을 가져왔다. 우리 시대는 대량소멸의 시대다. 어림잡아 20세기의 마지막 25년간 모든 생명 종의 10퍼센트가 멸종했다. 사라져버린 웅장한 동물과 키작은 식물은 결코 다시 돌아오지 않는다. 우리는 수백년을 진화해온 동료 생명체의 미래를 지워버림으로써 탄생 그 자체를 죽이고 있다. 그들의 멸절은 생명이 거하는 장소로서의 지구 자체가 죽을 수도 있다는 이른 경고 신호다. 세계교회협의회(WCC)는 솔직한 언어로 "우리 손에 의해 위험에 처해진 지구는 이 시대의 냉혹한 신호"라고 말하고 있다.

사회 불의와 생태적 황폐의 고질적인 관계에 주의를 기울여보면 상황은 더 암담해진다. 가난한 사람들은 환경적 궁핍에 의해 불공평하게 고통받는다. 사람에 대한 약탈과, 사람이 기대어 살아가는 땅에 대한 약탈은 늘 함께 간다. 예를 들어, 아마존강 유역에서 토지개혁의 실패로 쫓겨난 농민들은 열대우림의 가장자리로 내몰린다. 거기서 그들은 살아남기 위해 화전농을 선택하고 이 과정에서 태고의 서식지를 파괴하고, 희귀한 동물을 죽이며, 원주민들을 추방한다. 부유한 국가의 경제적으로 유복한 사람들은 너른 초록빛 속에서 살 수 있는 반면 가난한 사람들은 환경을 심하게 오염시키는 공장, 정유소, 폐기물 소각시설 근처에서 산다. 이들에겐 선천적 장애 및 일반적인 건강악화와 질병이 뒤따른다. 이런 씁쓸한 상황은 유색인들을 유해한 지역에 살도록 강제하는 환경적 인종차별에 의해 더 악화된다.

페미니스트들의 분석은 가난한 곤경에 빠진 여성일수록 유해한 환경 때문에 아기를 낳는 생물학적 능력이 위태로워지고, 깨끗한 물과 음식과 연료가 부족해서 아이들을 키우기 어렵다는 사실을 한결 명료하게 보여주었다. 인도의 칩코 운동(Chipko movement)과 같은 프로젝트를 통해 마을 여성들은 벌채를 막기 위해 말 그대로 숲의 나무를 껴안았고, 결과적으로 깨끗한 물, 연료, 열매를 확보하게 되었다. 노벨 평화상 수상자인 케냐의 왕가리 마타이(Wangari Maathai)에 의해 시작된 그린벨트 운동(Green Belt movement)에서는 여성들이 수천만 그루의 나무를 심고 돌보는 데서 작은 수입을 얻을 수 있었다. 이 운동은 지구를 보호하고 회복시키는 몸짓이 가난한 여성들 및 그들이 속한 공동체의 번영과 내재적으로 연결되어 있음을 보여주었다. 가난과 그 치료책은 생태적인 면모를 갖고 있다.

사람들이 하나님을 이 세계와의 관련 속에서 생각하기 시작할 때, 우리의 경이로움이 멋진 자연세계를 향해 활짝 열리긴 했지만 우리의 낭비에 의해 자연이 파괴되면서 완전히 새로운 접근이 요구되었다. 예전에는 태초에 창조된 세상이 정적인 완전체로 남아 있다는 것이 세계에 대한 기본적인 개념이었다. 하나님의 활동은 주로 이미 이루어진 것을 유지하는 것으로 이해되었다. 세계가 이루어지는 중이며, 진실로 새로운 것은 진화와 다른 과정에 의해 생겨나고 있음을 알기 때문에 이제 우리에겐 신의 현존과 섭리에 대한 새로운 생각이 필요하다. 지금까지 이런 과정들은 위대한 중세의 찬가 '오소서, 창조주 성령이여'(Veni, Creator Spiritus)에서 창조주 성령으로 불리는 하나님의 영에 초점을 맞추어왔다. 창조주 성령이 인격적인 하나님에 대한 계시적인 경험과 팽창하는 우주론이라는 두가지 배경(setting)을 통합했고, 이에 따라 사회정의와 에코 페미니즘의 통찰로 가득 찬 생태신학은, 또다른 새 개척지의 지도를 그리고 있다.

신의 현존

창조주 성령의 개념에 주의를 기울임으로써, 우리는 하나님의 현존과 활동이 세계에 두루 스며들어 있고 따라서 자연계는 하나님의 처소라는 믿음을 전면에 내세운다. 신의 현존은 세가지 지점에서 발견될 수 있다. 그것은 지속적이고, 십자가 형태를 띠며, 약속의 방식으로 존재한다.

지속적인 현존

물리학자 스티븐 호킹은 널리 알려진 책 『시간의 역사』(*A Brief History of Time*)의 말미에서 유명한 질문을 던진다. "방정식에 불을 불어넣고 우주를 설명할 수 있도록 만든 것은 무엇인가?" 무신론을 고수하는 자신의 신념에 충실하게도 그는 질문을 열어둔 채로 놔둔다. 성서적 믿음은 용감하게도 현상태에 생명을 불어넣고 원기왕성한 우주를 낳은 것이 하나님 자신의 영이라는 다른 선택지를 제시한다. 살아계신 하나님의 신비는 그분이 완전히 초월적인 존재이면서 또한 세계의 한가운데에 거하면서 진화의 매순간을 지탱하는 창조적인 힘이라는 데 있다.

이러한 하나님의 현존을 지적으로 가장 잘 설명해주는 모델은 만유재신론(panentheism, 하나님 안의 만물)이다. 최근 몇세기에 신학은 주로 유신론(theism) 모델에 천착했다. 이 해석은 하나님이 존재의 질서에서 가장 높은 곳에 계시다고 본다. 유신론은 하나님이 세상과 얼마나 다르고 세상에서 얼마나 멀리 계신지를 강조하지만, 하나님의 친근함에 대해서는 거의 관심을 기울이지 않는다. 반면 이신론(理神論, 창조 이후에 창조주는 세상에 대한 개입을 중단했다는 계몽주의 시대 기독교 사상—옮긴이)의 반대모델은 범신론(汎神論, 모든 것이 신)이다. 이 모델은 창조주와 피조물의 차이를 지워버려서 하나님과 세상이 서로에게 함몰되게 한다. 반면 만유재신론은 유신론 및 범신론 양측과 달리 만물이 하나님 안에 있고, 하나님이 만물을 감싸고 있는 관계를 보여준다. 하나님은 "모든 것 위에 계시고 모든 것을 통하여 계시고 모든 것 안에 계시는 분"(에베소서 4:6)이다. 만유재신론의 결과로 나온 것은 '서로 깃듦'이며 임신한 여인의 몸이 이를 설명하는 근사한 비유가 된다.

하나님의 현존에 대해 풍부하고 세련된 이해를 갖고 있던 마르틴 루터(Martin Luther)는 핵심을 설명하기 위해 밀알 하나라는 수수한 비유를 든다.

> 하나님의 장엄함이 너무 작아서 밀알 한알 안에, 그 표면에, 그 위로, 그것을 통과해, 안과 밖에 충분히 현존하고 (…) 밀알이 아무리 많아도 매 한알마다 그분의 장엄함이 깃들어 있다는 사실을 어떻게 이성이 용납할 수 있는가? 그리고 동일한 하나님의 장엄함이 너무 커서 이 세상이나 천개의 세상이라도 능히 둘러쌀 수 없고 '보라, 여기 있도다'라고 말할 수 없음을 어떻게 이성이 용납할 수 있는가? (…) 하나님의 거룩한 본질은 어디에나 누구에 의해서도 둘러싸이지 않으면서도 모든 것을 감싸고 모든 것 안에 계신다. (WA [Weimar Ausgabe] 23.134.34-23.136.36)

하나님의 현존이 지속된다는 점에서 보면, 자연세계는 신성한 것과 분리된 것이 아니라 성례전(聖禮典)의 성격을 지닌 물질세계다. 성례신학(Sacramental theology)은 단순한 물질—물, 기름, 빵, 포도주—이 신적 은총의 담지자임을 늘 가르쳐왔다. 이는 참으로 그러하며 오늘날 더욱 분명해졌다. 왜냐하면 무엇보다도 전체 물질세계 그 자체가 하나님의 은혜가 깃드는 모체이기 때문이다. 물질은 신성한 것의 표시(mark)이며 그 자체로 영적 광휘를 지니고 있다. 반대로 하나님의 현존은 세계가 구현되어짐을 통해, 또 그 안에서 성례적으로 전달된다. 이는 필수적이거나 절대적인 것은 아니지만, 은혜롭게도 참으로 이루어졌다.

하나님의 내주하시는 영은 공허함 위를 운행하고, 혼돈 속에 숨을 불어넣으며, 세계를 흔들고, 따뜻하게 하며, 자유롭게 하고, 복 주시며, 지속적으로 창조하시고, 그 진화하는 발걸음에 힘을 더해주신다. 성령을 이러한 방식으로 받아들이면, 현대적 유신론이 가르쳤듯이 하나님을 존재의 피라미드 정점 그 너머에 있는 분이 아니라, 출현하고 분투하고 살아가고 사멸하고 새로워지는 생명의 순환과 전우주 속에 계시는 분이자 이 모든 것을 아우르는 분으로 보게 된다.

십자가 형태의 패턴

아직 말할 것이 더 있다. 왜냐하면 자연세계는 단지 조화 속에 아름답지만은 않기 때문이다. 자연은 우리에게 고통과 죽음으로 가득 찬 모습, 가차없이 가혹하고 피흘리는 모습 역시 보여준다. 모든 살아있는 피조물은 존재하기 위해서 다른 피조물을 섭취해야 한다. 포식과 죽음은 생물학적 생명의 패턴에 있어 불가피한 부분이다. 높은 시각에서 보면, 생명의 역사 그 자체는 죽음에 의존한다. 죽음이 없는 세대에서 세대로 이어지는 진화론적 발전이 없었을 것이다. 수백만년에 걸친 고통과 죽음의 와중에 하나님은 어디에 있는가? 이러한 폭력을 부인하고 자연세계를 낭만적으로 보려는 유혹이 있다. 그러나 다른 선택지도 있다. 그것은 고통을 직면하고 이를 복음의 빛으로 해석하는 것이다.

예수를 육신이 된 하나님의 지혜로 믿는 자들은 살아계신 하나님의 성품을 해석하는 가장 중요한 렌즈로 예수의 삶과 운명을 선택한다. 신비로 남아 있기 때문에 전적으로 알 수는 없지만 진실한 이해는 가능하다. 이 렌즈를 통해 우리는 무엇을 보는가? 하나님과 인간의 관계에서 보자면, 우리는 제한이 없는 자애로운 사랑을 본다. 병을 고치고, 귀신을 내쫓고, 배불리 먹이고, 죄를 용서하고, 하나님의 통치를 가르친 예수의 사역은 하나님의 사랑을 모든 사람이 경험할 수 있게 했고, 특히 가장 소외된 사람들에게 그러했다. 그가 십자가에서 부당하게 처형당함으로써 고통과 죽음으로 점철된 죄악된 세상과 하나님의 자비는 깊이 연결되었다. 그의 부활은, 그가 친히 세상의 죽음에 동참함으로써 하나님의 성령이 죽음을 통해 죽음 너머 새생명의 약속을 열었다는 것을 보여준다. 포용적인 자세로 사역했던 이 유대 선지자의 십자가와 부활은, 하나님이 우리의 죄와 고통 속으로 들어와 저항을 일깨우고 희망을 세우며 인간과 연대한다는 사실을 계시한다.

살아계신 하나님을 인간만이 아닌 인간이 깃들어 사는 온세상의 창조주로 볼 때 생태신학은 인류를 넘어 모든 피조물에게 하나님의 연대를 확장시키는 보증서로 기능한다. 창조주 성령은 소행성에 의해 멸종된 공룡에서부터 암사자에게 잡아 먹히는 새끼 임팔라까지 모든 생명체와 자애로운 연대 속에 거하신다. 참새 한마리도 하나님 마음에 어김없는 고통을 유발하지 않고는 땅에 떨어지지 않는다. 이런 생각이 고통을 찬양하려는 것은 아니다. 이는 반드시 피해야 하는 함정이다. 그러나 이는 창조주 성령의 자애로운 눈길이 진화하고 고통받는 세상과 관계하고 있음을 함의한다. 자연의 울부짖음은 성령과 만난다. 그분은 새 생명을 낳기 위해 해산하는 창조의 고통과 함께 신음한다(로마서 8:22). 이는 우주적 차원에서 다시 발견되는 십자가와 부활의 패턴이다.

약속의 방식으로 존재하기

우주가 팽창한다는 사실과, 지구의 생명이 진화한다는 사실이 과학적으로 설명되면서 오늘날 우주를 하나의 고정된 현상이라기보다 열린 결말을 가진 모험으로 볼 수 있음이 분명해졌다. 태초에 균일방사선의 바다가 있었다. 우주는 존재의 알갱이 수준에 머물지 않고 시간에 걸쳐 엄청나게 확장돼왔고, 점점 정교한 배열을 갖추며 훨씬 더 복잡하고 아름다운 형태로 드러났다. 스티븐 제이 굴드(Stephen Jay Gould) 같은 생물학자들은 이 우주의 이야기가 빅뱅에서 인류까지 한 방향의 직선으로 진행돼왔다는 해석에 경고를 내린다. 생명의 이야기는 가지 많은 관목과 같고, 인류는 그 관목에서 새로 나온 잔가지다. 이런 설명을 인정하면서도 피콕과 다른 학자들은 전체로서의 우주는 사실상 우주의 기원에서 특정한 방향으로 움직여왔기 때문에 복잡성, 아름다움, 질서있는 새로움을 지향하는 성향을 명백히 갖는다고 주장한다. 멀리 내다보면 우주는 태초부터 경이로 가득 찬 약속과 함께 심겨진 씨앗으로 볼 수 있다. 일정하게 '적음'에서 '많음'이 생긴다. 우주의 이야기는 다산으로 풍부한 쉼없는 전진이며, 이 비옥함은 참된 새로움을 생산한다.

자연현상의 이 끝없는 개방성 덕분에, 세상은 성서적 신앙의 범위 안에 똑바로 놓이게 되었다. 이 믿음은 미래에서 오시는 약속의 하나님, "내가 먼저 오리라"는 외침을 갖고 오시는 하나님과 영원히 조우하기 때문이다. 새로운 땅으로 떠나게 하고 출산이 불가능한 노년의 아브라함과 사라에게 자녀라는 놀라운 선물을 선사함으로 마무리된 부르심에서, 이집트의 노예살이 하던 히브리 백성을 자유의 땅으로 이끈 소환장에 이르기까지, 예수의 빈 무덤에 온 여제자들에게 가서 그가 부활한 소식을 전하라는 위임까지, 인간의 역사는 하나님의 현존을 드러낸 놀라움으로 가득하다.

세계가 진화한 역사를 이들 믿음의 이야기와 나란히 놓고 살펴볼 때, 신학은 창조주 성령이 비단 인간만이 아닌 전체 자연세계를 떠받치는 마르지 않는 원천임을 이해하라고 제안한다. 창조적인 힘으로 세상에 깃드는 성령은, 장엄한 여행을 시작하며 빅뱅(대폭발) 앞에 이렇게 말씀하신다. "가라, 존재하라, 탐험하라, 새로운 것을 낳아라. 더 많은 것이 여전히 가능하다. 그리고 내가 너와 함께할 것이다." 자연은 미래에 대한 날것 그대로의 개방성을 가진 것처럼 보인다. 자연은 지속적인 하나님의 현존이 임하는 성사(sacrament)이자 하나님의 자비가 깃드는 장소이기도 하며 또한 그것을 넘어 신의 약속의 담지자이기도 하다. 살아있고, 영원히 떠오르는 태양이신 하나님은 세상에 거하시되 약속의 방식으로 가장 친밀하게 거하신다. "보라, 내가 만물을 새롭게 하리라."(요한계시록 21:5)

요약하면, 생태신학은 창조주 성령이 자연세계의 중심에 거하시고,

세계가 진화하도록 그 안에서부터 은혜로운 힘을 주시고, 모든 피조물을 그들의 유한성과 죽음 속에 자애롭게 붙들고 계시며, 상상할 수 없는 미래를 향해 세상을 앞으로 이끌어 가신다고 제안한다. 성령은 우주적·생물학적 진화의 거대한 진전을 통해, 생명의 물질적 근원과 그 끝없는 가능성을 껴안으시고, 이러한 우주의 과정이 가능하도록 그 안에서부터 힘을 부어주신다. 다음으로, 우주는 자기조직적이고, 자기초월적이며, 나선 모양으로 돌아가는 우주에서부터 DNA 분자의 이중나선 구조에 이르기까지 생기를 주시는 하나님의 춤에 의해 에너지를 얻는다.

하나님의 섭리

자연세계에서 창조적이고, 고통받으시며, 약속하시는 성령의 임재는 하나님의 섭리에 관한 의문을 직접적으로 일으킨다. 진화적·창발적 우주에서 하나님이 어떤 방식으로 행하시는가? 현대 여러 유신론들은 가정하기를, 하나님은 자연 과정과는 별개로 자기 뜻대로 세상에 관여하여 신의 목적을 달성한다. 그러나 과학적 측면에서 우주를 살펴보면 이것이 꼭 필수불가결한 것은 아니라는 결론에 이른다. 자연은 모든 차원에서 활동적으로 스스로를 새로운 형태로 조직해가고 있다. 심지어 생명, 또한 마음의 발생원인을 특별한 초자연적 개입 없이도 설명해 낼 수 있다. 요즘 몇몇 과학자들과 '지적 설계'(intelligent design)를 지지하는 종교인들 사이의 논쟁의 쓴뿌리는 정확히 두가지 대조되는 가정에서 시작되었다. 전자는 물리적 세계에서 하나님의 활동의 자취를 전혀 찾지 못한 반면, 후자는 일종의 하나님의 직접적 행위와 전반적 계획을 상정한다. 그러나 양자가 고수하는 하나님의 섭리에 관한 근본적 관점은 더이상 타당성이 없다.

하나님의 섭리에 관한 신학자들 사이의 논쟁은 과학과 종교 간의 논쟁만큼 격렬할 수 있다. 적어도 여섯가지의 불꽃 튀는 입장이 있다. 단회성 이론(single-action theory)에서 하나님은 최초에 단 한번 행동하셨고, 그 이후에는 세상을 유지하기만 하시며 전우주적 역사의 상세한 일들은 그냥 그것들이 알아서 생기고 해결되도록 하신다(Gordon Kaufman, Maurice Wiles). 하나님의 개입이 훨씬 더 많다는 입장을 취하는 과정 사상(process thought)은, 하나님이 모든 유합 사건(합생 사건, concrescing event)에 최초의 목적을 부여하신 후 설득의 힘을 이용해 세상을 바람직한 방향으로 유도하신다(John B. Cobb, David Griffin, Alfred North Whitehead와 그의 동료들)는 관점을 지지한다. 육체로 만들어진 인간을 향한 섭리와 세상이 만들어진 섭리의 유사성을 발견하는 세번째 입장은, 이 세상을 하나님의 몸으로 그려낸다. 영혼이 몸 안에서 행위하는 방식으로 하나님이 세상 속에서 일하신다는 것이다(Sallie McFague). 정보 이론(information theory)을 사용하는 하향식 인과관계(top-down causality) 입장은 하나님이 이 세상에서 전체가 부분에 영향을 미치는 방식으로 일하신다고 이해한다(Arthur Peacocke). 인과적 연결점(causal-joint) 이론은 물리적 과정의 본래의 개방성을 사용하여 하나님이 한 사건의 최초 조건들 중 하나로 작용하시고, 전체적 결과에 영향을 미치는 패턴을 형성한다고 서술한다(John Polkinghorne, Nancey Murphy, Robert Russell).

좀더 고전적인 입장은 일차적, 이차적 인과관계 사이의 구별을 고수하여, 하나님을 이 세계의 근본적 원인, 세상 존재의 측량할 수 없는 근원으로 보는 반면, 자연적 힘과 개별적 창조물들은 이차적 원인들로 하나님으로부터 스스로의 독립성을 갖고 행위할 힘을 얻는다고 본다. 이 두가지 원인들은 같은 속(genus)에 속한 두가지 종이 아니며, 결과를 초래하는 공통점에 입각하여 연합된 두가지 다른 종류의 원인들도 아니다. 그들은 완전히 다른 차원에서 작용한다(그것 자체가 부적절한 유비이지만). 하나는 모든 원인들의 원인(Cause of all causes)이며, 다른 하나는 이 힘 안에서 작용하는 것으로 마치 불의 힘 속에서 불타고 있는 연소재처럼 작용한다. 하나님의 섭리를 이러한 관점에서 보면 이 세상에서 일하시는 하나님을 이차적 원인들과는 별개의, 이외의, 추가의, 혹은 보완의, 심지어 그것들과 경쟁하는 것으로 생각하는 것은 조리에 맞지 않는다. 하나님의 행위는 피조물의 행위에서 부족한 무언가를 채워주시거나 피조물로부터 능력을 빼앗아서 결국 그것이 엉터리 원인이 되도록 하지 않으신다. 오히려 살아계신 하나님의 신비는 자기 힘으로 진정한 원인이 될 수 있는 유한한 동인자들의 창조적인 행위 안에서, 그 행위를 통해서 행동하신다.

이러한 견해를 지지한 아퀴나스는 피조물들이 독자적으로 행동할 수 있는 권한을 부여받지 못한다면 이 세상을 향한 하나님의 통치는 사실상 완전히 좋지는 않을 것이라고 주장했다. 이런 이유로 특별한 사건이나, 보통의 사건이나 모두 자연 스스로의 능력에 입각한 리듬과 활력에 따라 일어난다. 각 순간마다 하나님의 개입은 물리적으로 감지될 수 없을 것이다. 그것은 질량과 에너지 같은 수량화할 수 있는 물질이 아니고, 방정식의 추가 인자도 아니며, 우주의 힘의 인자들 속에서 발견될 수 있는 요소도 절대 아니다. 하지만 자연의 창조성 안에서, 창조성을 통해서 창조자 영의 한없는 사랑이 세상을 움트게 했다. 다른 현대 아퀴나스 철학자들과 더불어 이 입장을 고수하는 호주의 신학자 데니스 에드워즈(Denis Edwards)는 주목하기를, "아퀴나스는 다윈의 진화론을 전혀 몰랐지만 하나님이 창조하시는 방식으로 진화론을 이해하는 데는 아무 문제가 없었을 것이다."

필자가 버클리의 한 집회에 참여했을 때 이러한 다양한 견해들 사이의 긴장이 극도로 고조되자 학자들이 실제로 신성모독이라며 서로를 비난한 적이 있었다. 하지만 이 입장들 모두 서로 많은 공통점을 가지고 있다. 그들은 하나님의 개입이 뚜렷하게 드러나는 간섭형 모델(interventionist model)은 피하려고 한다. 그들은 창조자 성령이 진화하는 세상의 토대이고, 이를 유지시키는 힘이자 이 세상의 목표임을 믿으며, 이러한 과정에서 그 안으로부터 **힘을 주는 방식으로** 역사하신다는 것을 쉽게 이해할 수 있도록 노력한다. 그들은 하나님의 창조성이 우주적 과정 안에, 과정과 **함께**, 또한 과정 아래에서 활동하는 것을 본다. 하나님은 세상을 만드신다. 다시 말해서 세상이 스스로를 만들어나갈 수 있는 힘을 부여함으로써 그렇게 하신다.

우연성

설사 이 점을 인정한다 하더라도, 섭리하는 하나님을 믿는 신학적 토론을 그토록 불확실하게 만드는 요소는 바로 우연성이다. 우주가 이미 결정된, 기계적인 방식으로 작동한다고 생각했던 계몽주의 시대의 과학과는 다르게, 오늘날의 과학은 자연에서 광범위한 영역에 걸친 개방성의 존재를 드러내주었다. 이러한 영역에서 다음에 무슨 일이 일어날지를 예측하는 것은 본질적으로 불가능하다. 이것은 우리가 아직 그러한 체계를 측정하여 결과를 가늠할 수 있는 기구를 개발하지 못해서가 아니다. 오히려 완전한 측정을 불가능하게 하는 어떤 요소가 존재하기 때문이다.

† 양자 물리학이 연구하는 미세영역이 측정 불가능한 영역 중 하나다. 미립자 하나의 위치와 속도를 동시에 측정하는 능력이 인간에게 결여된 나머지 "불확정성의 원리"(uncertainty principle)라는 적절한 용어까지 생겨났다. 측정의 한계, 인간 지식의 한계라고 단순히 명명하는 대신, 과학철학자들은 이제 이것이 현상 그 자체의 본질을 가리키는 것이라고 추측한다. 불확정성의 원리는 인식론적일 뿐만 아니라, 다시 말해서 존재론적인 것이다.

† 카오스 물리학이 연구하는 거대한, 비선형의, 역동적인 체계들도 그러한 영역의 또다른 예이다. 여기서 두드러진 특징은 새로 출몰하는

자기조직적 패턴이 최초의 조건에 극단적으로 반응한다는 점이다. 자주 드는 예로는 나비가 날씨에 미치는 영향이다. 어느날 한마리의 나비가 베이징에서 날개를 퍼덕인다. 그로 인해 생긴 작은 기류가 위쪽으로 올라가며 다른 기류들과 교차하여 그 힘이 증폭된다. 그 결과, 일주일 후 뉴욕에서 거대한 폭풍이 생긴다. 단순한 원인과 결과도 존재하지 않는다. 다만 극히 미세한 변화로 이쪽 혹은 저쪽으로 기울어질 수 있는 개방적이고 역동적인 체계만 있을 뿐이다. 시간이 지나며 이러한 체계가 반복해서 일어나면 어떤 패턴이 출몰할 것이다. 그러나 그 어떤 경우에도 확실한 예측은 불가능하다.

† 자연선택에 의한 생물학적 종의 발전이 개방적이며 역동적인 영역에 속하는 세번째 예이다. 태양 광선의 폭격으로 유전자가 변이한다. 혹은 허리케인의 타격으로 몇몇의 새가 항로를 벗어나 새로운 섬에 도착한다. 혹은 지구가 소행성에 부딪힌다. 변하는 환경에 가장 잘 적응하는 동물들, 즉 새끼를 잘 돌보고 번식시키며, 먹이를 찾고, 포식자를 잘 쫓는 동물들이 다음 세대까지 살아남을 것이다. 그렇지만 이것을 미리 예측할 방법은 없다.

이것들과 더불어 다른 예에서, 현대 과학은 인간 이외의 자연 속에서 발생적·적응적·자기조직적 체계를 가진 존재의 실체를 완전히 드러냈다. 이런 체계의 기능방식은 시간이 지나며 우주에서 진정 새로운 것이 되었다. 규칙적인 법과 유사한 패턴이 생겨났으며 그것은 우연성에 의해 방해를 받는다. 그러나 모든 것이 무너지는 것이 아니라 새롭고 더 풍성한, 더욱 복잡하고 아름다운 형태의 질서가 무질서의 끝에서 생겨난다. 미래는 계속 열려 있다. 엄밀히 말해서 오늘날 우리가 살고 있는 세계의 형태는 억겁의 시간에 걸쳐 법적 규칙성(lawful regularities) 내에서 일어난 무작위의 사건에 의해 만들어진 것이다. 우주에 오직 법만 존재한다면, 반복적이고 비창조적인 질서 속에서 상황은 늘 지지부진할 것이다. 반대로, 만약 오직 우연만 존재한다면, 상황은 극도로 혼란스러워져서 그 어떤 질서있는 체계도 형태를 갖추지 못할 것이다. 그러나 법 안에서 일어나는 우연은 기존의 패턴을 흐트러뜨리고 억제하기도 하면서 천년이 수백만 번 지나고 그 두가지 요소가 상호작용하면서, 그러지 못했다면 일어날 수 없었을 더 풍성한 상태로 세상을 발전시킨다. 피콕은 이렇듯 억겁에 걸쳐 일어난 법칙 속의 우연(chance within law) 패턴은 개연성을 기대할 만한 것이라고 제안한다. 진화하는 우주가 미리 정해진 게 아니라 물질에 내재하는 가능성들을 십분 발휘하여 그 잠재력을 마음껏 탐험해나갈 수 있다면 말이다.

이 말은 과학이 헤아릴 수 있는 한, 우주는 이미 결정된 청사진에 따라 펼쳐진 것이 아니라는 뜻이다. 순수한 무질서는 예측될 수 없다. 그렇기 때문에 우주가 오직 나중에야 이야기될 수 있는 새로운 존재의 모델을 발생시키는 과정에는 끝없는 개방성이 있는 것이다. 미국가톨릭 신학회(Catholic Theological Society of America)의 연간 회의에서 놀랄 만한 사건이 있었다. 바티칸 천문연구그룹(Vatican Observatory Research Group) 출신의 예수회 천체물리학자인 윌리엄 스퇴거(William Stoeger)가 애리조나 대학에서 다음과 같은 질문을 던졌다. 이 세상의 시계를 최초의 시기로 돌려놓은 후 시계가 다시 가게 한다면 과연 결과가 지금과 똑같을까? 과학자들은 하나같이 강하게 아니라고 대답했다. 멍한 침묵이 흘렀다. 그리고 나서 방을 가득 채운 신학자들이 그 개념을 이해하고 그것을 우리의 기본가정에 연관시켜보려고 노력하자 여기저기서 논쟁이 터졌다.

이 깨달음을 내주시는 하나님의 영에 연관시키는 생태신학은, 우주의 계속되는 진화 속에 역사하시는 무한한 사랑으로 하나님의 창조성을 이해하며, 이를 비단 우주질서의 원천일 뿐만 아니라 새로움이 생기도록 허락하는 우연의 원천이라고 제의한다. 이 세계를 그 안에서부터 힘있게 하시는 성령은 법적 규칙성(lawful regularities)의 근거가 될 뿐만 아니라 개방적 시스템의 임의적 변이와 무질서한 조건의 우연성까지도 끌어안는다. 이것은 옛날 자연신학이 상상했던 것 이상으로 무질서에 훨씬 더 밀착되어 있다. 예측 불가능한 격변은 파괴적일 수도 있으나, 더욱 풍성한 형태의 질서가 창조될 가능성을 담고 있는 것이다. 창발적이고 진화적 우주에서, 격동처럼 보이는 것을 통해 역사하시는 하나님의 창조성을 발견하는 것은 그리 놀랄 일도 아니다.

신학은, 우연의 세계에서 하나님의 섭리를 더 깊이 설명하고자 해왔으며, 은총과 십자가의 가르침에서 나타나는 하나님의 일하심을 통해서 존재해왔다.

은총

성령이 하나님이 가진 생명을 인간에게 주시려 할 때, 인간은 그것을 수락하도록 강요받지 않는다. 심지어 지옥을 선택할지도 모르는 한도까지 자유가 존중된다. 성령이 중립적인 자세로 나태하게 방관자로 서 있다는 뜻은 아니다. 신학에서는 인간의 마음이 하나님의 얼굴을 향하도록 온갖 종류의 인도하심을 받는다고 가르친다. 그러나 그 어디에도 강압은 존재하지 않는다. 은총의 언약관계는 인간의 자유로운 반응을 필요로 한다. 이 사실은 인간은 물론 우주에서도 통한다. 영원히 신실하신 하나님은 자연세계의 질서가 갖는 자유에 대해 은혜롭게도 정중하시다. 창조자 성령은 밖에서 관여하기보다는, 우주가 스스로를 초월하여 새로운 형태를 계속 창조해나갈 수 있도록 능력을 부여함으로써 안으로부터(이러한 공간적 은유는 적절하지 못하지만) 지속적인 창조를 가능하게 하신다. 법과 같은(lawlike) 구조 속에서 일어나는 우연의 세계가 억겁의 세월에 걸쳐 진화할 때, 자기조직적이고 복잡한 체계는 지속적으로 뜻밖의 일을 만들어낸다. 이러한 과정 안에서, 과정과 함께, 과정 아래에서, 관대한 하나님의 영은 세계의 끊임없는 창조에 활력을 더한다.

십자가

예수님은 시저(Caesar)처럼 신적 위엄성에 매달리지 않고 바보처럼 "자신을 비우심"으로써 타인을 위한 새로운 삶을 열었다(빌립보서 2:5~11). 이로 인해 신성포기적 형태의 신적 능력이 형성되었다. 이건 자신의 뜻을 강요하는 무력이 아니다. 또한 몇몇 사람들이 두려워하듯 무능력도 아니다. 오히려 역사적으로 실천된 예수 그리스도의 사랑 안에서 자유로이 자신을 내어줌으로 타인이 힘을 누리게 하는 힘이다. 그렇게 아름다운 방식으로 사랑을 받은 사람들은 자신들의 행동에 능력을 얻는다. 십자가에서처럼 우주에서도 그렇다. 생태신학은, 신성포기(kenōsis)가 예수님이 돌아가셨을 당시 일회적으로 일어난 사건이 아니라 하나님이 이 세상에서 처음부터 행하신 전형적인 은총의 행동이라는 점을 제안한다. 진화하는 우주 속에서 창의적으로 역사하시는 성령의 행위를 해석하는 데 있어 그리스도의 자기희생적 패턴을 사용한다는 의미는, 하나님의 섭리가 모든 사건을 결정짓거나 심지어 지시하는 특징이 없음을 뜻한다. 오히려 신성포기는 유한한 체계가 진정으로 통합할 수 있는 여지를 주고, 우연성에 진정한 무작위적 출현을 허락하는 것이다.

    존 호트(John Haught)는 기쁘게도, 자연세계의 개방성의 관점에서—이 관점은 필자와 일치한다—제안하기를 우리는 더이상 하나님이 진화하는 우주에 어떤 **계획**을 갖고 계시다고 보면 안되며, 오히려 **비전**을 갖고 계시다고 봐야 한다고 지적한다. 이 비전의 목적은 사랑의 공동체를 탄생시키는 데 있다. 창조자 성령이 그 과정의 중심에 계시고, 그 방향으로 세상을 이끄시며, 한편으로 세상이 자신의 체계를 자유로이 사용하여 자신만의 창조에 참여하도록 초대하신다. 양자(quantum) 수준에서, 비선형 역동적 체계 속에서, 자연선택을 통해, 그리고 인간의 섭리를 통해 새로운 것이 출현한다! 그러한 자유를 주는 힘에 의해 기반을 잡고 생기를 얻은 우주는 자신이 만든 모험을 통합시켜 진화한다.

지구를 사랑하는 것

창조하고, 내주하며, 자비로이 사랑하고, 거대한 모험중인 세상에 힘을 실어주는 창조주 성령에 대한 신학은 틀림없이 다른 모든 신학에도 영향을 미친다. 특히 이 신학은 지구를 돌보는 책임윤리의 기초가 된다. 인간에게만 해당되는 윤리적 우주는 더이상 적절하지 못하다. 지구가 만약 진실로 하나님이 현존하는 성소, 신적 자비의 장소, 신적 약속의 담지자라면, 생태학살(ecocide), 생명학살(biocide), 지구학살(geocide)을 통해 계속되는 파괴는 심각한 신성모독이다. 전통적인 성경의 예언과 예수의 영에 입각해서 신앙인은 예언적이고 도전적으로 반응을 할 필요가 있으며 자연세계를 돌보고 보호하고 치유하는 일을 촉구해야 한다. 비록 이 일이 막대한 경제적·정치적 손해를 일으키는 경우가 있어도 말이다. 사실 손해는 생기게 마련이다. 그것이 아무리 미천한 종(species)이든, 혹은 오존층처럼 거대한 체계든 약자에 대한 무력을 저지하기 위해 우리는 비폭력 저항 기술을 적극적으로 사용해야 한다. 엄격한 하나의 기준으로 우리의 행동윤리를 판단해야 한다. 즉, 이 일이 지구생명공동체의 지속 가능성에 공헌을 하는지 안하는지 말이다.

이 놀라운 실천원리를 처음으로 표현한 사람은 교황 요한 바오로 2세였다(1990년). 그는 이렇게 표현했다. "생명존중, 인간 존엄성의 존중은 다른 피조물에게도 적용된다." 실질적으로 인간은 이 지구상에서 다른 피조물들과 함께하지 못하면 아예 생존할 수 없다. 그러나 이 문제는 실용적인 것 이상이다. 왜냐하면 생명존중은 따로 떨어질 수 없기 때문이다. 인간의 생명뿐 아니라 살아있는 지구 전체가 마땅히 보호받아야 할 하나님의 사랑스런 피조물이다.

이런 사실을 인지한 우리는 결국 인간에게만 쏠려 있던 윤리적 관심을 모든 생명집단들을 향해 역동적으로 돌려야 한다. 생태윤리에서는 네 이웃을 네 몸과 같이 사랑하라는 예수의 큰 계명이 그 지경을 넓혀 생명 공동체 전체를 포함한다. "내 이웃이 누구입니까?"라고 브라이언 패트릭(Brian Patrick)이 물었다. "사마리아인인가요? 버림받은 자인가요? 원수인가요? 맞아요, 맞아요, 물론이죠. 그러나 이웃은 고래, 돌고래, 열대우림도 가리킵니다. 우리 이웃은 전체 생명집단, 우주 전체입니다. 우리는 그것 모두를 우리 몸과 같이 사랑해야 합니다." 샐리 맥페이그는 자연이 가난한 자처럼 되었다면, 가난하고 억압받는 자를 위해 정의를 세우려는 우리의 열정이 자연세계, 생태계 및 위험에 처한 다른 종들을 포함하는 데까지 뻗어나간다고 주장했다. "열대우림을 살리자"는 "살인하지 말지니라"라는 계명의 구체적인 윤리적 적용이 된다. 윤리의 목표는 모두를 위해 공동체 안의 활기찬 생명을 보장하는 것이다.

이 시대를 사는 우리는 이 세상을 완전히 초월하시는 하나님의 위대하고, 불가해한 신비가 또한 자연세계와 진화의 중심에 있는 역동적 힘이라는 사실을 발견한다. 세상과 함께 신음하시고, 그 진보를 기뻐하시고, 실패해도 믿음을 놓지 않으시며, 내부로부터 자비롭게 활력을 주시는 창조주 성령은 유한성과 죽음 속에 있는 모든 피조물과 함께하시며, 구속적 사랑 속에 그들을 안으시고, 신적인 생명의 교제 속에서 상상할 수 없는 미래로 그들을 이끄신다. 창조질서의 풍성한 전체의 무늬

(tapestry)는 단순히 호모 사피엔스(homo sapiens)로 가는 길목에 몇몇 단계들을 거치는 것이 아니라, 고유한 가치를 지니며, 하나님이 창조적으로 거하시는 장소이기도 하다. 아우구스티누스는 이 사실을 생생하게 그려놓았다.

> 내 영이 모든 창조물을 바라봅니다. 우리 눈으로 보이는 것들이나(바다, 흙, 공기, 별, 나무, 죽을 수밖에 없는 피조물 같은 것들) 우리 눈에 보이지 않는 것들도 바라봅니다. (…) 그리고 당신, 오, 주님, 저는 모든 면에서, 비록 모든 무한한 방식이지만, 그것을 포위하고 침투해 있는 그것을 상상해보았습니다. 모든 곳에 그리고 모든 면에 바다가 있듯이, 측량 못할 공간과 하나밖에 없는 끝없는 바다를 통해, 그것은 그 안에 어떤 스펀지를 지니고 있습니다. 거대하긴 하지만 한계가 존재하는 그 스펀지는 모든 부분들에서 측량할 수 없는 바다로 채워져야 합니다. 이런 식으로 저는 당신의 창조물, 그것 자체는 유한하지만 무한하신 당신으로 가득 채워진 창조물을 생각해보았습니다. 그리고 저는 말했습니다. 하나님을 보라 그리고 하나님이 창조하신 것을 보라. (『고백록』 7.7)

우리가 어떻게 어우러졌는지 보라! 바울이 아테네에서 설교했듯이 창조자 성령을 힘입어 "우리는 하나님 안에서 살고, 움직이고, 존재하고" 있다. (사도행전 17:28)

더 읽을거리

일반 독자들을 겨냥한 간명하고 설득력있으며 논쟁적인 입문서로는 Denis Edwards, *Ecology at the Heart of Faith* (Maryknoll, N.Y.: Orbis, 2007)가 있다. Sallie McFague, *Super, Natural Christians: How we Should Love Nature* (Minneapolis: Fortress, 1997)는 왜 크리스천이 지구를 열렬히 사랑하는지를 보여준다. Brian Swimme and Thomas Berry, *The Universe Story: From the Primordial Flaring Forth to the Ecozoic Era? Celebration of the Unfolding of the Cosmos* (San Francisco: Harper-SanFrancisco, 1992)는 읽기 쉬우면서도 종교적으로도 흥미롭게 배경 과학을 전달한다.

Dieter Hessel and Rosemary Radford Ruether, eds., *Christianity and Ecology: Seeking the Well-being of Earth and Humans* (Cambridge, Mass.: Harvard University Press, 2000)는 이 주제에 대한 국제회의의 결실을 담았다. 9권으로 된 이 시리즈에는 힌두교, 이슬람교, 불교 같은 주요 종교들의 생태학을 다룬다. 종교와 생태에 대한 좀더 간결한 책으로는 Mary Evelyn Tucker and John Grim, eds., *Worldviews and Ecology: Religion, Philosophy, and the Environment* (Orbis, 1994)를 보라.

다음 책들은 생태신학에서의 하나님의 문제를 포괄적으로 다룬다. Arthur Peacocke, *Theology for a Scientific Age* (Fortress, 1993)는 진화하는 세계의 관점에서 전체 조직신학을 제시하는 걸작이다. 같은 저자의 *Paths from Science Towards God* (Oxford: Oneworld, 2002)은 이러한 새로운 생각들을 일반 독자들에게 소개하는 책이다. Gloria Schaab, *The Creative*

Suffering of the Triune God: An Evolutionary Theology (New York: Oxford University Press, 2007)는 Peacocke의 통찰들을 발전시키고 확장시킨다. John Haught의 *God after Darwin: A Theology of Evolution* (Boulder, Colo.: Westview, 2000)은 과학적 도전에 비추어 하나님의 현존과 대행을 직접 다룬다. Sallie McFague, *The Body of God: An Ecological Theology* (Minneapolis: Fortress, 1993)는 전체적인 비전을 향한 강력한 그림을 그린다. Rosemary Radford Ruether, *Gaia and God: An Ecofeminist Theology of Earth Healing* (San Francisco: Harper-SanFrancisco, 1992)은 기독교 전통의 예언자자적이고 신성한 기원을 탐색한다. Denis Edwards의 책 *The God of Evolution* (New York: Paulist, 1999)과 *Breath of Life: A Theology of the Creator Spirit* (Orbis, 2004)는 쉽고도 유용한 방식으로 신학을 지구적 기원의 영성과 연결시킨다. 성경에서의 자료들은 Carol Dempsey and Mary Margaret Pazdan, eds., *Earth, Wind, and Fire: Biblical and Theological Perspectives on Creation* (Collegeville, Minn.: Liturgical Press, 2004)에 집중 소개돼 있다.

다른 저서들은 다양한 관점에 특히 집중한다. 우주 속의 신의 능력과 고통을 신성포기의 관점에서 다룬 책으로는 John Polkinghorne, ed., *The Work of Love: Creation as Kenosis* (Grand Rapids: Eerdmans, 2001)가 있다. 특히 Arthur Peacocke, "The Cost of New Life," pp. 21~42를 보라. 세계와 관련하는 하나님의 모델로서 만유재신론을 탐구한 책으로는 Philip Clayton and Arthur Peacocke, eds., *In Whom We Live and Move and Have Our Being: Panentheistic Reflections on God's Presence in a Scientific World* (Grand Rapids: Eerdmans, 2004)를 보라. John Haught의 *The Cosmic Adventure:*

Science, Religion, and the Quest for Purpose (New York: Paulist, 1984)는 미래를 향한 열림이라는 은유를 쉬운 산문에 담고 있다. 저자의 에세이 "Chaos, Complexity, and Theology," pp. 181~94 in Arthur Fabel and Donald St. John, eds., *Teilhard in the 21st Century: The Emerging Spirit of Earth* (Orbis, 2003)는 새로움을 만들어내고 자기를 조직하는 자연의 능력을 종교적으로 함축해 설명한다.

David Hallman, ed., *Ecotheology: Voices from South and North* (Orbis, 1994)와 Leonardo Boff and Virgilio Elizondo, eds., *Ecology and Poverty: Cry of the Earth, Cry of the Poor* (Orbis, 1995)는 생태학과 사회정의를 함께 묶어낸다. 다음 책들은 제3세계 가난한 여성들의 목소리를 들려준다. Ivone Gebara, *Longing for Running Water: Ecofeminism and Liberation* (Fortress, 1999); Mary Judith Ress, *Ecofeminism in Latin America* (Orbis, 2006), Rosemary Radford Ruether, ed., *Women Healing Earth: Third World Women on Ecology, Feminism, and Religion* (Orbis, 1996). 지구와 여성, 신성 간의 다면적 관계에 대해서는 Carol Adams, ed., *Ecofeminism and the Sacred* (Continuum, 1993), Elizabeth Johnson, *Women, Earth, and Creator Spirit* (New York: Paulist Press, 1993)를 보라.

James Nash, *Loving Nature: Ecological Integrity and Christian Responsibility* (Nashville: Abingdon, 1991)는 사회정책적 측면에서 쓰여졌으며 생태적 윤리가 훌륭한 논의 속에 탐구돼 있다. Larry Rasmussen, *Earth Community, Earth Ethics* (Orbis, 1997)는 책임감을 높이기 위해 교회 전통을 활용한다. Harold Coward and Daniel Maguire, eds., *Visions of a New Earth: Religious*

Perspectives on Population, Consumption, and Ecology (Albany: State University of New York Press, 2000)는 문제적인 소비와 인구 주제를 종교적 관점에서 담아낸다. John B. Cobb, *Sustainability: Economics, Ecology, and Justice* (Orbis, 1992)는 생태학과 경제학의 연관을 명확히 그려낸다. 환경을 위한 국립 종교연합 웹사이트(nrpe.org)는 가톨릭, 개신교, 복음주의, 유대교의 가르침뿐 아니라 실용적인 프로그램도 담고 있다.

9

삼위일체: 살아계신 사랑의 하나님

핵심

"주 예수 그리스도의 은혜와 하나님의 사랑과 성령의 사귐이 여러분 모두와 함께하기를 빕니다." (고린도후서 13:13)

1세기에 처음 사용되었고 21세기에도 여전히 예배 모임에서 낭송되는 이 축사는 크리스천들이 살아계신 하나님을 어떻게 특별하게 이해하는지 드러낸다. 이 축사를 문자 그대로 받아들이면, 3중의 구조 때문에 기독교 신앙은 유일신교로부터 결별했다고 생각할 수도 있다. 하지만 그것은 잘못된 이해다. 크리스천은 세가지 신을 믿는 것이 아니라 유일신을 믿기 때문이다. 이러한 신앙의 특별한 점은 하나의 신이 자비롭게 손을 뻗쳐 세상을 치유하고, 구속하고, 해방하기 위해, 즉, 한마디로 구원하기 위해 예수 그리스도의 몸으로 내려오셨다는 믿음에 있다. 예수를 통해, 성령의 힘으로 하나님에게서 온 구원의 경험은 거룩한 신과의 강력한 만남을 가졌는데 이것을 표현할 새로운 언어가 필요했다. 이 언어가 바로 삼위일체다. 삼위일체의 언어는 구원의 기쁜 소식에 비추어 하나님이 누구인지를 해석한 것이지 정의를 내리거나 묘사한 것이 아니다. 삼위일체라는 언어는 예수 그리스도와 성령을 통해 이 세상에서 역사하시는 하나님의 은혜로운 방법을 드러내고, 더욱 근본적으로는 자신을 내어주는 사랑의 교제로 하나님을 계시해준다.

이번 장의 전체에 걸쳐 이 점을 유념하는 것이 매우 중요하다. 다시 말해, 삼위일체 언어의 핵심은 살아계신 하나님을 구원의 신비로 칭송하는 것이다. 그 언어가 성서, 신조, 전례, 교리, 혹은 신학 등 어디에서 발견되든지 그것은 예수와 성령을 통해 모습을 드러내신 살아계신 하나님이 우주를 아우르며 구원을 행하시는 역동적인 사랑임을 믿는 기독교의 코드다. 그 언어는 그저 **"하나님은 사랑이시다"**(요한일서 4:16)라고 말하고 있는 것이다.

물론, 실제 삼위일체 상징은 서방에서 오랫동안 이런 식으로 기능하지 않았다. 오히려 관심 밖에 밀려나 일종의 호기심으로 취급되거나, 그 의미와는 완전히 어울리지 않는 개념적 곡예로서 분석돼왔다. 결과적으로 삼위일체는 이해가 불가능하고 종교 전반적인 분야에서 불필요한 교리가 되어버렸다. 이러한 현상은 이미 18세기부터 일어났다. 프리드리히 슐라이어마허(Friedrich Schleiermacher)는 삼위일체 교리가 신앙의 본질과 연관이 없고 실용적 가치가 거의 없다고 여겨 그의 대표작인

『크리스천의 믿음』(The Christian Faith)에서 삼위일체를 책의 맨 마지막 몇 페이지에 처박아 넣었다. 칼 라너는 자신의 저서 『삼위일체』(The Trinity)에서 말하기를, 삼위일체에 대한 신념이 영성과 신학과 실제 신앙생활에서 수행하는 역할이 미미하기 때문에 교회가 삼위일체의 제4위 인격이 발견됐다는 공식 발표를 하더라도 별다른 동요가 없을 거라며 탄식했다. 요즘 사람들은 삼위일체라는 말을 들으면 따분한 표정을 짓곤 한다. 기껏해야 밀교적인 문제겠지 짐작하며 한숨을 내쉰다. 참으로 불행한 일이 아닐 수 없다. 반복하거니와 우리는 지금 경험에서 우러나온 기독교 사상의 정수를 논하고 있는 것이다. 발터 카스퍼(Walter Kasper)가 직설적으로 표현했듯이, "삼위일체는 일신교의 기독교적 형식이다."

    내가 보기에, 이 책의 여러 장에서 다뤄진 다양한 신학들은, 각기 다른 맥락에서 생명, 치유, 이해를 얻기 위해 분투했고, 거기에서 비롯된 실제적인 방법으로 삼위일체 하나님을 재발견해왔다. 좀더 직접적으로 표현하자면, 삼위일체 신학 분야 자체는 성서연구 및 역사연구에 힘입어 현대 조직신학 안에서의 재탄생을 경험하고 있다. 이번 장에서는 삼위일체와 크리스천의 삶이 어디에서부터 단절되었는지 추적하고, 이 두 분야를 재결합하는 데 필요한 세가지 임무가 무엇인지 살펴볼 것이며, 나아가 이를 통해 현대 세계에서 삼위일체가 지니는 비판적·희망적·실용적 의미를 통찰해보고자 한다.

위반의 역사

　삼위일체 이야기는 1세기에 시작되었는데, 성령의 능력 안에서 예수 그리스도를 통해 하나님이 주시는 구원의 은혜를 경험한 사람들에게서 비롯되었다. 레오나르도 보프(Leonardo Boff)가 글로 썼고, 또한 대부분의 사람들이 동의하듯이, "모든 종교 교리의 근원에는 신적 신비와의 만남이 놓여 있다." 이것은 다른 교리 못지않게 삼위일체 교리에도 똑같이 적용된다. 어떤 특정한 만남이 있었기에 이러한 변화가 생겼을까? 그것은 바로 예수 그리스도와의 만남, 즉 그의 삶, 죽음, 그리고 성령 안에서 현존하심 덕분에 죄와 고난 속에 부어지는 하나님의 다함없는 자비하심을 실제적으로 경험할 수 있게 된 데 있다. 하나님을 세 갈래로 말하게 된 역사적인 계기는 이러한 경험을 표현하고, 성문화하여 전수하려는 목적에서 나왔다. 구원은 경험이며, 경험이 없다면 삼위일체에 대한 논의도 절대 있을 수 없을 것이다.

　예수의 첫 신봉자들은 유일신 신봉자들이었다. 이들은 유대 공동체의 일원으로 야훼(YHWH)라는 신성한 이름을 가진 유일신을 숭배하고, 그 이름을 감히 발음하지도 않는 사람들이었다. 이 신은 그들 조상들의 신이었으며, 이집트의 노예생활에서 그들을 이끌어내고, 그들과 계약을 맺고, 예언자들을 통해 말씀하시며, 바벨론의 포로생활에서 고향땅으로 이끄시고, 또한 복된 미래를 약속해준 신이었다. 예수도 마찬가지였겠지만, 예수의 제자들은 이러한 환경 속에서 세상과 교류하며 구원의 역사를 만드시는 하늘과 땅의 하나님에 대한 이야기를 들으며 성장한 사람들이었다. 예수를 따르며 초대교회의 알짬을 형성한 유대 여성과 남성은 자신들의 전통에서 배운 살아계신 하나님을, 예수의 사역과 인성을 통해 새롭게 대면하게 된 것이다. 헬레니즘 문화 출신의 이방인들을 널리 수용하면서 규모가 커지자, 초기 크리스천들은 자신들의 삶과 공동체 속에서 일어나는 일이 새로운 은사의 산물임을 목격했다. 완전한 초월성을 지닌 이스라엘의 하나님, 창조자이자 구속자이신 그분이 예수를 통해 매우 가까이 다가오셨으며, 실로 (놀랍게도) 육신이 되셨으며, 성령 안에서 그들과 여전히 함께하셨다. 성령은 그들 공동체 안에 은사를 부어주셔서 자선, 기쁨, 평화, 인내, 대담하게 말하는 능력, 치유, 예언, 지도력 및 신약성서에 나타난 다른 모든 은사가 넘쳐났다.

간단히 말하면, 초기 크리스천들은 그들 위에, 그들 곁에, 그들 안에 있는 구원의 하나님, 즉 완전히 초월해 계시면서도, 예수라는 인격으로 역사 안에 현존하며, 그들의 공동체 속에서 성령으로 함께하시는 하나님을 3중으로 경험했다고 말할 수 있다. 이 모든 것이 한분 하나님과의 만남이다. 따라서 그들은 하나님에 대해 이런 3중 패턴(threefold pattern)을 말하기 시작했다. "주 예수 그리스도의 은혜와, 하나님의 사랑과, 성령의 교통하심이 너희 모두에게 있을지어다." 초기 크리스천들의 서신과 복음서를 보면 찬송, 짤막한 인사말, 신앙고백, 전례형식, 송영, 짧은 신앙관례는 이러한 3중적 마침 표현으로 가득하다. 이러한 형식은 구원의 기쁜 소식을 가져왔다. 이 과정에서 일신론적 관점이 변화하여 예수와 성령까지 포함하게 되었다.

초기 크리스천들의 신앙생활을 문학적으로 급히 써내려간 신약성서에서, 완전히 발달된 삼위일체 교리가 나타나진 않는다. 하나님의 3중성(threefoldness)도 조직적인 숙고의 대상은 아니며, "삼위일체"(Trinity)라는 단어는 등장하지도 않는다. 신약성서 기자들이나 성서의 수신인인 교회들은 자신들을 이스라엘의 위대한 셰마(Shema, 탈무드에서 중히 여기는 정신적인 자산 가운데 첫번째가 바로 셰마 이스라엘[이스라엘아, 들으라!]이다. 신명기 6장에 나오는 말씀으로 오늘날도 모든 유대인들이 매일 아침저녁 최소 두번 낭송해야 한다—옮긴이)와 장단을 맞추는 일신론자들로 이해했다. "이스라엘아 들으라. 우리 하나님 여호와는 오직 하나인 여호와시니."(신명기 6:4, 마가복음 12:29) 하지만 그들은 예수의 사역, 죽음, 부활과 긴밀히 연결하여 활동하시는 성령의 지속적인 역사 속에서 하나님을 알고 경험했다. 이러한 3중의 종교적 경험을 수용하기 위해 그들의 언어가 창조적으로 확장되었고, 그 언어는 기도, 찬양, 설교 속에 늘 나타난다.

　이 문제에 대해 좀더 공식적으로 숙고하게 된 것은, 4세기에 예수 그리스도의 신성에 대한 논란이 있고나서부터였다. 이집트 사제 아리우스(Arius)는 높으신 한분 하나님은 쪼개질 수 없으며, 신성한 존재는 여러 존재와 공유될 수 없다는, 겉으로 보기에는 합리적인 주장을 제기했다. 따라서 신성한 로고스(Logos) 혹은 말씀(Word)은 사실 피조물이라는 것이다. 실로, 로고스 혹은 말씀은 시간이 존재하기도 전에 창조된 최고의 피조물이며, 그를 통해 다른 것들이 창조되기는 했으나, 그럼에도 불구하고 피조물에 불과한 것이다. 따라서 아리우스에 의하면 말씀이 육신이 되어 우리와 거하셨을 때, 우리는 예수님 속에서 진정한 신을 만난 것이 아니라 로고스라는 창조된 존재를 만난 것이다.

비록 겉으로는 합리적인 것 같아 보여도 아리우스의 말은 예수님이 구원과 해방을 위해 보내진 하나님의 진정한 지혜이자 자기계시라는 교회의 신앙에 전면 위배되는 말이었다. 당시 교회는 "아버지와 아들과 성령의 이름으로" 세례를 베풂으로써 사람들을 구원의 공동체로 입문하게 했다. 오직 하나님만이 구원하실 수 있기 때문에, 세례식 때 쓰는 위의 표현은 예수 그리스도가 모든 면에서 우리와 같으나 죄는 없으신 인간이며 또한 신이라는 뜻을 내포했다. 이와는 정반대로 아리우스의 주장은 세례식을 공허한, 멍청한 예식으로 보이게 했다.

그리스도가 참으로 구원하는 하나님임을 내포하는 교회의 믿음을 보호하고자 주교들은 AD 325년에 니케아 회의를 소집하여 오늘날까지도 사용되는 니케아 신조(Nicene Creed)의 골격을 작성했다. 이 신앙고백은 예수 그리스도가 "창조된 것이 아닌"(not made), 아버지와 "한몸"(one in being)이심을 분명하게 선포한다. 따라서 그는 피조물이 아니라 "하나님에게서 나신 하나님, 빛에서 나신 빛, 참 하나님에게서 나신 참 하나님"(God from God, light from light, true God from true God)이라고 공표된다. 그후로 약 50년 뒤, 381년 제2차 콘스탄티노플 회의에서 이 강령을 확장하여 성령의 신성에 대한 비슷한 고백문까지 포함시키게 된다.

기독교 역사 초기 몇백년 동안 발전된 니케아 신조와 다른 신조들 덕분에 신약성서에 나오던 짧은 3중의 신앙표현이 좀더 공식적인 신앙선언문으로 바뀌었다. 3중의 형식을 띠는 이 신조들은 세상을 창조하고, 세상을 구속하기 위해 성육신하고, 복된 미래를 기약하고 세상을 거룩하게 하는 한분이신 하나님에 대한 지식을 열거한다. 그러나 한분이신 하나님이 **어떻게** 동시에 삼위(triune)일 수 있는지에 대해서는 설명하지 않는다. 교회의 신앙경험에 근거하여 그렇다고 고백할 뿐이다. 본질적으로 그 신조들은 하나님에 대한 신약성서의 믿음을 다음 세대의 관용구를 빌려 해석해놓은 것이다. 어떤 신조는 오류에 대항하여 강압적으로 작성되기도 했으나 그 시대 신조가 만들어진 주된 이유는 현대의 신조와 마찬가지로 예배 및 교리문답시 하나님과의 관계맺음을 용이하게 하려는 것이었다.

그후로 몇년 뒤에 삼위일체 교리를 좀더 상세하게 설명하려는 시도가 뚜렷해졌다. 오늘날에도 선구적으로 평가받는 3인조 동방 신학자들—바질(Basil), 나지안주스의 그레고리(Gregory of Nazianzen), 카파도키아 출신으로 알려진 닛사의 그레고리(Gregory of Nyssa)—과 더불어 아우구스티누스를 선두로 하는 서방 학자들의 논문은 우리에게 큰 유익이 된다. 동방 혹은 그리스 신학에서 삼위일체는 군주인 아버지에서 아들과 성령이 출현한다. 시적으로 표현하자면 아들과 성령은 이 세상에 내려오신 아버지의 두 손과 같다. 서방 혹은 라틴 신학은 하나의 신적 본성(one divine nature)에서 시작하는데 여기서 세 신적 존재는 마치 기억, 이해, 의지가 한 인간 안에 존재하는 것처럼 동등한 자격을 지닌다. 동방의 군주론 패턴은 서방의 본성-인격 구조(the nature-person structure)와 많이 다르지만 두 신학 모두 사도신경에서의 믿음을 추구하고 있다.

하지만 곧이어 문제가 발생하기 시작했다. 이것은 이후 세대의 신학에서 더욱 악화되었는데, 신학자들이 구원의 역사에서 계시된 하나님, 또는 구원의 경륜으로 알려진 하나님과 이 세상에서 동떨어져 영원한 신적 영역에 존재하는 하나님 사이에 분명한 선을 긋기 시작한 것이다. 구원의 역사 안에 들어오시는 우리를 위한 삼위일체 하나님(Trinity pro nobis, or God for us)과 세상과 떨어져 신적 자아 안에 존재하는 삼위일체 하나님 (Trinity in se, or God in Godself) 사이의 간격이 중세기를 거치며 지속적으로 멀어졌다. 아퀴나스는 단일신(De Deo Uno)과 삼위일체 신(De Deo Trino) 논의를 구별했으며, 이 세상에서 아들과 성령의 사역을 논하기에 앞서 아버지, 아들, 성령의 관계를 먼저 분석했다. 삼위일체 교리가 기도와 성례 생활에서 점차적으로 분리되면서 종교적 경험인 구원 문제에서 입지를 잃어버리고 복잡하고 엘리트적인 사상이 되기 시작했다.

계몽주의 사상을 채택한 신학이 마지막 일격을 가했다. 제1장에서 보았듯이 당시에 일어난 근대의 기획은, 명백하고 구별된 개념을 이성적으로 옹호될 수 있는 철학체계의 일환으로 제시하려는 시도였다. 신학이 이 방식을 채택하고 이것을 하나님께 적용하자, 하나님을 그 "존재 자체"(in himself)로서 홀로 존재하는 신으로 보게 되었고, 창조된 세계와는 반대로 무한한 속성을 지녔지만 여전히 세상의 구조 안에서 독립된 존재(an entity)로 보는 결과가 초래되었다. 하나의 신이 삼위일체의 속성을 띠는지는 아직 확실하지 않았다. 삼위일체 논의는 신에 관한 기초 교리의 꼬리표처럼 후에 나왔다. 게다가 삼위일체는 성경에 기술된 계시적 사건 이전의 것으로 다뤄졌고, 또한 그들 사건과 무관하게 다뤄졌다. 신학 논문도 추상적인 철학적 색채가 짙어지면서 구원의 문제에 대해서는 거의 다루지 않았다.

신학 논문이 신적 불가해성(divine incomprehensibility)을 그럴싸하게 포장하는 동안, 이 방법론에 따른 가톨릭 신스콜라주의 신학은 기원과 연관된 신의 내적 자기분화를 묘사하는 무성한 기술적 표현들을 만들어냈으며, 그중에는 다음과 같은 전문용어들도 있었다. 발생(generation)과 출현(spiration)이라는 두 줄은 네개의 관계, 즉, 아버지됨(paternity), 아들됨(sonship), 성령의 출현(spiration), 행렬(procession)이 나타나게 했고, 이 네 요소는 아버지, 아들, 성령의 세 인격을 구성하며, 이들은 존립하는 관계의 의미에서 인격들이며, 하나의 신성을 이룬다. 이런 형태의 신학은 인간이 발생과 출생, 현재의 사랑으로 서로 관계맺는 것과 같은 방식으로, 어떻게 삼위가 이런 행렬들과 상호간의 사랑을 통해 서로에 대하여 각각 독립된 인격인지 상세하게 기술했다. 설명을 보면 신이면서 셋인 행위주체자가 다양한 방식으로 영향을 주고받는 형태로 다소 단순명쾌하게 분석되어 있다. 예술가들은 이러한 신학을 승화시켜 대중적 이미지를 창조했는데 그들의 작품에는 삼위일체가 흰머리에 나이가 지긋한 백인 남자, 종종 십자가를 소유한 젊어 보이는 갈색머리의 남자, 그리고 비둘기로 묘사되어 있다.

　오늘날 삼위일체의 여러 훌륭한 사항들을 억지로 설명하려는 이 학파는 무수한 비판을 받고 있다. 가장 근본적인 문제점은 바로 모든 삼위일체의 의미에 있어 그 뿌리가 되는 구원의 역사로부터 연결고리가 끊어져, 종국에는 크리스천의 생활과 관계가 적거나 아예 상관없는 하나님만 묘사하는 데 있다. 그들의 학설이 심히 이해하기 힘든 산문으로 되어 있어 오늘날의 학자들도 이것을 문제삼아 그들의 사상을 '난해한 분석' '무관한 추상적 관념들' '철학적 미로' '정교한 신학적 책략' '복잡한 천상의 수학' '모호한 언어' '장황하기만 함'으로 묘사한다. 이런 추상적인 관념으로 전락하는 데 그치지 않고, 그들은 자신들의 연구결과를 서로를 알고 사랑하는 세명의 신적인 인간으로 구성된 자족적 삼위일체를 문자 그대로 묘사하듯이 제시한다. 이것은 물론 사실이 아니며 그와 같은 문자 그대로의 묘사도 불가능하다. 이런 형태의 신학이 대중의 상상으로 전환되면서 온전히 이해되지 못한 결과가 산드라 슈나이더스(Sandra Schneiders)의 "하나님은 남자 둘과 새 한마리가 아니다"라는 말에 담겨 있다. 그녀는 반은 격한 감정에서, 반은 유머러스하게 표현했으나 여기에 담긴 정확한 비판은 달게 받아야 할 것이다.

오늘날 페미니스트 사상가들은 하나님 아버지라는 상징이 가부장적 아버지 이미지와 터무니없이 결부되어 있음을 지적한다. 이들에 따르면 삼위일체 교리도 가부장적·제국주의적 문화에서 생겨난 것이다. 남자는 생물학적으로 새로운 생명이 생겨날 때 주요한 역할을 하고, 여자·노예·아이들을 포함한 재산을 소유하며, 남성적 성향은 현실의 한가운데서 우월한 것으로 기능한다. 이러한 정치적 현실이 하나님 아버지의 이름과 혼합되어, 남자가 마땅히 가정과 국가를 다스리는 것처럼 신적 권위가 이 세계를 지배한다는 관점을 생성했다. 하나님은 절대적인 단자(an absolute monad)가 아니라 본질적으로 서로 교통하며, 서로 동등한 객체로 관계한다는 체제전복적인 삼위일체 사상이 지배를 정당화하는 이론의 파도에 묻혀버리게 된 것이다. 이는 하나님의 상징에 재앙과도 같은 결과를 가져왔고, 결국 하나님은 자족적인 남성 아버지 하나님의 형태를 띠게 되었다. 이는 또한 크리스천들이 스스로를 자각하는 것에도 치명적인 영향을 미쳤다. 정치적으로나 가정에서, 특히 여자에게 미친 부정적 영향이 더욱 크다 하겠다. 그러나 예수님이 설파한 하나님의 통치에 따르면 가부장제는 하나님의 원칙(archë, or rule of God)이 아니다. 캐서린 라쿠나(Catherine LaCugna)는 이 점을 설득력있게 표현했다.

> 하나님의 새 가정에서는 남자가 지배하지 않는다. 하나님은 가난한 자, 노예, 죄인과 연대해서 우리와 함께 다스리신다. 남자와 여자는 하나님의 집에서 동등한 협력자이다. 유대인이나 그리스인이나, 노예나 자유인이나, 할례받은 자나 받지 않은 자나 모두 동등하게 하나님의 통치를 받는다. 하나님의 통치에 관한 이 원칙들 중 어느 하나라도 대체하는 것은 우상숭배다.

하나님의 구속적 통치는 사람 사이에서 모든 종류의 종속을 배제한다. 삼위일체 신학은 사람들 사이에서 동등하게 사랑과 교통을 세워간다. 그렇지 않은 해석은 핵심을 완전히 빗나간 것이다.

신약시대나 초기 교회시대 삼위일체에 대한 인식이 활발하던 사실과 비교해서, 캐서린 라쿠나는 그 용어의 몰락에 관해 '패배'(defeat)라는 은유를 사용하기 시작했다. 많은 시간이 지나면서 하나님과 대면한 성경의 이야기들—이스라엘의 하나님이 개개인의 삶에서 실제적으로 만나주신 이야기, 나사렛 예수의 운명, 교회와 세상에서 성령으로 현존하시는 하나님—이 추상적이고, 복잡하고, 축자적이고, 억압하는 삼위일체 신학으로 변화되었다. 그 사상이 크리스천의 경건생활에 아무런 생기를 주지 못한 것은 놀라운 일이 아니다. 오늘날의 신학을 통해 우리는 하나님의 존재, 특성, 일하심의 긍정적 측면을 얼마나 모르고 있는지를 깨닫게 된다. 따라서 우리는 겸손하게 생각해야 한다. 게다가 예수 그리스도를 통한 구원의 의미를 이해하려면 하나님은 그 누구도 종속시키거나 입 다물게 하거나 부차적인 존재로 여기지 않는 분임을 잊지 않아야 한다. 삼위일체를 해방의 능력이 있는 하나님으로 생각해야 한다. 즉 구원의 근본적 경험과 삼위일체의 신학적 표현 사이의 괴리가 사라져야 한다.

다시금 핵심으로

크리스천은 아무 신이나 믿지 않는다. 다시 말해 어떤 일반적인 신을 믿는 것이 아니라 예수 그리스도 안에서 모습을 드러낸 신을 믿는다. 삼위일체를 무시하는 것은 존 캘빈(John Calvin)에 따르면 "공허한 하나님의 이름이 머릿속에 떠돌아다니는 것"에 불과하다. 이와는 반대로 삼위이신 한분의 하나님을 이야기하는 것은, 이 세상의 역사—고난과 죽음의 지식을 포함하는—를 함께하신 측량할 수 없는 신적인 충만함을 말하는 것이다. 이러한 삼위일체에 대한 상징을 쓰는 의도는 축자적 정보를 주려는 것이 아니라 우리를 구원하고 이러한 신비로 이끄는 하나님을 높이기 위한 것이다. 이렇게 함으로써 삼위일체의 상징은 사랑으로 조직된 하나님의 생명을 나타내 보인다. 이 생명은 '황홀한'(ecstatic) 것으로 바깥세상을 향해 있고, 구속하며, 치유하고, 미래를 가져온다. 이 사랑의 식탁에서 믿음의 사람들은 양식을 공급받고, 모든 사람들과 창조물을 성찬에 참여시키기 위해 정의와 평화를 실천하도록 부름을 받는다.

오늘날 삼위일체 신학에 있어서 커다란 동요가 일고 있다. 그 중요한 의미를 되찾으려는 노력이 많은 개척지에서 진행중이다. 여기에는 적어도 서로 구별되면서 관련되어 있는 세가지 임무가 포함된다.

구원의 경험에 뿌리를 두고

구원의 종교적 경험에서 삼위일체의 상징을 되찾기 위한 우선적 임무는 바로 경험과 사유의 틈을 잇는 것이다. 그 틈새를 뛰어넘은 영향력있는 격언은 칼 라너의 다음과 같은 말이다. "경륜적 삼위일체(economic Trinity)는 내재적 삼위일체(immanent Trinity)이며, 역으로도 통한다." 여기서 경륜적이란 말은 구원의 역사를 뜻하며, 내재적이란 말은 이 세상과 동떨어져서도 생각할 수 있는 하나님 고유의 속성을 뜻한다. 이 격언은 하나님이 역사를 통해 행하신 일, 육신이 되신 말씀, 새롭게 하시는 성령을 통해 우리가 하나님을 알 수 있음을 짤막하게 표현한 것이다. 이 표현은 이러한 계시적 사건들을 통해 하나님이 실제로 존재하신다는 사실을 긍정한다. 우리는 속은 것이 아니다. 성경에 나오는 하나님 뒤에 숨은 또다른 잔인하거나 무관심한 신이 있는 것이 아니다. 이스라엘 사람들이 창조자, 해방자로 알고 있는 하나님, 크리스천들이 메시아 예수를 통해 알고 경험한 하나님, 권위있게 말씀하시고, 병자를 고치시고, 유대인의 왕으로 로마의 십자가에 처형되고 3일째 되는 날에 성령으로 부활하시고, 이 세상에 현존하시는 성령. 이분이 바로 아무도 찾지 않아도 실제로 존재하는 하나님이다. 캐서린 라쿠나가 간단명료하게 설명하듯이, "예수 그리스도와 성령 안에서, 우리는 하나님의 그림자 이미지가 아니라 살아계신 실제적 하나님을 안다. 구원하시며 살아계시는 실제적 하나님. 그분이 바로 하나님이다!"

라너의 경우에서 이 점을 끄집어내보자면, 계시 속에서 우리는 하나님이 창조자이며, 근원없이 모든 것의 근원이 되신(unoriginate origin) 분임을 경험하고 이러한 견지에서 기독교 전통은 하나님을 아버지라 부른다. 그러나 이것이 다가 아니다. 두번째로 하나님은 시간과 공간 속에서 자신을 설명하신(self-uttering) 하나님, 세상을 구원하기 위해 예수 그리스도 안에서 육체를 입으신 하나님으로서 이제는 우리가 그를 말씀, 지혜, 또는 아들이라 부른다. 그러나 아직도 다가 아니다. 세번째로 하나님은 지속적으로 세상에 관대한 신적 현존과 불꽃같은 사랑을 선사하며 모든 것을 미래로 이끄는 하나님으로서 우리가 성령이라 부른다. 모두 한분이신 하나님이지만, 하나님이 역사 속에서 자신을 계시하신 세 방식을 표현하기 위해 우리는 세가지의 다른 이름으로 부른다. 모든 삼위일체 신학에 기본적으로 통하는 중요한 핵심은, 살아계신 하나님이 역사에 상응하는 세가지 구별된 방식으로 영원히 존재하신다는 점이다.

오늘날 신학은 구속사의 렌즈를 통해서 하나님을 이야기함으로써 깨어진 상처를 치유하고 있다. 이 첫번째 임무가 신학자들 사이에서 한창 진행중이기는 하지만, 설교, 종교교육, 경건생활에 있어서는 아직도 가야 할 길이 멀다. 구원의 경험에 토대를 두지 않으면 삼위일체의 상징은 패배한 채로 흙속에만 파묻히게 될 것이다.

암시적 언어

두번째 필수 임무는 불가해한 하나님의 신비는 우리의 생각보다 늘 크며, 따라서 삼위일체는 교리적 상징으로서 그 해석이 신 담론(God-talk)에 관한 모든 규약에 의해 결정된다는 사실을 기억하는 것이다. 삼위일체는 의미가 문자 그대로 서술되기보다는 "그것은 무엇이다"(is), "그것은 무엇이 아니다"(is not)라는 용어로 간접적이며 비유적으로 나타난다. 이 사실을 잊었기 때문에 고도로 기술적인 삼위일체 언어가 무수히 생겨났다. 마치 우리가 일종의 망원경을 가지고 형언할 수 없는 존재를 응시하며 신이 어떻게 셋으로 나뉘어 지내는지 확인이라도 하려는 듯이 말이다. 우리는 순진하게 상상했던 이미지를 해체하고 삼위일체 교리의 능력을 재발견하여 하나님이 구원하시는 사랑의 신비임을 시사해야 한다. 주요 관념인 '인격'(person)과 숫자 '하나'(one), '셋'

(three)을 통해 우리는 이 일이 가능함을 알 수 있다.

인격

삼위일체 교리에서 사용되는 인격의 개념은 그 의미가 명백하지는 않다. 초기 삼위일체 담론에서는 3신을 지칭하는 데 그리스어 하이포스타시스(hypostasis)를 사용했다. 이것이 라틴어 퍼소나(persona)로 번역되었고, 그 후에 영어로는 '인격'(person)으로 번역되었다. 우리가 직면한 문제는 하이포스타시스의 의미가 요즘의 언어에서 인격을 뜻하지 않는다는 점이다. 원래 그것은 사물이 존재하는 단단한 땅과 비슷한 무언가를 의미하거나, 좀더 전문적인 용어로 '구분된 존재양식'(a distinct manner of subsistence)을 뜻했다. 수세기에 걸쳐서 '인격'이라는 단어에 철학적 의미에서 심리적 의미로 큰 의미적 전환이 있었다. 오늘날 우리는 인격을 다른 이들과의 관계 속에서 구별된 의식과 자유를 지닌 개인이라는 측면에서 이해한다. 그런 현대적 의미의 단어를 삼위일체 하나님께 적용하면 불가피하게 3신론의 위험으로 빠질 수 있고, 3명의 구분된 존재를 상상하며 어떻게 셋이 하나가 될 수 있는지 설명하는 데 에너지를 쏟게 된다. 결과적으로 삼위일체 주일(Trinity Sunday)에 하는 설교는 큰 고충이 된다.

그러나, 아우구스티누스의 영향력있는 저작 『삼위일체론』(On the Trinity)을 생각해보라. 그는 적당한 언어를 찾으려고 고심하다가 결국 적절한 단어가 전혀 없음을 깨닫는다.

그러므로 셋이 무엇이며, 세분이 누구신지 질문을 받으면 우리는 세분을 모두 포괄할 일반적 명칭을 찾으려 한다. 그러나 우리의 일상적인 사용 양식의 한계를 뛰어넘는 신성의 탁월성 때문에 적절한 단어를 찾는 데 실패한다. 과연 신은 말로 형용할 수 있는 것 이상으로 참되게 생각되며, 생각될 수 있는 것 이상으로 참되게 존재하신다.(7.7)

하나님의 존재, 하나님에 대한 우리의 생각, 하나님에 대한 우리의 언어는 나열된 순서대로 뒤로 갈수록 이해하기가 힘들다. 따라서 그 어떤 단어도 충분히 뜻을 표현할 수 없다. 그럼에도 불구하고 신학은 셋 모두를 특징짓는 한 단어를 찾으려 한다. 아우구스티누스 생각에 아버지, 아들, 성령이라는 이름은 적절치 않았다. 왜냐하면 그 단어들은 구별된 무엇을 지칭하기 때문이다. 또한 '본질'(essence)이라는 단어도 충분하지 못했다. 그 이유인즉, 본질이 3중이 될 때 하나님이 한분 이상임을 나타낼 수도 있기 때문이다. 결과적으로 '인격'이라는 단어가 적절한 이유는 비록 성경에 그 단어가 없을지라도 성경에 위배되지는 않기 때문이다. 게다가, 그 단어는 전통적으로 사용되었다. 그러나 우리가 '인격'을 주로 사용하는 이유는 질문이 생기면 뭔가 대답은 해주어야 하기 때문이다.

그래도 여전히 당신은 "세개의 무엇?"이라고 묻는다. 우리의 언어가 얼마나 빈곤한지 명백해지는 순간이다. 그러나 '세 인격'(three persons)이라는 공식이 만들어진 이유는 그 용어를 써서 완전한 설명을 해주려는

게 아니라, 우리도 침묵하지 않음을 보이려 함이다. (5.10)

다시 말해서, '인격'이 여러 부적절한 용어들 가운데 그나마 제일 적절하다.

『삼위일체론』을 번역한 남아프리카 신학자 에드먼드 힐(Edmund Hill)은 이 점을 들어 설명하면서 제안하기를 인격이라는 단어는 그 내용이 불분명하기 때문에 인격을 하나님 속 세개의 X(three X's in God), 혹은 A, B, C 로 지칭하면 아우구스티누스가 뜻하는 바를 이해할 수 있을 것이라고 했다. 초기 중세 신학자인 캔터베리의 안셀무스도 저서『독어록』(Monologion)에서 '세가지 것, 혹은 다른 것'(three something-or-other), '알 수 없는 셋'(three I-know-not-what, tres nescio quid)에 대해 비슷하게 이야기했다. 이상의 신학자들과 다른 많은 고전 신학자들도 삼위일체 담론에서 '인격'이라는 용어가 시적이고, 암시적이며, 궁극적으로 부적절하다는 것을 인지하고 있었다. 그래서 그들은 결코 이 용어를 고전적 혹은 현대적 의미의 문자 그대로 쓰지 않았다. 오히려 하나님의 중심에서 교제하며 거하시는 3중의 구별된 신비를 표현하기 위해 사용했다.

최근의 논쟁도 어려움을 다시금 상기시켜주었다. 칼 라너는 신학은 당분간 '인격'이라는 단어의 사용을 중지해야 하며 대신 하이포스타시스의 원래 의미에 가까운 '존재양식'(manner of subsistence)을 사용할 것을 제안했다. 하나님은 셋으로 구분된 자기 존재방식으로 존재한다. 어떤 비판가는 만약 이것이 강단에서 설파된다면 사람들이 이해하지 못할 것이라고 반대했다. 이에 라너는 그 말이 사실이라 할지라도 사람들이 적어도 잘못된 인식은 갖지 않을 것이며, '세 인격'(three persons)이 아무런 부연설명 없이 전달되면 사람들이 어쩔 수 없이 그릇된 생각을 갖게 될 것이라고 응답했다.

숫자 1과 3

이 용어들이 불가피하게 산술적 양을 뜻하는 것으로 보이겠지만, 그것이 교리적 언어가 의도한 것은 아니다. 또다시 아우구스티누스는 세 개의 금상 예를 들어 이 어려움을 훌륭하게 표현했다.

> 크기가 똑같은 여러 개의 상을 놓고 봤을 때, 세개의 금상을 합치면 각각 개별적 금상보다 더 많은 양의 금이 있다. 그러나 하나님에게 이것은 통하지 않는다. 아버지, 아들, 성령이 함께 뭉치면 아버지나 아들이 홀로 있는 것보다 본질적으로 더 커지는 게 아니다. 그러나 세 인격은—그렇게 불러야만 한다면—각각 개별적으로 존재할 때와 셋이 함께 존재할 때가 동등하다. 이것은 인간의 이성이 이해할 수 없는 것이다. 왜냐하면 우리는 부피와 공간, 허깨비, 즉, 마음속에 떠다니는 상들의 조건 하에서만 생각할 수 있기 때문이다. (『삼위일체론』 7.11)

삼위일체 상징에서 1이나 3은 일반적 의미로 숫자를 가리키지 않는다. 3이 1보다 크다고 하는 양적인 의미로 이해할 때 우리는 하나님을 셋으로 갈라져 존재하는 분이라고 생각하게 된다. 하나님은 하나라고 말하는 것은 분열을 부인하는 것이며, 신적 존재의 연합성을 긍정하는 것이다. 즉, 신은 하나밖에 없는 것이다. '인격'이 셋이라고 말하는 것은 혼자임을 부정하는 것이며, 신적인 존재가 활발한 교제 속에 거하심을 긍정하는 것이다. 하나님의 신성한 신비는 딱딱하고, 분화되지 않은 전체로서의 단일한 돌덩이(monolith)가 아니라 세상으로 넘쳐흐르는 관계적 생명의 활기찬 다산성을 뜻한다. 무엇보다도 숫자가 상징하는 것은 하나님의 살아있음(livingness)이다. 아우구스티누스의 비길 데 없는 훌륭한 구절을 다시 살펴보자.

> 지극히 높은 삼위일체에서 한분은 세분이 함께하신 것과 똑같으며, 두 분이 한분보다 더 많은 것도 아니다. 또한 그분들은 본질적으로 무한하시다. 따라서 한분 한분이 다른 한분 한분 속에 계시고, 모두가 한분 안에 계시며, 한분이 모두 안에 계시고, 모든 분이 모든 이 속에 계시며, 모두가 한분이시다. (6.12)

이러한 신적 관계성의 활기찬 특징이 새롭게 조명된 것은 하나님의 내적인 생명을 묘사하기 위해 서방 신학이 페리코레시스(perichoresis)라는 개념을 재발견한 데 있다. 이 그리스 용어는 동방 신학이 만든 말인데, 바퀴의 회전처럼 순환하는 동작을 묘사한다. 삼위일체의 생명에 적용된다면 이 비유의 의미는 각각의 '인격'이 서로의 둘레를 역동적으로 순환하고, 서로 작용하며 서로간에 엮인다. 서로 구별되어 존재하지만, 세분은 사랑의 교제 안에서 각각의 존재 속에 거하신다.

안무(choreography)는 페리코레시스와 같은 어원에서 나온 말이다. 이

두 단어의 유비에 주목한 일군의 신학자들은, 삼위일체적 페리코레시스가 하나님의 내적 생명을 아름답고 신성한 원형댄스로 표현한 이미지를 떠올리게 한다고 말한다. 에드먼드 힐에게 그것은 우리의 마음속에 댄스 파트너들이 서로를 돌고, 각 쌍이 다른 쌍들을 돌고, 바닥 전체가 빙빙 도는 컨트리 포크 댄스 이미지를 연상시킨다. 이 은유는 더 확장될 수 있다. 하나님이 춤추고 계시다면 살사리듬, 메렝게, 칼립소, 스윙, 레게, 혹은 난해하고 리듬도 없는 모던 댄스까지 추실 수는 없는 것인가? 핵심은 바로, 상호적이고 역동적인 사랑의 동작 속에서 돌며 춤추는 세분 하나님은 정적인 분이 아니라 자기희생적 사랑이시며 구원의 신비가 충만한 분이고 이분의 사랑이 죄악과 죽음의 세상으로 넘쳐 흘러 치유하고, 구속하고, 해방시키신다는 것이다. 세상과 벗한 하나님의 모든 핵심 사역은, 바로 하나님 자신의 교제의 생명으로 우리를 다시 부르시고, 이 세상을 생명의 신성한 춤 속으로 초대하는 것이다.

오늘날의 신학자들은 삼위일체 언어가 암시적이고, 간접적인 성향을 띠는 것에 주의하도록 지속적으로 노력하고 있다. 측량할 수 없는 살아계신 하나님은 언어로 표현할 수 없기에, 그 어떤 단어로도 그분을 형언하는 데 한계가 있겠지만, 비유나 은유나 상징, 그 무엇으로 해석되든지간에, 그것이 가리키는 것은 사랑의 교제로서의 하나님의 존재다.

이 시대에 맞게 표현하기

삼위일체를 구원의 경험에 다시 뿌리내리게 하고 그것이 살아계신 하나님을 어떻게 비문자적 방식으로 가리키는지를 재발견하면 신학의 세번째 임무, 즉 그 신비를 현대적 관용구로 새로이 표현하는 것이 용이해진다. 유서깊은 전통을 이용하든, 우리 시대의 전형적인 사고를 사용하든 오늘날의 신학은 신선하고 활기찬 방식들을 창조해내고 있다. 이 일에 있어서 눈에 띄는 두가지 특징은 다음과 같다. 첫째로, 그것은 세상과 관계하시는 삼위일체 하나님, 즉 '우리를 위하시는 하나님'(God for us)에 초점을 두는 것이다. 둘째로, 세상과는 별개로 삼위일체에 대한 고찰을 시도할 때 구원의 렌즈를 통해 생각하고, 과묵함으로 진행하는 것이다. 이는 하나님의 내적 생명에 대한 그 어떤 형이상학적 주장도 구원의 경륜과 직접적으로 기능하도록 하는 것이다.

아일랜드의 사상가 제임스 맥키(James Mackey)는 삼위일체 신학은 간단한 공식에 만족해야 한다고 제안한다. 그에 의하면 한분이신 하나님이 서로 구분되지만 상호 연관되는 세가지 존재방식으로 존재함을 수긍하는 것은 중요하다. 그러나 그 진리만 확실히 보호된다면, 우린 더이상 '세분'(the three)의 관계에 대한 탐구를 멈추고 육신이 된 말씀과 은사를 주시는 성령을 통해 처음부터 끝까지 세상 속에 존재하시고 활동하시는 하나님을 생각하며 크리스천의 삶에 대해 설교해야 한다고 주장한다.

캐서린 라쿠나는 그녀의 획기적인 작품『우리를 위하시는 하나님』

(*God for us*)에서 이에 동의한다. 실제로 그녀는 포물선을 그려서 삼위일체를 설명했는데, 포물선 끝이 페이지의 꼭대기에서 내려와서—하나님은 하늘에 숨어계신 채로—페이지 아래로 쭉 내려오다가 시간을 뚫고는 곡선을 그은 뒤 다시 페이지 위쪽으로 올라간 다음 모든 것을 신성한 교제의 자리로 되돌려놓는다. 이것은 삼위일체의 도표를 제대로 그린 것이다. 왜냐하면 '우리를 위하시는 하나님'의 계시는 단순히 존재하기만 하고 관계성은 없는 그런 하나님은 없음을 증거하기 때문이다. 하나님이 '존재'(to be)하시는 것은 '관계를 맺으시는 것'(to be in relation)이다. 결과적으로 세상을 구원하려는 마음과는 동떨어진 채 삼위일체의 내적 생명만 깊숙이 분석하는 것은 문제를 복잡하게만 만든다. 하나님의 내적 생명에 대한 형이상학적 주장은, 만일 그런 것이 필요하다면, 하나님의 구원사역과 직접적인 관련하에 이루어져야 한다. 그렇지 않으면 삼위일체적 유일신론이 행하는 기쁜 진리는 그 목적을 상실한다.

20세기 전의 신학과 비교해서 요즘은 삼위일체 신학의 재전성기를 맞고 있다. 삼위일체에 대한 서적도 많이 출간되었다. 과묵한 접근을 따르는 이들과, 하나님의 내적 생명에 관해 좀더 명쾌한 설명을 시도하려는 이들의 책이 공히 많이 나왔다. 이 분야에서도 급성장하는 다른 분야와 마찬가지로 무수한 논쟁이 있다. 이 모든 문제를 어떻게 해결할 것인가?

켄달 소울렌(R. Kendall Soulen)은 이 분야의 지도를 그릴 수 있게 해주고 동시에 많은 다양한 신학적 접근을 지탱하는 큼직한 뼈대를 잡아줄 귀중한 개념을 내놓았다. 그의 제안은 삼위일체에 대한 언어 자체가 삼위일체적, 즉 세가지 방식으로 수행되어야 한다는 것이다. 그 논지는 이렇다. 거룩한 삼위일체의 이름은 세가지 굴절(inflection)을 가지는 하나의 이름이다. 사전을 보면 굴절은 말하거나 노래할 때 음성이 조절되는 것을 가리킨다. 즉, 목소리 피치나 톤의 변화를 뜻한다. 굴절은 또한 단어의 문법적 기능변화를 지칭하는 용어이기도 하다. 예를 들면, 형용사 '느린'(slow)은 부사 '느리게'(slowly)로 굴절한다. 삼위일체가 세가지 굴절에 속 한 이름이라고 말하는 것은 같은 사실을 노래하는 서로 다른 세 음성을 확인하는 것이며, 이것을 말할 때 세가지 문법요소로 나누어짐을 뜻하는 것이다. 한가지 음성은 첫번째 '인격'에 상응하고, 다른 하나는 두번째 인격, 또다른 하나는 세번째 인격에 상응한다. 각각의 굴절이 전체로서의 삼위일체 하나님을 가리키지만 서로 구별되는 방식으로, 다시 말해 삼위일체에 속하는 하나의 인격이며 다른 인격과 관계 맺는 음성의 굴절 속에서 하나님을 가리킨다. 이 논지를 파헤치면 연구가 더욱 풍성해진다.

1. 신론적 굴절

이 굴절의 핵심에는 출애굽 이야기의 시작 부분에 불타는 관목에서 모세에게 나타난 거룩한 이름이 있다. "하나님이 모세에게 말씀하셨다. 나는 야훼다." 이 말은 "나는 스스로 존재하는 자이다," 혹은 "나는 너와 함께할 것이다"(출애굽기 3:14) 등으로 다양하게 번역된다. 야훼(YHWH)라는 이름은 엄밀히 4문자로 이뤄져 있는데, 라쿠나가 묘사하듯, 이스라엘 하나님의 개인적인 이름, 하나님이 스스로에게 "직접 부여한 이름"이다. 그것은 단순히 피상적인 이름이 아니라, 변함없는 사랑과 신실함으로 언약 백성의 역사 속에 알려진 비교할 수 없는 독특성을 상징한다. 그 이름은 유대교에서 하나님을 지칭하는 가장 신성한 이름이며 이스라엘의 성서에서 하나님을 지칭하는 가장 일반적인 이름이기도 하다. 유대인들은 존경의 표시로 이 이름을 발음하는 것을 점차 멀리했고, 그 대신에 영어로는 '주님'(Lord)이라고 번역되는 히브리어의 아도나이(adonai)나 그리스어 키리오스(kyrios)를 사용했다. 그러나 야훼는 그런 우회적인 이름들 사이에서 빛이 난다. 오늘날까지도 유대 공동체는 기도할 때 그 이름을 숭배하고 신성시하며, 그 이름이 지구의 전역에서 높임받을 날을 기다리고 있다.

그 4문자는 이스라엘과 하나님의 언약의 역사로 흠뻑 젖은 이름으로 신약 시대에도 등장했다. 이 새로운 환경에서 그 이름은 나침반의 침이 북쪽 방향을 지시하듯 크리스천이 하나님을 인식하는 논리의 방향을 잡아주었다. 신약이 하나님에 대해 언급할 때, 그것은 이 이름으로 알려진 이스라엘의 거룩하신 이를 지칭하고 있는 것이다.

예수님은 유대법을 준수하는 유대인으로서 하나님께 기도했고 제자들에게도 이같이 하라고 가르치셨다. 주의 기도의 첫 간구가 "당신의 이름이 높임을 받으시옵고"인 것에 주목해보라. "높임을 받으시옵고"(hallowed be)라는 수동태를 사용하는 것은 유대인들이 하나님의 이름을 부를 때 경외심을 표현하는 일상적 표현이었다. 누구(who)의 이름이 불리고 있는지에 대해 그 어떤 모호성도 암시하지 않고, "예수님이 그 이름을 향한 이스라엘의 경건함 가운데 경외심을 갖고 수동태를 사용하신 것은 이 간구가 논리적으로 가리키는 대상의 정확한 정체, 즉 이름이 4음문자이신 하나님을 간접적으로 그러나 틀림없이 구체화하는 것이다"(Soulen). 첫번째 간구는 야훼께서 지금 행하셔서 이스라엘을 향한 자비의 사역에서 신적인 영광을 보여주시기를 소망하는 것이다. "당신의 이름이 높임을 받으시옵고"(hallowed be thy name)는 "이 세상의 모든 곳에서 당신의 이름을 위대하게 하소서"라는 뜻이다.

하나님을 지칭하는 데 예수님이 수동태를 사용하셨음을 알게 되면, 우리는 이것이 예수님의 말씀 속에서 금실처럼 흐르는 것도 목격하게 된다. "애통하는 자는 복이 있나니, 그들이 **위로함을 받을**(be comforted) 것이요"(마태복음 5:4) "오직 믿기만 하여라 그리하면 딸이 **구원을 얻으리라**"(be saved)(누가복음 8:50) "너의 죄가 **사함을 받았다**(are forgiven)"(마태복음 9:2) "문을 두드려라 그리하면 너에게 **문이 열릴**(be opened) 것이다"(마태복음 7:7). 이러한 패턴은 예수님의 가르침과 사역의 모든 양상을 야훼라 불리는 하나님과 연결시킨다. 하나님의 이름이 비록 직접적으로 호명되지는 않지만 '신적 수동태'(divine passive)라는 문법으로 지칭되는 것이다.

신약은 예수님의 설교와 기도에서 특징적으로 나타나는 이러한 간접화법을 채택해 예수님과 성령을 한분이신 주님으로 감싸안기 위해 폭넓은 관용구를 사용한다. 예를 들어, 빌립보서(2:4~11)에 있는 위대한 찬송은 "모든 이름 위에 뛰어난 이름"(name above every name)이 이제 못 박히고 높이 들림을 받은 예수님에게 주어졌음을 지적한다. 성령도 또한 "주님의 영"(Spirit of Lord), 즉 야훼의 영으로 인지된다(사도행전 5:9).

이것이 바로 삼위일체 이름의 신론적 굴절이다. 그것은 첫번째 '인격'에 초점을 두며 삼위일체에 대한 담화를 이스라엘과 맺은 언약의 열쇠로 굴절시킨다. 구약의 하나님이 무효화되거나 신약의 하나님으로 대체되었다고 바라보는—마치 발전이 있었다는 듯이—대체론자들의 입장과는 딴판으로 이 굴절은 이스라엘과 함께하신 하나님의 모든 역사를 통해 크리스천들이 삼위일체 하나님을 자연스럽게 이해하기를 요구한다.

2. 기독론적 굴절

두번째 굴절은 우리에게 친숙한 공식인 "아버지와 아들과 성령"으로 표현된다. 여기서 하나님의 이름은 초대교회가 받아들이고 목격한 예수 그리스도의 삶과 죽음, 부활의 독특한 경험에서 솟아나온다. 이 이름의 중심은 육신이 되신 말씀이다. 즉, 그리스도가 여과장치와 같아 그를 통해 하나님이 드러나신다. 신비스럽고 우회적인 표현이 많이 포함된 야훼라는 이름과는 다르게 두번째 굴절은 크리스천의 선교 중심인 하나님을 간결하고 고정된, 발음할 수 있는 형태로 인식한다. 신약에서 제자들은 오늘날까지도 계속되는 이 이름으로 세례를 주라고 임무를 부여받았다. 이는 전례에 사용하도록 고안된 신앙고백에 걸맞게, 그 지시대상을 하나의 조율된 구절로 안착시켜놓았다.

이 굴절은 그리스도적 문법에 있어 독특성을 띠면서도 같은 세 인격을 4음문자를 중심으로 한 다른 형태의 관용구로 표현하는 신론적 굴절과 갈라놓을 수 없도록 뒤얽혀 있다. 예수님이 제자들에게 가르치신 기도의 첫 소절 "하늘에 계신 우리 아버지, 당신의 이름이 높임을 받으시옵고"는 불필요한 표현이 아니다. 아버지가 이제는 단독으로 하나님의 이름 전부가 되는 것이 아니다. 오히려 "아버지"와 "이름"이라는 단어는 예수님이 아버지를 인식하는 두가지 차원을 가리킨다. 이 두가지는 필수불가결하고 상호적으로 서로를 해석한다. 예수님은 유대인이 발음하지 못하는 이름 야훼로 인지되는 이스라엘의 하나님을 믿었고, 특별한 유대인으로서 하나님을 아바(Abba)라고 부르셨다. 이 기도를 가르치신 분은 신성하고 불리지 못할 이름을 사용하기보다는 하나님을 아버지로 정확히 부름으로써 하나님의 이름이 높임을 받도록 실천하셨다.

신론적 굴절과 기독론적 굴절 모두 같은 신적 존재를 인지하지만 다른 관점에서 본다. 신론적 굴절은 4음문자를 중심으로 예수님과 성령을 이스라엘 하나님과의 관련 속에 인지하는 역할을 하는 반면 기독론적 굴절은 육이 되신 말씀을 중심으로 이스라엘의 하나님과 성령을 예수 그리스도와 연관하여 인식하게 해준다. 상호간에 차이점도 있고 관련성도 있지만, 두 문법 혹은 음악적 조성은 스스로 소통하는 사랑의 삼위일체 하나님을 동일하게 가리킨다.

3. 성령론적 굴절

세번째 굴절은 앞서 다른 두 굴절과 다르게 작용하는데, "만약 그들이 말해져야 한다면" 모든 세 인격을 동시에 언급하는 방식으로 작동한다. 세상에 실질적으로 오셔서 영향을 주며 하나님의 임재와 행위(선 땐, 관개수로, 나무 열매를 생각해보라)가 되시는 성령은 도달할 수 없는 원천(태양, 언덕의 샘, 나무뿌리)과 그 원천의 발현(일광, 강, 나무 몸통)에 계속해서 주의를 집중시키신다. 결코 말씀하지 않는 한분이신 높으신 하나님과, 혹은 들리지 않는 하나님의 혼잣말을 생각해보는 것이 가능하기는 하지만, 성령의 현존은 모든 것의 근원이 실제로 스스로 소통하고, 그 말이 진정 유효함을 증거하신다. 사랑 속에서 하나님의 존재가 발현되는 역동적인 하나의 패턴을 고려하지 않고서는 결코 성령을 생각할 수 없다. 따라서 이 굴절의 어조는 세 인격 모두를 포함하는 특징을 지닌다.

이 굴절은 살아계신 하나님으로부터 나오는 생명의 선물이 불변함을 말해주는데, 독자적인 고정된 어휘가 없지만 수세기에 걸쳐서 개별 민족, 부족, 국가들의 특징적인 화법을 모아 복음의 사역에 있어서 새로운 발자국을 남긴다. 그것은 마치 재즈처럼 즉흥적이다. 초대교회 시절에 사람, 자연, 물질, 존재, 그리고 이것을 모아 삼위일체 신학으로 만든 기술적 어휘들은 이러한 굴절의 좋은 예이며, 이는 헬레니즘 문화의 특징인 비성서적 철학 속에서 믿음의 표현이 되었다.

오늘날 삼위일체의 이미지는 매우 풍부하며 이것이 성령론적 굴절의 어조에서 소리 높여 표현되고 있다. 한분이신 하나님이 여러 방식을 따라 세가지 음정으로 노래된다. 어떤 이들은 비인격적 이미지를 사용하고, 어떤 이들은 인격적 이미지를 사용하며, 또 어떤 이들은 둘을 혼합하는 형태를 취한다. 여기 맛보기로 나올 예들은 모두 구원의 경험에서 언뜻 비치는 사랑의 형언할 수 없는 신비를 조금이라도 이해하고 그것을 표현하기를 간구하고 있다. 첫번째 묶음은 성령론적 굴절에서 삼위일체를 표현하는 데 비인격적 은유를 사용한 예이다.

† 존 맥콰리(John Macquarrie)는 존재론적 용어를 사용해서 신적인 존재는 레츠비(lets-be)와 셀프스펜즈(self-spends)의 에너지라는 관념을 형성해나간다. 여기서 레츠비란 다른 것들이 존재하게끔 한다(letting others be), 존재에 생명을 부여한다는 뜻이다. 세 '인격'의 삼위일체 담화가 가리키는 것은 신적인 존재, 즉, 태고적 존재(Primordial Being), 모든 것의 깊음, 넘쳐흐르는 존재가 지닌 에너지의 '운동'(movements)이고, 이 레팅비(letting-be)와 셀프스펜딩(self-spending) 사이를 세상 바깥으로 중개하는 표현적인 존재(Expressive Being)이며, 사랑 속에서 풍성한 연합을 이루며 종료하는 결합적 존재(Unitive Being)이다.

† 칼 바르트는 양태(modality)의 언어로 삼위일체를 해석하며 하나님의 3중적 존재 양태(mode)에 대해 글을 썼다. 이 사실은 계시 사건 속에서 하나님의 3중적 반복을 통해 알 수 있다. 이 계시를 통해 우리는 하나님을 계시자(Revelaer), 계시 자체(the Revelation), 계시 가능성(the Revealedness)으로 파악할 수 있다.

† 고든 카우프만(Gordon Kaufman)은 하나님의 개념을 구성하면서 신의 절대성, 신의 인간성, 신의 현존을 한분이신 살아계신 하나님의 세 가지 차원으로 상상했다. 이 개념은 모든 우상을 상대화시키며 인간의 모든 비인간성을 심판한다.

✝ 폴 틸리히는 하나님의 축복을 인간 세상의 딜레마와 연결시키면서, 하나님을 우리의 유한성에 대한 창조적인 힘으로, 우리의 불화에 대한 구원의 사랑으로, 그리고 인간 존재의 모호성에 직면한 황홀한 변신으로 상정한다. 이를 좀더 철학적으로 말한다면 심연의 요소, 형식의 요소, 그리고 이 두가지의 결합이 된다.

✝ 랭던 길키(Langdon Gilkey)는 하나님을 신성한 존재, 신성한 로고스, 신성한 사랑, 원천, 가능성과 질서의 원칙, 그리고 다시 회복시키는 힘으로 표현한다.

✝ 니콜라스 래시(Nicholas Lash)는 우리의 형상이, 하나님이 바로 형상이 없는 분이라는 것을 드러낸다는 사실을 강조하면서 거룩한 한분(the Holy One)을 식(蝕, eclipse), 말씀(word), 현존(presence)으로 표현하는 아이디어를 발전시켰다.

✝ 레이문도 파니카(Raimundo Panikkar)는 기독교의 믿음뿐 아니라 힌두교의 중심에 존재하는 3중적 경험을 의식하며 신성한 신비를 원천, 존재, 존재로의 복귀로 해석했다. 이것은 하나님은 "만유 위에 계시고 만유를 통일하시고 만유 가운데 계시도다"(에베소서 4:6)라는 성서적 단언과 유사하다.

✝ 키스 워드(Keith Ward)는 창조의 맥락에서 삼위일체를 전우주에 걸

친 태고의 심연, 패턴, 사랑의 힘으로 상상했다.

† 필자는 자연세계에서 가장 풍성하게 생명을 주는 형태를 차용하여, 우주의 중심에서 탄생시키고, 치유하고 고치며, 늘 새로운 형태를 창조하기 위해 결합하고 재결합하는 3중의 나선구조를 생각해볼 수 있다고 제안한 적이 있다.

위의 예들은 모두 인격적 형상화에 동반되는 오해를 피하면서 구원의 신비로서의 삼위일체 하나님을 묘사하려는 시도들이다. 이와는 달리 창조적 왜곡을 포함하는 인격적 형상화를 통해 삼위일체를 표현하려고 한 예도 있다.

† 발터 카스퍼는 신성한 사랑이 ① 주는 이 ② 받는 이와 주는 이 ③ 받는 이 혹은 원천, 중개, 사랑의 말로 존재하는 세 모델을 표현했다.

† 앤서니 켈리(Anthony Kelly)는, 사랑 안에 거하는 성숙한 사람에 대한 버나드 로너건(Bernard Lonergan)의 선험적 분석을 기반으로, 삼위일체 하나님을 사랑 안에서의 존재(Being-in-love)로 보는 비유를 제안했다. 이것은 주는 이, 선물, 주는 행위를 수반하며, 이 모든 것이 극도로 타올라 이해할 수 없는 신비로 방향이 바뀌는 사랑을 나타낸다.

† 피터 호그슨(Peter Hodgson)은 삼위일체 형상을 균열된 역사의 한복판

에, 자유(성령) 안에서 아들을 사랑하시는 아버지로 그리고 있다.

✝ 헤리베르트 뮐렌(Heribert Mühlen)은 신성한 실재를 나, 당신, 그리고 사랑의 우리로 밝히기 위해 정보이론을 사용한다.

✝ 사회적 모델을 사용하는 몰트만과 레오나르도 보프는 어머니 같은 아버지 혹은 아버지 같은 어머니, 가난한 자와 소외받는 자들과 연대한 예수님, 그리고 여성적 상징인 지혜 또는 세키나(Shekinah)와 유사한 성령에 대해 말한다. 이것은 인간과 우주적 공동체를 위한 상호적이고 평등한 관계가 이뤄진 공동체를 형성한다.

✝ '사유 실험'을 하면서 좀더 생생한 표현을 찾던 샐리 맥페이그는 한분이신 하나님을 어머니, 연인, 하나님의 몸인 세상의 친구로 해석한다. 이 삼위일체적 '인격들'은 그리스의 전통에 묘사된 세가지 형태의 사랑과 연결되어 있다. 첫번째 인격은 아가페(agapē), 즉 보상을 바라지 않고 타인이 소생해서 번성할 수 있도록 힘을 주는 자기희생적 사랑을 표현한다. 두번째 인격은 에로스(eros)에 따라 행동하는데, 이것은 상대방을 향해 화살이 관통할 정도로 정열적인 사랑이며 거기서 파생되는 욕망은 고통으로 이어질 수도 있다. 세번째 인격은 필리아(philia)로 행동하는데, 이것은 자연의 경계선까지도 넘은 우정의 사랑이며 단일성의 연대감을 증폭시킨다.

† 레티 러셀(Letty Russell)은 삼위일체를 기능적인 측면에서 생각하며 창조자, 해방자, 세상을 보살피는 신의 사역에 동참하도록 인간을 부르는 변호자로 본다.

† 많은 성경 문서는 하나님의 사역을 표현함에 있어 창조하고, 구속하고, 세상을 거룩하게 하는 지혜-소피아(Wisdom-Sophia)의 여성적 이미지를 사용한다. 이러한 문서를 이용하여 필자는 성령 소피아, 예수 소피아, 어머니 소피아를 제시한 적이 있다. 그분은 거룩한 지혜 자체인 한분이신 하나님으로서, 자신은 근원이 없으신 만물의 근원이시고, 고통스런 역사 속에 육을 입고 나타난 지혜이시며, 세상 곳곳에서 활동하시고 자비를 베푸시는 한분이신 하나님이다.

세 인격은 계속해서 돌고 돈다. 어떤 분류방식을 사용하든 이들 용어는, 세상과 역사를 초월하고, 함께하며, 그 안에 존재하는 하나님 속의 생명력을 표현하기 위한 것이다. 곧 그분으로 인해 만물이 존재하고 번성하며, 자유를 향해 투쟁하고, 함께 모이는 거룩하신 분에 대한 의식을 표출하는 것이다. 한가지 모델을 하나 더 들어보자. 그것은 12세기 신학자 힐데가르트 폰 빙엔(Hildegard von Bingen)이 사용한 밝음, 섬광, 불로서 이 세가지는 자비심을 가지고 모든 창조물 속에 침투한 하나를 뜻한다. 결국 성령론적 굴절은 한마디 말의 형태로 고정될 수 없고 고정된 하나의 이름으로 정착되는 것도 불가능하다. 살아계신 신비의 다함없는 충만함, 너무 충만해서 어떤 단일한 표현도 완전히 적절치 못한 그 충만함을 표현하는 것이 그 구체적 임무다.

거룩한 삼위일체의 이름은 세가지 굴절로 나타나는 하나의 이름이다. 신성한 4음문자 야훼의 어조로 말하는 신론적 굴절, 아버지·아들·성령의 문법을 사용하는 기독론적 굴절, 다양한 민족과 시대의 관용구를 쓰는 성령론적 굴절을 통해 교회의 귀중한 삼위일체 신앙을 엿볼 수 있다. 현대의 창조적 사고의 폭과 높이가 이들 논지를 적절한 발판으로 삼는다면 삼위일체 하나님을 이해하는 높은 탑을 세울 수 있을 것이다.

또 한번 핵심으로

많은 신학자들이 이 연구에 빠르게 몰입하다보면 정작 중요한 사실을 잊을 수도 있기 때문에 왜 이 이해가 그토록 중요한지 기억할 필요가 있다. 삼위일체 하나님 안에서의 믿음이 고립된 체험이 아니라, 하나님의 측량할 수 없는 신비가 큰 자비하심으로 세상을 감싸는 사랑의 교통임을 요약해준다. "**하나님은 사랑이시다**"라고 초기 기독교 서신 작가가 썼다(요한일서 4:8). 이것은 성령 안에서 예수를 통해 하나님으로부터 오는 구원의 경험을 간단한 구절로 잘 요약하고 있다. 삼위일체에 대해 말하는 사람은 누구나 기독교에서 통용되는 관용구를 사용해 하나님은 사랑이라고 이야기한다. 역으로, 삼위일체의 상징은 하나님에 대한 크리스천들의 이러한 경험을 지켜준다.

가장 실용적인 교리 중 하나

'사변적인 삼위일체 신학'(rationalistic trinitarian theology)은 크리스천의 생활, 윤리와 동떨어져 기능하기에 실용적 가치가 거의 없다. 그러나 '되살아난 삼위일체 신학'(revitalized trinitarian theology)은 강력한 실제적 효과를 지닌다. 캐서린 라쿠냐의 영향력있는 연구인『우리를 위하시는 하나님』의 첫 문장은 이 놀라운 주장을 정열적으로 풀어나간다. "삼위일체 교리는 궁극적으로 크리스천의 삶에 있어서 급진적인 변화를 가져오는 실용적인 교리이다." 이 주장의 논리는 명백하다. 하나님은 사랑의 신비로 거하신다. 인간은 하나님의 형상으로 창조되었다. 그러므로 우리 역시 타인과의 역동적 사랑과 교제 안으로 들어가지 않는다면 온전한 삶은 불가능하다.

우리가 그렇게 사는 데 있어 삶의 어떤 실제적 패턴이 가장 효과적일까? 라쿠냐는 그 열쇠가 바로 하나님의 통치에 있다고 제안한다. 이것은 예수님이 설파하고 규정하신 것이다. 예수님의 비유와 실천에서 엿보이듯이 하나님의 통치는 구원의 사랑과 교제가 있는 은혜로운 통치다. 하나님의 뜻이 하늘에서와 같이 땅에서도 이루어지는 장소로서, "이들 중 가장 작은" 형제자매가 포함되는 새로운 공동체, 사마리아 여자, 세리, 한센병 환자가 동등하게 머물 수 있는 모임을 뜻한다. 이 공동체에서는 하나님의 자기희생적 방식에 따라 압제가 사라지고, 유대인과 그리스인, 남자와 여자가 동등한 파트너로 살아간다. 또한 정의, 평화, 모든 피조물의 안녕이 공동 목표가 된다. 우리가 하나님의 통치로

움직이는 관계들을 올바로 세워가며 살지 못한다면, 우리는 하나님이 누구신지에 대한 작은 실마리도 얻지 못할 것이다. 우리가 사랑과 타인과의 교제 속으로 들어가지 않는다면, 하나님을 아는 것은 불가능하다.

삼위일체가 본질적으로 실용적이라고 해서 이 믿음을 갖는 즉시 전쟁과 폭력에 대한 해답, 기아를 종식할 청사진, 혹은 불평등에 대한 구체적인 구제책이 얻어지는 것은 아니다. 오히려, 이 세상에서 우리의 행동방침을 정할 비전, 우리 인생의 충성도를 평가할 기준, 공동체를 약화시키는 모든 형태의 압제에 저항할 근거가 마련된다는 뜻이다.

한 집단이 다른 집단보다 우월하다는 생각 때문에 교회와 사회에 지독히 해로운 태도와 관행이 생겼다. 결과적으로 지배하는 자, 복종하는 자가 출현하는 힘의 계층화 현상이 생겨나고 인종차별, 성차별, 성직중심주의, 무엇보다도 지구파괴 같은 관습이 형성된다. 삼위일체를 새롭게 해석하는 사람들은 살아계신 하나님이 멀리 떨어져서 홀로 영광을 누리며 군주처럼 남 위에 군림하는 하나님이 아니라, 자기희생적 사랑이 넘치는 사귐의 하나님이심을 확실히 밝힌다. 이 개념의 실용적인 중요성은 가부장제, 인종차별 및 다른 죄악의 형태가 어떻게 타락했는지를 밝히는 데 달려 있다.

공동체 내의 그러한 붕괴는 하나님이 역사하시는 방식과 완전히 대조되기 때문에, 믿음의 사람들은 사회의 풍습을 거슬러 역방향으로 행동해야 할 의무가 있다.

교회의 정체성과 임무는 바로 이 점을 중심으로 결정된다. 세상에서 구원의 표상으로 부름을 받은 교회는, 자비와 포용하는 사랑으로 세상을 향한 신성한 교통의 살아있는 상징이 되어야 한다. 상호간에 깊이 교제하는 평등한 사람들의 집단, 하나님께 칭송을, 세상의 불우한 자에게는 보살핌을 넘치도록 주는 그런 교회만이 그들이 섬기고자 하는 삼위일체 하나님께 합당하게 반응하는 것이다.

'되살아난 삼위일체 신학'은 개별화된 군주 하나님, 혹은 자신의 내면에 갇힌, 세 인격끼리만 교제하는 배타적인 하나님, 자신은 관여하지 않고 공정한 관찰자로 멀리서 지켜보시는 하나님, 피조물을 보살펴달라고 설득해야만 하는 그런 하나님은 존재하지 않는다는 것을 명백히 한다. 이것은 거짓 하나님이며 기독교의 구원 경험과는 동떨어진 환상에 불과하다. 오히려, "하나님은 사랑이시"며 3중의 교제 형태를 취하며 세상에 관여하는 분이시다. 이 진리를 흡수하면 우리는 세상을 사랑스럽게 바라보고 자기파괴적인 폭력에 대항할 새로운 에너지를 얻는다.

이스라엘과 맺은 야훼의 언약, 예수 그리스도의 사역과 삶, 성령에 의해 이땅에 창조된 공동체의 풍성한 연대, 이 모두는 세상을 향해 자비심을 지닌 한분 하나님의 측량할 수 없고, 삼위일체적이며, 관계적인 본성을 보여주는 성상(icon)이다. 삼위일체 하나님을 고려할 때 우리는 이레나이우스(Irenaeus)의 격언을 다시 한번 개조하여 다음과 같이 선포할 수 있다. '하나님의 영광은 완전히 살아있는 모든 것들과의 교통이다.' 인간의 마음이 치유되고, 정의가 구축되며, 평화가 지배하고, 생태환경이 보호되며, 해방·소망·치유가 일어나고, 작은 친절이 행해지며, 냉수 한컵을 대접하고, 배움에 목마른 아이에게 책을 준다면 인간과 지구 공동체는 이미 삼위일체 하나님의 얼굴을 파편적으로 반사하고 있는 것이다. "우리 주 예수 그리스도의 은혜와 하나님의 사랑과 성령과의 교통하심"에 의해 태어난 우리는 모든 민족, 종족, 나라, 지구의 모든 피조물을 포용하는 열매맺는 미래에 헌신하게 된다. 역사 속 하나님의 통치에 또하나의 발판을 마련하는 것이다.

더 읽을거리

이 장에 인용된 Catherine Mowry LaCugna의 책은 이제 거의 현대의 고전이 된 *God for Us: The Trinity and Christian Life* (San Francisco: HarperSanFrancisco, 1991)이다. 특히 실용적인 교리로서의 삼위일체를 다룬 마지막 장이 중요하다. Anne Hunt, *Trinity: Nexus of the Mysteries of Christian Faith* (Maryknoll, N.Y.: Orbis, 2005)는 삼위일체와 신앙의 다른 핵심분야의 연결을 보여주는 매우 추천할 만한 현대 신학서다. 좀더 대중적인 접근으로는 같은 저자의 *What Are They Saying about the Trinity?* (New York: Paulist, 1998)가 있다. Karl Rahner, *The Trinity* (New York: Seabury, 1974)는 새로운 진보를 향한 나팔소리처럼 들리는 책이다. Walter Kasper, *The God of Jesus Christ* (New York: Crossroad, 1989)와 Gerald O'Collins, *The Tripersonal God: Understanding and Interpreting the Trinity* (New York: Paulist, 1999)는 교리의 매우 체계적 관점을 제시한다. 역사적 배경을 살펴보려면 Thomas Marsh, *The Triune God: A Biblical, Historical, and Theological Study* (Mystic, Conn.: Twenty-Third, 1994)를 보라. Sallie McFague의 *Models of God:*

Theology for an Ecological, Nuclear Age (Philadelphia: Fortress, 1987)는 생태적 핵시대에 삼위일체 하나님을 다시 해석하는 사유 실험이다. 포스트모던한 사유에 비춘 섬세한 해석으로는 William Placher, *The Triune God: An Essay in Postliberal Theology* (Louisville: Westminster John Knox, 2007)가 있다.

삼위일체라는 이름의 3중 굴절을 제안하는 R. Kendall Soulen의 견해는 "The Name of the Holy Trinity: A Triune Name," *Theology Today* 59, no. 2 (July 2002): 244~61과 "Hallowed be Thy Name! The Tetragrammaton and the Name of the Trinity" in *Jews and Christians: People of God*, ed. Robert W. Jenson and Carl Braaten (Grand Rapids: Eerdmans, 2003): 14~41을 참조하라.

삼위일체 하나님 안에서 신앙의 실제적인 본성을 해방신학에서 다룬 책으로는 Leonardo Boff, *Trinity and Society* (Orbis, 1988)가 있고 유럽신학에서 다룬 책으로는 Jürgen Moltmann, *The Trinity and the Kingdom: The Doctrine of God* (New York: Harper & Row, 1981)이 있다. 에세이 모음집인 Miroslav Volf and Michael Welker, eds., *God's Life in Trinity* (Minneapolis: Fortress, 2006)는 잘 성숙된 이 교리에도 여전히 해석의 여지가 남아 있음을 보여준다. 특히 M. Douglas Meeks, "The Social Trinity and Property," and Daniel L. Migliore, "The Trinity and the Theology of Religions"를 보라. 삼위일체가 아름다운 통찰로 이끄는 영적인 삶과 분리될 수 없다는 오늘날의 통찰에 관해서는 Yves Congar, *I Believe in the Holy Spirit* (Crossroad, 1997)와 Michael Downey, *Altogether Gift: A Trinitarian Spirituality* (Orbis, 2000)를 참조하라.

| 에필로그 |

모든 시대에는 저마다의 통찰이 있다. 이 책에서 필자는 오늘날 살아 계신 하나님에 대한 통찰이 들불처럼 타오르는 개척지들을 탐사해봤다. 이들 개척지는 생과 사의 기로에 놓여 끊임없이 변화하는 세상을 신앙이 마주한 결과로 탄생한 것이다. 무신론의 성장, 말할 수 없는 고통의 체험, 가난한 자, 여성, 인종적·민족적 소수자를 위한 투쟁, 다른 종교와의 전세계적인 만남, 우주에 대한 새로운 생태적 인식 등 이 모든 맥락들은 새로운 인식을 요구하는 동시에 어떻게 사유해야 하는지 단서를 제공해준다. 이에 응답하여 여러 신학자들은 하나님을 다시 바라보기 시작했다. 그들은 모든 것을 알아내겠다는 식, 또는 신성을 완벽히 해명하겠다는 식이 아니라—신성이라는 것은 이런 식으로는 우리에게 드러나지 않는다—모호함과 고통, 정의의 수립과 우리시대의 광대한 발견 가운데 은혜롭게 함께하는 신성의 신비를 조명하고 풀어나가는 방식으로 하나님을 다시 관찰해왔다.

성서적 주해, 역사적 전통, 교회의 가르침에 의해 뒷받침되고 적절한 해석에 힘입어 각각의 경우마다 우리는 여러 이미지와 슬로건을 얻어

낼 수 있었으며 덕분에 신에 대한 총체적 체험이 생겨나 우리에게 새롭게 다가왔다. 각각의 접근방식은 신성을 단순하게 하나의 측면에서 토의하는 것이 아니라 마치 한 정원으로 향하는 여러 출입문처럼 전체적으로 그 의미를 확장시켜주었다. 이 문들을 통해 우리는 형언할 수 없고 민감하며, 자유케하고 친밀하며, 정의를 사랑하고 아름다우며, 관대하고 소중하며, 역동적이고 대담하며, 창조적이고 구속적이며 다정다감한, 한마디로 말해 사랑이신 하나님을 목격한다.

 하나님의 상징은 실제로 일한다. 그것은 신자들의 공동체와 개개인의 삶에 강력한 영향력을 미친다. 결국 이 책의 또다른 목표는 이렇듯 새로운 통찰에 흐르는 윤리와 영성의 결과들을 보여주기 위한 것이다. 여기 소개된 어떤 신학도 정치에 무관심하지 않다. 즉 이 신학들은 힘있는 것과 힘없는 것, 그리고 이 양자가 세상에 기능하는 역할에 큰 관심을 가지고 있다. 현실에서 살아계신 하나님이 악에 반대하지 않는다고 하는 모든 주장은 환상에 불과하며 하나님의 영광과 부합되지 않는다. 역사적으로 죄의 파괴적인 영향력에 부딪혀 신의 영광과 모든 창조의 번영은 물론 인간과 우주까지 끔찍한 위험에 처한 적이 있다. 이런 위험에 직면해 살아계신 하나님의 생생한 현존은 가장 오래되었으며 가장 끈질긴 성서적 약속이다. 성령이 삶의 어느 지점을 지나고 있음을 사람들과 함께 경청함으로써, 이것의 의미가 무엇인지 주목함으로써, 그것을 성서적 신앙의 보화 속에서 창조적으로 해석함으로써, 그리고 고난과 희망 가운데 우주적 연대를 실천하게끔 간구함으로써 이 신학자들은 오래된 약속이 사라지지 않는 길에 불을 밝혔다. 우리는 희망으로 다시 차올라 세상을 새롭게 상상할 수 있으며, 책임감있게 치유하고, 자유케하는 행위에 우리의 힘을 모을 수 있다.

이 책의 내용은 간접적으로 또하나의 현상을 그려내고 있다. 그것은 이미 구축된 중심 밖의 변방을 포함한 전세계에서 울려나온 목소리가 콘스탄티누스의 시대는 끝났으며 진정한 글로벌 기독교의 여명이 밝았음을 증언한다는 것이다. 수세기 동안 기독교의 어머니 대륙이었던 유럽에서 벗어나 이제 신학은 사유와 삶의 다양한 지리적·존재적 중심에서 비롯되고 있다. 각자 자신들이 처한 환경 가운데 살아계신 하나님에 대한 간구에 충실함으로써 이들은 교회의 보편성에 기여한다. 시대의 징후들을 읽어내고 모든 교회를 제자도로 호출함으로써 그들 각자는 모든 지식, 심지어 신학적 체계까지도 뛰어넘는 하나님의 무한한 사랑의 깊이를 발견한다.

간구는 계속되고 있다. 살아계신 하나님의 헤아릴 수 없는 신비가 인류를 약속된, 그러나 알 수 없는 미래로 부르는 한, 다시 말해 인류가 존재하는 한 간구는 계속될 것이다. 『죄수들의 잠』(A Sleep of Prisoners, 영국의 작가 크리스토프 프라이의 희곡—옮긴이)이라는 작품 말미에서 한 병사는 아름다운 독백을 읊조리는데 이 책을 써가는 내내 그 하나하나의 단어가 필자의 마음속에 더욱더 진실하게 다가왔다. 프라이에게 감사하며 그 독백을 이 책의 열린 주제에 대한 흥분된 결말로 삼으려 한다.

인간의 마음은 신의 깊이에 다다를 수 있지.
우리가 어둡고 추울지언정 지금은

더이상 겨울은 아니거든. 수세기 동안 얼어붙은 고통은

깨지고 갈라져 이제 움직이기 시작했네.

천둥은 떠다니는 얼음의 천둥이며

그것은 녹아서 범람하며 갑자기 봄이 온다네.

하나님의 은총으로 우리 시대는

잘못된 것들이 도처에서 우리 앞에 얼굴을 내밀며

우리가 영혼의 남자로서 (또한 여자로서) 가장 넓은 보폭을 취할 때까지

절대 우리를 떠나지 않는다네.

사건들은 이제 영혼과 똑같은 크기라네.

기업은 하나님께로 향하는

탐험이 되었네.

Christopher Fry, A Sleep of Prisoners,
Oxford: Oxford University Press 1951, 47~8, 괄호는 필자

| 옮긴이의 말 |

천의 얼굴을 가진 하나님

박총 | 작가, 재속재가수도원 '신비와저항' 수도사

우리는 결코 신을 모른다. 아무리 신과 살뜰한 사귐을 나눈다 해도 신을 안다고 말하는 순간 신은 아득히 먼 곳으로 사라진다. 신과 친밀하다고 믿는 사람일수록 신에 대한 사각(死角)이 너른 법이다. 신은 우리와 같은 몸을 입으면서까지 우리를 닮으려 애쓰지만 자신의 가장 깊은 존재는 불가해성의 신비 속에 남겨둔다.

그러고 보면 요즘 젊은이들이 연애의 정석으로 꼽는 '밀당'(밀고 당기기)의 원조는 신인 셈이다. 결국 우리가 할 수 있는 것은, 신에 대한 경험과 지식의 퍼즐조각을 모아 최대한 그럴듯하게 신의 얼굴을 짜맞추는 것이다. 하지만 무한한 신의 얼굴조각을 아무리 열심히 긁어모은다 해도 그것은 끼워맞출 수 있는 수많은 얼굴 중 하나에 불과하다. 인간은 그렇게 완성한 신의 얼굴을 가지고 누가 정통이네, 누가 성서적이네 하며 오랜 세월 지루한 싸움을 벌여왔다.

우리 모두는 신의 얼굴조각을 짜맞출 때 설명서를 사용한다. 신에 대한 자신의 선(先)이해가 바로 그것이다. 명토 박아 말하건대 신에 대한 우리네 지식은 선이해를 벗어날 수 없다. 자비로운 신은 우리의 제한된 선이해를 배려하며 그 안에서 자신을 계시해주신다. 이러한 그분의 맘 씀씀이를 신적 적응성(divine accommodation)이라고 부르는데, 문제는 자신의 선이해와 그에 따라 재구성한 하나님의 얼굴을 절대적인 것으로 간주하고 거기에 안주하는 데 있다. 크리스천들이 그토록 닮기를 사모하는 하나님의 얼굴이 특정한 방향으로 고착되는 한 아무리 묵상을 많이 하고 훈련을 오래 받아도 제 입맛에 맞춘 하나님의 굴레를 벗어나지 못한다. 입체적인 하나님은 평면으로 박제되고, 무지개색의 하나님은 무채색으로 탈색된다. 그렇게 한번 받아들인 하나님을 죽는 날까지 절대 바꾸려들지 않는 외곬의 태도야말로 한국교회를 좀먹는 가장 고약한 좀벌레다.

일군의 입맛에 맞춰진 하나님은 그들의 이해를 위해서 얼마든지 왜곡되기도 한다. 필자가 한국 기독교 토착영성의 광맥을 이은 분으로 평가하는 권정생 선생은 『우리들의 하느님』에서 이렇게 말한 바 있다.

기독교 2천년 역사 가운데서 예수님은 많이도 시달려왔다. 한때는 십자군 군대의 앞장에 서서 전쟁과 학살에 이용당하기도 하고, 천국 가는 입장료를 어마어마하게 받아내는 그야말로 뚜쟁이 노릇도 했고, 대한민국 기독교 백년사에서는 반공이데올로기의 선봉장이 되어 무찌르자

오랑캐를 외쳤고, 더러는 땅투기꾼에게 더러는 출세주의자들에게, 얼마나 이용당하며 시달려왔던가.

이런 점에서 팔색조 하나님의 다양한 얼굴을 접하고 이를 통해 내가 받들어온 하나님을 더 사랑하면서도 흔쾌히 상대화시킬 수 있는 것, 내가 추구해온 신념을 지속하면서도 겸손히 내려놓을 수 있는 것은 우리네 삶과 신앙을 위해 필수적인 작업이다. 졸저 『욕쟁이 예수』(살림 간)에서 겁쟁이 예수, 양다리 예수, 변두리 예수 등 낯설고도 익숙한 예수의 모습을 모색한 것이나, 공저로 나온 『내가 만난 은총』(한국기독교연구소 간)에서 자궁 가진 하나님, 산파 하나님, 젖가슴 달린 하나님의 모습을 구현한 것은 바로 이런 까닭 때문이었다. 이렇게 신의 입체적인 얼굴을 정직하게 대면하는 것은 경직된 하나님 이해를 풍성하게 해주고, 그만큼 우리네 하나님 체험은 가멸어진다. 이 지구별 곳곳에서 동료 인간과 뭇 생명들이 저만의 삶의 처지와 상황에서 만난 '살아계신 하나님'(본서의 원서 제목은 『살아계신 하나님을 찾아서 Quest for the Living God』다)을 접할 때, 내가 만난 하나님만이 옳고 다른 하나님은 그르다는 근본주의적 편협함에서 벗어날 수 있다. 거기서 신과 동료 피조물 앞에서의 겸허함이 나온다.

이 책에서 우리는 고통받는 하나님, 해방자 하나님, 여성답게 행하는 하나님, 인종적 소수자인 하나님, 타종교에 너그러운 하나님, 진화를 허락하신 창조주 하나님 등 고혹적인 하나님의 얼굴을 마주한다. 진보와 보수를 떠나 자신이 아는 바가 최고이자 전부라는 교만을 버린 이라면 이 책에 담겨진 하나님의 다양한 생명력에 매혹될 것이다. 특별히 가톨릭, 개신교, 성공회의 보수적이며 복음주의 노선의 신앙을 고백하는 분들이 이 책에 빠져들길 바란다. 그분들에게 부분적으로 받아들이기 어려운 대목도 있겠지만, '살아계신 하나님'이란 관용구가 개인의 영적 경험에만 제한되지 않고 생태, 인종, 여성, 삼위일체, 종교간 대화 등에서 경험될 수 있음을 가슴 떨리게 발견할 것이다.

필자 개인적으로는 본서에서 흑인 여성들이 만난 하나님이 마음에 가장 크게 닿아왔는데 그들의 하나님이 바로 우리의 하나님임을 절실히 경험했기 때문이다. 당시 우울증 등으로 만만치 않은 상황을 통과하고 있던 터에 흑인 여성들의 멘토로 추앙받는 하갈의 하나님이 필자에게도 나타난 것이다. 그 감동이 커서 '살아남게 하는 은혜'라는 제목의 글을 잡지에 싣기도 하고 설교로 나누기도 했는데 곳곳에서 큰 반향이 있었다. 낯선 이방인의 존재가 기존 사회에 신선한 바람을 일으키듯이, 낯선 흑인들의 하나님이 기존 신앙에 신선한 들숨이 됨을 확인하고는 이 책의 가치를 한결 확신하게 되었다.

알다시피 이 책은 신학 서적이다. 하지만 이 책이 소개하는 신학 '들'은 학자의 서재에서 굴러다니던 사변과 정념에서 나온 것이 아니라 실제 삶의 자리에서 "맛보아 알게 된"(시편 34:8) 하나님의 생명력을 감칠맛 나게 담아낸 신학이다. 저자 역시 서문에서 "이 책이 다루는 신학은 보통 학술적이거나 지적인 활동에서 비롯된 것이 아니라 실제적인 행동에서 나온 것임을 독자들이 반드시 유념해주길 바란다"고 당부하고 있다. 한 영어권 추천자의 표현을 빌리자면 이 책은 "모든 단어가 하나님과 교회와 세상에 대한 깊은 사랑으로 숨쉬는" 책이며 "저자가 평소 선보이던 신학적 정교함과 더불어 믿음의 삶에 대한 평생의 헌신에서 나온 실제적인 지혜가 결합된" 책이다.

따지고 보면, 여성신학이나 생태신학 등 현대 신학의 동향을 한 챕터씩 다룬 책은 허다하다. 하지만 이 책의 아름다운 차별성은, 그러한 현대 신학의 흐름을 하나님 체험과는 별개인 지적인 흐름으로만 다루는 것이 아니라 '살아계신 하나님'이 어떻게 다양한 역사적 상황에 처한 이들에게 자신을 계시하고, 그들이 어떻게 실제 삶의 자리에서 살아계신 하나님에게 반응하는지를 보여주는 데 있다. 단언컨대, 『신은 낙원에 머물지 않는다』는 20세기 중반 이후 나타난 현대 신학의 동향과 우리 시대의 하나님 체험에 대한 성찰을 다룬 저작 중에 가장 탁월한 작품이다.

저자인 엘리자베스 존슨은 가톨릭교회에서 박사학위를 받을 수 있도록 허락한 최초의 여성신학자 중 한명이다. 전통적인 교계 인사들에게는 가톨릭교회의 가르침에 관용의 범위를 넘는 정도까지 도전했다는 말을 듣는 등 '하드코어' 여성신학자로 비판받기도 한다. 하지만 본서 『신은 낙원에 머물지 않는다』를 통해 극단적인 여성신학 및 해방신학과 달리 기존 기독교 전통을 폐기하자는 쪽이 아니라 덜 배타적이고 수용적인 것으로 바꿀 수 있다고 믿는 쪽임을 보여주었다. 그럼에도 미국가톨릭주교회의(United States Conference of Catholic Bishops) 교리위원회는 본서에 시도된 새로운 신학적 표현이 가톨릭교회의 인증된 가르침과 일치하지 않으며 이 책에서 드러난 하나님 이해가 심히 부적절하다고 비판했다. 예를 들어 '하나님의 이름은 모두 메타포이다' '하나님은 지속적으로 고통받는다' '모든 종교는 하나님의 현존을 품고 있다'는 등의 표현은 가톨릭 신학 전통에 충분히 기반하지 않는다는 것이다. 나아가 넓은 독자층을 대상으로 쓰인 이 책이 일반 대중에게 교리 교과서로 사용될 수 있기 때문에 가톨릭 학교에서 금서로 지정되어야 한다고 주장했다. 이에 맞서 미국가톨릭신학회(Catholic Theological Society of America) 등에서는 존슨의 신학을 옹호하며 나섰는데, 역자로서 모든 판단은 독자들에게 맡기는 바이다. 다만 전세계 각지에서 드러나는 하나님의 다양한 얼굴, 각기 다른 삶에 처한 사람들이 만난 하나님, 그리고 이를 글로 추려낸 다양한 신학의 모습을 살펴보는 데 있어 이 책보다 더 나은 책을 찾기는 어려울 것이다.

본서의 1~4, 7장은 안병률이, 5, 6, 8, 9장은 박총이 번역했다. 평소 짧은 글을 번역하곤 했지만 단행본을 옮기는 일은 처음이었는데 아주 호된 신고식을 치렀다. 내가 쓴 글이야 내가 책임을 지면 그만이지만, 남의 말을 그릇 전달하면 어쩌나 하는 부담에 시달렸다. 두껍지도 않은 책을, 그것도 공저로 옮기면서 이런 말을 꺼내기가 부끄럽지만, 번역 기간 내내 '군대 귀신'에 가위눌려서 보냈다. 그동안 자신만의 문체를 가진 작가라는 과분한 평가를 받았지만, 매끄러운 문장과 저자의 의도라는 두마리 토끼를 동시에 잡으려다 둘다 놓친 건 아닌가 싶기도 하다.

부족한 이들의 삶이 그렇듯 이 책도 많은 분들이 계셔서 나올 수 있었다. 이 멋진 책을 함께 옮겨보자며 제안해주고 우울증 등으로 진척이 없을 때에도 너그러이 기다려주신, 공역자이자 북인더갭의 대표인 안병률 선생님께 진심어린 고마움을 표한다. 또한 장신대 등에서 영어를 가르치는 분주한 일정 속에서도 큰 도움을 베풀어준 이한숙 선생에게 사례한다.

  이 책이 이끄는 조금은 낯선 여정을 앞두고 살짝 두려움을 지닌 독자들이 있을까 싶어 노파심에 한마디 남긴다. 낯선 곳으로 들어간다는 것은 언제나 흥분과 더불어 불안과 불편이 반려한다. 하지만 두려움에 붙들려 더 너른 세상으로의 걸음을 떼지 않는다면 하나님의 생명력 넘치는 수액이 얼마나 시퍼런지 알 수 없을 것이다. 하이데거가 즐겨 인용했다는 횔덜린의 파트모스 찬가는 "위험이 있는 곳에 구원도 자라는 법"이라고 노래한다. T. S. 엘리어트는 "너무 멀리 가기를 마다하지 않는 자만이 얼마나 멀리 갈 수 있는지 알 수 있다"고 화답한다. 하나님은 언제나 우리보다 넓다. 그분은 살아계신 하나님이지 않은가!

  이 책이 제시하는 지도에 따라 살아계신 하나님을 탐사하는 복된 여로에 오르는 독자들에게 모든 여행자의 수호신이신 그분이 함께 길벗 하기를 빈다.

| 찾아보기 |

굴드, 스티븐 제이(Stephen Jay Gould) 270

그랜트, 재클린(Jacqueline Grant) 208

그린벨트운동(Green Belt movement) 264

길키, 랭던(Langdon Gilkey) 320

ㄴ

나지안주스의 그레고리(Gregory of Nazianzen) 296

노리치의 줄리안(Julian of Norwich) 164

『노예종교: 남북전쟁 이전 남부의 '보이지 않는 교회'』 184

니체, 프리드리히(Friedrich Nietzsche) 49

니케아 신조(Nicene Creed) 257, 295

니터, 폴(Paul Knitter) 221

닛사의 그레고리(Gregory of Nyssa) 296

ㄷ

다니엘루, 장(Jean Daniélou) 51

단회성 이론(single-action theory) 273

ㄱ

검은 하나님 199~201

『계시』(Showing) 164

『고백록』 284

과정 사상(process thought) 273

「교회에 관한 교의 헌장」(Lumen Gentium) 217

「교회의 선교 사명」(Redemptoris Missio) 220

「교회의 선교활동에 관한 교령」(Ad Gentes) 218

구티에레스, 구스타보(Gustavo Gutierrez) 125

『당신의 하나님은 너무 작다』(*Your God is Too Small*) 33

더글라스, 켈리 브라운(Kelly Brown Douglas) 206

데일리, 메리(Mary Daly) 159

도미니크 수도회 69

도스토예프스키(F. M. Dostoevsky) 48

도킨스, 리처드(Richard Dawkins) 31

『독어록』(*Monologion*) 307

뒤퓌, 자크(Jacques Dupuis) 228, 244~50

ㄹ

라너, 칼(Karl Rahner) 36, 51~80, 291

라보토, 알버트(Albert Raboteau) 184

라얀, 사무엘(Samuel Rayan) 230

라이프니츠, 고트프리트(Gottfried Leibniz)

라쿠나, 캐서린(Catherine LaCugna) 300, 311~12, 325

라티나(Latina) 신학 152~54

래시, 니콜라스(Nicholas Lash) 320

러셀, 레티(Letty Russell) 323

로너건, 버나드(Bernard Lonergan) 321

로메로, 오스카(Oscar Romero) 116, 134~35

로보, 아스트리드(Astrid Lobo) 156

로욜라, 이그나티우스(St. Ignatius Loyola) 236

로즈, 사라(Sarah Rhodes) 184

루터, 마르틴(Martin Luther) 149, 267

뤼박, 앙리 드(Henri de Lubac) 51

류서, 로즈매리 래드포드(Rosemary Radford Ruether) 151, 159

ㅁ

마타이, 왕가리(Wangari Maathai) 264

『만들어진 신』(*The God Delusion*) 31

만유재신론(panentheism) 266

맑스, 칼(Karl Marx) 48

맥콰리, 존(John Macquarrie) 319

맥키, 제임스(James Mackey) 311

맥페이그, 샐리(Sallie Mcfague) 40, 165,

262, 283, 322

메델린 종교회의 116

메츠, 요한 밥티스트(Johann Baptist Metz) 55, 90~94, 100, 107~12

몰트만, 위르겐(Jürgen Moltmann) 89, 101~3, 322

무헤리스타(mujerista) 신학 152~54

뮐렌, 헤리베르트(Herbert Mühlen) 322

미드라시(midrash) 101~3

ㅂ

바르트, 칼(Karl Barth) 51, 221

바질(Basil) 296

범신론 汎神論 266~67

보부아르, 시몬느 드(Simone de Beauvoir) 145

보프, 레오나르도(Leonardo Boff) 292, 322

본회퍼, 디트리히(Dietrich Bonhoeffer) 93, 136

부버, 마르틴(Martin Buber) 23

「비그리스도교와 교회의 관계에 대한 선언」(Nostra Aetate) 218~19

빙엔, 힐데가르트 폰(Hildegard von Bingen) 323

ㅅ

사르트르, 장 폴(Jean Paul Sartre) 61

삭스, 조나단(Jonathan Sacks)

삼위일체 289~329

『삼위일체』(The Trinity) 291

『삼위일체론』(On the Trinity) 27, 305~9

생태신학 257~84

샹, 은토자케(Ntozake Shange) 157

선험철학 58~60

성령론(pneumatology) 256

세계교회협의회(WCC) 263

세군도, 후안 루이스(Juan Luis Segundo) 131

세이건, 칼(Carl Sagan) 259

소브리노, 혼(Jon Sobrino) 136

소울렌, 켄달(R. Kendall Soulen) 312

슈나이더스, 산드라(Sandra Schneiders) 299

슐라이어마허, 프리드리히(Friedrich Schleiermacher) 290

스코투스, 둔스(Duns Scotus) 70

스퇴거, 윌리엄(William Stoeger) 278

스힐러벡스, 에트바르트(Edward Schillebeeckx) 94

『시간의 역사』(A Brief History of Time) 266

신스콜라주의 신학 66, 71, 73, 298

『신을 만나다』(Encountering God) 214

신정론 神正論 87~88

ㅇ

아레야노, 루스(Luz B. Arellano) 129

아리우스(Arius) 294

아말라도스, 마이클(Michael Amaladoss) 227

아베 마사오 阿部正雄 233

아우구스티누스(Augustinus) 11~12, 27~28, 35, 171~72, 284, 296, 305~8

아퀴나스, 토마스(Thomas Aquinas) 42, 56, 64, 69, 149, 274~75, 297

아키노, 마리아 필라(María Pilar Aquino) 132, 155

어머니 하나님 161~67

『에덴의 용』(The Dragons of Eden) 259

에드워즈, 데니스(Denis Edwards) 275

에야쿠리아, 이그나시오(Ignacio Ellacuría) 137

에스포지토, 존(John Esposito) 20

에크, 다이애너(Diana Eck) 214, 229, 240~42

에크하르트(Eckhart) 234

여성신학 145~77

『예언자들』(The Prophets)

오토, 루돌프(Rudolf Otto) 21

요한 바오로 1세 165

요한 바오로 2세 140, 228, 238, 282

『우리를 위하시는 하나님』(God for us) 311~12, 325

우머니스트(womanist) 신학 151~54

워드, 키스(Keith Ward) 320

워커, 앨리스(Alice Walker) 152, 158

윌리엄스, 델로러스(Delores Williams) 202~4, 207

윙엘, 에버하르트(Eberhard Jüngel) 93

융(C. G. Jung) 174~75

이글턴, 테리(Terry Eagleton) 31

이레나이우스(Irenaeus) 134, 327

이신론 理神論 266

인과적 연결점(causal-joint) 이론 273~74

ㅈ

정보 이론(information theory) 273

정치신학 92~113

정현경 173

제3세계 여성신학 153~54

제4차 라테란 공의회 36

제바라, 이보니(Ivone Gebara) 127

『종교적 다원주의의 기독교 신학을 찾아서』(Toward a Christian Theology of Religious Pluralism) 244

죌레, 도로테(Dorothee Sölle) 90, 104~7

「주님이신 예수님」(Dominus Iesus) 223~25

짐 크로우 법안(Jim Crow laws) 182

ㅊ ㅋ

칩코 운동(Chipko movement) 264

카, 앤(Anne Carr) 59

카스퍼, 발터(Walter Kasper) 256, 291, 321

카우프만, 고든(Gordon Kaufman) 319

칸트, 임마누엘(Immanuel Kant) 58

캔터베리의 안셀무스(Anselmus of Canterbury) 307

캘빈, 존(John Calvin) 301

『컬러 퍼플』 158

케노시스(Kenosis) 233, 246

켈리, 앤서니(Anthony Kelly) 321

콘, 제임스(James Cone) 187, 197~98

큉, 한스(Hans Küng) 49

크라이스트, 캐롤(Carol Christ) 160

『크리스천의 믿음』(The Christian Faith) 291

「크리스천의 자유와 해방에 대한 가르침」 140
클루니, 프랜시스(Francis Clooney) 235~37
킹, 마틴 루서 주니어(Martin Luther King Jr.) 196

ㅌ

타메스, 엘사(Elsa Tamez) 126
터브만, 해리엇(Harriet Tubman) 206
테르툴리아누스(Tertullianus) 148, 257
트레이시, 데이비드(David Tracy) 233~34
트리블, 필리스(Phyllis Trible) 163
틸리히, 폴(Paul Tillich) 39~40, 320

ㅍ

파니카, 레이문도(Raimundo Panikkar) 320
파토스의 하나님 93~97
판넨베르크, 볼프하르트(Wolfhart Pannenberg) 44
팔리, 마거릿(Margaret Farley) 176
패트릭, 브라이언(Brian Patrick) 283
페리코레시스(perichoresis) 309~10
페미니스트 신학 151
포이에르바흐, 루트비히(Ludwig Feuerbach) 48
푸에블라 문헌 117
푸에블라 종교회의 117
프란체스코회 70
프레데릭스, 제임스(James Fredericks) 237
프로이트, 지크문트(Sigmund Freud) 49
플레처, 지닌(Jeannine H. Fletcher) 40, 67, 226
피에리스, 알로이시우스(Aloysius Pieris) 231
피오렌차, 엘리자베트 쉬슬러(Elizabeth Schüssler Fiorenza) 168, 176
피콕, 아서(Arthur Peacocke) 260, 270, 278
필립스(J. B. Phillips) 33

ㅎ

하이포스타시스(hypostasis) 305, 307
해머, 패니 루(Fannie Lou Hamer) 206
해방신학 115~142
「해방신학의 특정 측면에 대한 가르침」
 140
헌터, 페트리샤(Patricia Hunter) 206
헤셸, 아브라함(Abraham Heschel) 94, 261
헤이즈, 다이애너(Diana Hayes) 189
「현대세계의 교회에 관한 사목헌장」
 (*Gaudium et Spes*) 217
현대적 유신론(modern theism) 30~34
호그슨, 피터(Peter Hodgson) 321
호킹, 스티븐(Stephen Hawking) 266
호트, 존(John Haught) 281
홀로코스트 84~113
휴, 조셉(Joseph Hough) 248
흑인 여성 생존신학(Womanist Survival
 Theology) 201~5
흑인 영가 187~96

흑인 해방신학 196~201
힉, 존(John Hick) 221
힝가, 테레지아(Teresia Hinga) 153
제2차 콘스탄티노플 회의 295
힐, 에드먼드(Edmund Hill) 307, 310

신은 낙원에 머물지 않는다

초판 1쇄 발행 2013년 10월 5일
초판 2쇄 발행 2021년 3월 5일

지은이 엘리자베스 A. 존슨
옮긴이 박총·안병률
펴낸이 안병률
펴낸곳 북인더갭
등록 제396-2010-000040호
주소 10364 경기도 고양시 일산동구 고봉로 20-32, B-617
전화 031-901-8268
팩스 031-901-8280
홈페이지 www.bookinthegap.com
이메일 mokdong70@hanmail.net

한국어판 ⓒ 북인더갭 2013

ISBN 979-11-85359-00-7 03230

✝ 이 책의 전부 또는 일부를 다시 사용하려면
　반드시 저작권자와 북인더갭 모두의 동의를 받아야 합니다.
✝ 책값은 표지 뒷면에 표시되어 있습니다.